A GUERRA CONTRA O OCIDENTE

A GUERRA CONTRA O OCIDENTE

DOUGLAS MURRAY

TRADUÇÃO
FERNANDO SILVA

COPYRIGHT © FARO EDITORIAL, 2022
THE WAR ON THE WEST COPYRIGHT © 2022 BY DOUGLAS MURRAY.
PUBLISHED BY ARRANGEMENT WITH BROADSIDE BOOKS, AN IMPRINT OF
HARPER COLLINS PUBLISHERS

Todos os direitos reservados.
Nenhuma parte deste livro pode ser reproduzida sob quaisquer meios existentes sem autorização por escrito do editor.

Avis Rara é um selo de Ciências Sociais da Faro Editorial.

Diretor editorial **PEDRO ALMEIDA**

Coordenação editorial **CARLA SACRATO**

Preparação **TUCA FARIA**

Revisão **BÁRBARA PARENTE E LILIAN CENTURION**

Capa **VANESSA S. MARINE**

Diagramação **CRISTIANE | SAAVEDRA EDIÇÕES**

Dados Internacionais de Catalogação na Publicação (CIP)
Jéssica de Oliveira Molinari CRB-8/9852

Murray, Douglas
　　A guerra contra o ocidente / Douglas Murray ; tradução de Fernando Silva. — São Paulo : Faro Editorial, 2022.
　　256 p.

　　ISBN 978-65-5957-233-5
　　Título original: The war on the west

　　1. Ocidente – Civilização – Aspectos sociais 2. Ocidente – Relações étnicas 3. Ocidente – Relações raciais I. Título II. Silva, Fernando

22-4242　　　　　　　　　　　　　　　　　　　CDD 909.09821

Índice para catálogo sistemático:
1. Ocidente – Civilização – Aspectos sociais

1ª edição brasileira: 2022
Direitos de edição em língua portuguesa, para o Brasil, adquiridos por FARO EDITORIAL.

Avenida Andrômeda, 885 — Sala 310
Alphaville — Barueri — SP — Brasil
CEP: 06473-000
www.faroeditorial.com.br

Para meus afilhados.

SUMÁRIO

INTRODUÇÃO..9

CAPÍTULO 1: RAÇA..18

Teoria crítica da raça...20

Pânicos morais...33

Como isso aconteceu?...37

Bebês racistas..38

Antirracismo..40

Leve-o às ruas...44

Entretenimento popular..48

Consequências práticas..50

Conclusões..60

Interlúdio: China...62

CAPÍTULO 2: HISTÓRIA..76

"Reformulando" nossa história..78

Os motins de 1619...83

Nada disso é novidade..87

Império 92

Escravidão 100

Churchill 107

Estátuas.. 113

O grande despojo 116

Interlúdio: Reparações............................. 118

CAPÍTULO 3: RELIGIÃO 132

Todos os filósofos são racistas....................... 141

Por que os deuses deles não sucumbem?...... 150

Igrejas *woke* 157

Consequências... 164

Racionalismo 166

Interlúdio: Gratidão.................................... 173

CAPÍTULO 4: CULTURA 181

Literatura racista.. 187

Jardinagem racista... 192

Música racista.. 196

Apropriação cultural 202

Admiração cultural 204

Aprovação cultural 207

CONSIDERAÇÕES FINAIS 214

NOTAS 230

INTRODUÇÃO

Tornou-se claro, nos últimos anos, que há uma guerra em andamento: uma guerra contra o Ocidente. Ela não é como as guerras anteriores, em que os exércitos se chocavam e os vencedores eram declarados. Trata-se de uma guerra cultural, e está sendo travada impiedosamente contra todas as raízes da tradição ocidental e contra tudo de bom produzido por ela.

No início, era difícil de discernir o que estava acontecendo. Muitos de nós sentíamos que algo estava errado. Nós nos perguntávamos por que discussões unilaterais continuavam sendo feitas e por que alegações injustas continuavam sendo levantadas. Porém, não percebíamos a escala total do que vinha sendo tentado, até porque a própria linguagem das ideias estava corrompida. As palavras não significavam mais o que haviam significado até pouco tempo antes.

As pessoas começaram a falar de "igualdade", mas não pareciam se importar com direitos iguais. Elas falavam de "antirracismo", mas soavam profundamente racistas. Elas falavam de "justiça", mas pareciam querer dizer "vingança".

Foi somente nos últimos anos, quando os frutos desse movimento vieram à tona, que sua escala se tornou nítida. Há um ataque acontecendo contra tudo relacionado ao mundo ocidental – seu passado, presente e futuro. Faz parte desse processo termos ficado presos em um ciclo de interminável punição, sem nenhum esforço sério para (ou mesmo consideração de) aliviá-lo.

Na última década, lutei à minha maneira para entender esse fenômeno. Em 2017, com *The Strange Death of Europe*, abordei um aspecto dele: as mudanças provocadas no Ocidente pela migração em massa. Durante os anos em que abordei a questão da imigração, pareceu-me que algo mais profundo estava acontecendo. Às margens das ilhas gregas e italianas, observando os barcos chegarem e socializando nos campos de migrantes que surgiram nas grandes cidades, vi de perto as consequências da mudança do mundo em desenvolvimento para o mundo desenvolvido. Nunca culpei nenhum migrante por querer fazer essa viagem. Estive em muitos dos países de onde os migrantes fugiam; quer estivessem fugindo da guerra, quer (na maioria dos casos) da privação econômica, sua atitude era algo muito compreensível.

A GUERRA CONTRA O OCIDENTE

O que me incomodava era por que os europeus permitiam que isso acontecesse e por que se esperava que eles se anulassem para sobreviver. Dizia-se que a Europa tinha uma dívida histórica, a qual legitimava esse movimento. Entretanto, mesmo aqueles que argumentaram isso não conseguiram abordar onde se encontrava o limite desse movimento.

Haveria um momento em que essa "dívida" ocidental seria paga? Porque, a cada ano, tinha-se a impressão de que, em vez de estar sendo paga, a dívida estava aumentando.

Também comecei a notar que a mesma história se desenrolava em todos os países considerados ocidentais. Em cada um deles, as justificativas dadas para permitir esse movimento de pessoas eram as mesmas, apesar de suas posições geográficas muito diferentes. Há anos os Estados Unidos enfrentam seu próprio desafio migratório, principalmente na fronteira sul. Em minhas viagens por todo o país, ouvi os mesmos argumentos que na Grã-Bretanha e na Europa. Um tipo semelhante de político e outras figuras públicas continuavam explicando ao povo americano por que suas fronteiras deveriam ser frouxas ou totalmente porosas. Assim como na Europa, havia indivíduos e entidades poderosos alegando que os únicos países civilizados eram aqueles que deixavam o mundo entrar. O mesmo aconteceu no Canadá e, do outro lado do planeta, na Austrália. Em todos os cantos, as sociedades consideradas "ocidentais" (isto é, países europeus ou países descendentes da civilização europeia) experimentaram o mesmo padrão de argumentos. Nenhum lugar não ocidental recebeu tal tratamento.

Apenas os países ocidentais, espalhados por três continentes, foram constantemente informados de que, para ter alguma legitimidade – para serem considerados decentes –, deveriam alterar, rápida e fundamentalmente, sua composição demográfica. A visão do século XXI parecia ser a de que a China teria permissão para permanecer China, os vários países do Extremo Oriente, do Oriente Médio e da África deveriam ter permissão para permanecer como eram – na verdade, isso era esperado – ou mesmo retornar a algo que talvez tenham sido outrora. Entretanto, esperava-se que os países identificáveis como sendo "do Ocidente" se tornassem outra coisa ou perdessem toda a legitimidade. É claro que países e estados têm o direito de mudar. Com o tempo, uma certa quantidade de mudança é inevitável. Porém, a impressão era de haver algo tendencioso no que estava acontecendo: algo desequilibrado e incorreto. Os argumentos eram propostos não por amor aos países em questão, mas por um maldisfarçado ódio por eles. Aos olhos de muitas pessoas, sobretudo dentro de suas próprias populações, esses países pareciam ter feito algo errado, que deveriam expiar. O Ocidente era o problema. A dissolução do Ocidente era uma solução.

INTRODUÇÃO

Havia outros sinais de que algo estava errado. Em 2019, abordei alguns deles em *A Loucura das Massas*. Referi-me ao desafio criado pela "política de identidade" – especificamente a tentativa de desmembrar as sociedades ocidentais em termos de sexo, sexualidade e raça. Após o século xx, a identidade nacional se tornou uma forma vergonhosa de pertencimento e, de repente, todas essas outras formas de pertencimento apareceram em seu lugar. Começaram a dizer às pessoas que elas se considerassem membros de outros grupos específicos. Elas eram gays ou heterossexuais, homens ou mulheres, negros ou brancos. Essas formas de pertencimento também foram enviesadas para uma direção antiocidental. Os gays eram celebrados, desde que fossem "*queer*" e quisessem derrubar todas as instituições existentes. Gays que só queriam seguir com a vida ou que realmente gostassem do mundo ocidental foram deixados de lado. Da mesma forma, contanto que as feministas estivessem atacando as "estruturas masculinas", o capitalismo ocidental e muito mais, elas seriam úteis. Feministas que não seguissem essa linha ou que acreditassem estar comparativamente bem no Ocidente eram tratadas, na melhor das hipóteses, como vendidas, e na pior, como inimigas.

O discurso sobre raça ficou ainda pior. As minorias raciais que haviam se integrado bem ao Ocidente, contribuído para ele e até o admirado passaram a ser cada vez mais tratadas como traidoras da raça. Como se outra lealdade fosse esperada delas. Radicais que quisessem destruir tudo eram venerados. Falava-se com – e sobre – negros americanos e outros que queriam celebrar o Ocidente e agregar algo a ele como se fossem apóstatas. Cada vez mais, eles eram chamados pelos piores nomes. O amor pela sociedade em que estavam era tratado como um argumento contra eles.

Ao mesmo tempo, tornou-se inaceitável falar sobre qualquer outra sociedade de maneira remotamente semelhante. Apesar de todos os abusos inimagináveis perpetrados em nossa própria época pelo Partido Comunista Chinês (PCC), quase ninguém fala da China com um pingo da raiva e do nojo derramados diariamente contra o Ocidente no próprio Ocidente. Os consumidores ocidentais ainda compram roupas baratas da China. Não há nenhuma tentativa generalizada de boicote. "*Made in China*" não é um símbolo de vergonha. Coisas terríveis acontecem naquele país neste exato momento, e ele ainda é tratado como normal. Autores que se recusam a permitir a tradução de seus livros para o hebraico ficam emocionados ao vê-los aparecer na China. Enquanto isso, a Chick-fil-A recebe mais críticas por fazer seus sanduíches nos Estados Unidos do que a Nike por produzir seus tênis em fábricas chinesas em condições análogas à escravidão.

Porque no Ocidente desenvolvido aplica-se um padrão diferente. No que diz respeito aos direitos das mulheres e das minorias sexuais e, particularmente,

A GUERRA CONTRA O OCIDENTE

à questão do racismo, tudo foi apresentado como se nunca tivesse sido pior no momento em que nunca havia sido melhor. Ninguém poderia negar o flagelo do racismo – que pode ser encontrado, em alguma forma, ao longo de toda a história registrada. As tendências dentro e fora do grupo são excepcionalmente fortes em nossa espécie. Não somos tão desenvolvidos quanto gostaríamos de imaginar. No entanto, nas últimas décadas, a situação nos países ocidentais em relação à igualdade racial tem sido melhor do que nunca. Nossas sociedades fizeram um esforço para ir "além da raça", lideradas pelo exemplo de alguns homens e mulheres notáveis de todas as origens raciais, especialmente por alguns americanos negros extraordinários. Não era inevitável que as sociedades ocidentais desenvolvessem, ou mesmo almejassem, a tradição de tolerância racial que temos.

Não era inevitável que acabássemos vivendo em sociedades que consideram, com justiça, o racismo como um dos pecados mais abomináveis. Isso aconteceu porque muitos homens e mulheres corajosos expuseram seus argumentos, lutaram por essa situação e reivindicaram seus direitos.

Nos últimos anos, passou a soar como se essa luta nunca tivesse acontecido. Como se fosse uma miragem. Nos últimos anos, passei a pensar nas questões raciais no Ocidente como um pêndulo, que passou do ponto de correção e entrou em sobrecorreção. Como se manter o pêndulo em uma ligeira sobrecorreção, durante tempo suficiente, pudesse estabelecer a igualdade com mais firmeza. A esta altura, está evidente que, por mais bem-intencionada que essa crença possa ter sido, ela foi totalmente equivocada. A raça é agora um problema em todos os países ocidentais de uma forma como não era havia décadas. Como forma de substituir a falta de preconceito racial, fomos empurrados para a ultraconsciência racial. Uma imagem profundamente distorcida foi agora pintada.

Como todas as sociedades da história, todas as nações ocidentais têm racismo em seu passado. Entretanto, esse não é o único aspecto da história de nossos países. O racismo não é a única lente através da qual nossas sociedades podem ser compreendidas; todavia, é, cada vez mais, a única lente usada. Tudo no passado é visto como racista e, portanto, tudo no passado está contaminado.

Porém, mais uma vez, apenas no passado ocidental, graças às lentes raciais radicais que foram colocadas sobre tudo. O racismo terrível existe atualmente em toda a África, expresso por africanos negros contra outros africanos negros. O Oriente Médio e o subcontinente indiano estão repletos de racismo. Viaje a qualquer lugar do Oriente Médio – até mesmo aos Estados "progressistas" do Golfo – e você verá um sistema de castas moderno em ação. Existem os grupos raciais de "classe superior", que administram essas sociedades e se beneficiam delas. E depois há os trabalhadores estrangeiros desprotegidos, que são levados para trabalhar para eles

INTRODUÇÃO

como uma classe trabalhadora importada. Essas pessoas são desprezadas, maltratadas e até descartadas, como se suas vidas não tivessem valor. E no segundo país mais populoso do mundo, como qualquer um que tenha viajado pela Índia saberá, um sistema de castas permanece em operação, de maneira vívida e assustadora. Ele ainda chega ao ponto de considerar certos grupos de pessoas como "intocáveis", por nenhuma razão além de um acidente de nascimento. É um sistema de preconceito doentio, e está muito vivo.

No entanto, ouvimos muito pouco sobre essas questões. Em vez disso, o mundo recebe apenas um relatório diário de como os países que, independentemente do critério usado, têm menos racismo, e de como os lugares onde ele é mais abominado são os lares do racismo. Essa alegação distorcida tem até um adendo final: se outros países têm algum racismo, deve ser porque o Ocidente exportou o vício para eles. Como se o mundo não ocidental fosse sempre feito de inocentes edênicos.

Aqui, mais uma vez, fica claro que algum registro injusto foi criado. Um registro em que o Ocidente é tratado por um conjunto de padrões, e o resto do mundo, por outro. Um livro no qual a impressão é de que o Ocidente não consegue fazer nada certo e o resto do mundo não pode fazer nada errado, ou faz errado só porque nós do Ocidente os obrigamos a fazê-lo.

Esses são apenas alguns dos sintomas – com os quais tentei lidar, um por um, nos últimos anos – que podem ser discernidos em nosso tempo. Porém, quanto mais eu os considero e quanto mais longe viajo pelo mundo, mais claro se torna que esta era é definida por uma coisa, acima de tudo: uma mudança civilizacional que tem estado em andamento ao longo de nossas vidas. Uma mudança que vem abalando os fundamentos profundos de nossas sociedades, porque é uma guerra contra tudo dentro delas.

Uma guerra contra tudo o que marcou nossas sociedades como incomuns – até mesmo notáveis. Uma guerra contra tudo o que as pessoas que vivem no Ocidente tinham, até muito recentemente, dado como certo. Para essa guerra ser malsucedida, ela precisará ser exposta e repelida.

A Guerra Contra o Ocidente é um livro sobre o que acontece quando um dos lados de uma guerra fria – o lado da democracia, da razão, dos direitos e dos princípios universais – se rende de maneira prematura. Muitas vezes enquadramos essa luta de forma errada. Permitimos que seja chamada de temporária ou marginal, ou simplesmente a descartamos como guerra cultural. Interpretamos mal os objetivos dos participantes ou minimizamos o papel que ela terá na vida das gerações futuras. No entanto, as apostas aqui são tão altas quanto em qualquer luta no século xx, com muitos dos mesmos princípios envolvidos – até mesmo com muitos dos mesmos maus atores.

A GUERRA CONTRA O OCIDENTE

Passamos da situação de apreciar e ponderar o que há de bom na cultura ocidental à de dizer que todas as partes dela devem ser desmanteladas.

Já se passaram mais de trinta anos desde que o pastor Jesse Jackson liderou uma multidão de manifestantes na Universidade de Stanford com o coro *"Hey, hey, ho, ho, Western Civ has got to go"* ["Ei, ei, ora, ora, a cultura ocidental tem que ir embora", em tradução livre]. Naquela época, o pastor Jackson e seus seguidores protestavam contra o curso introdutório da Universidade de Stanford chamado Cultura Ocidental. Eles apontaram que havia algo errado em ensinar o cânone e a tradição ocidentais. Porém, o mais impressionante foi o que aconteceu a seguir. A universidade cedeu rapidamente, substituindo o estudo da cultura ocidental pelo estudo de muitas culturas. O que aconteceu em Stanford em 1987 foi um sinal de tudo o que estava por vir.

Nas décadas que se seguiram, quase toda a academia no mundo ocidental seguiu o exemplo de Stanford. A história do pensamento, da arte, da filosofia e da cultura ocidentais se tornou um assunto cada vez menos comunicável. Na verdade, tornou-se uma espécie de constrangimento: o produto de um bando de "homens brancos mortos", para usar apenas um dos apelidos encantadores que entraram na linguagem.

Desde então, qualquer esforço para manter vivo, quanto mais reviver, o ensinamento da civilização ocidental se deparou com hostilidade constante, escárnio e até violência. Acadêmicos que buscaram estudar as nações ocidentais sob uma luz neutra foram impedidos de fazer seu trabalho e sujeitos a intimidação e difamação, inclusive de colegas. Na Austrália, o Ramsay Centre for Western Civilisation, cujo conselho é presidido pelo ex-primeiro-ministro John Howard, vem tentando encontrar universidades com as quais fazer parceria para que os alunos possam estudar a civilização ocidental, e tem enfrentado grande dificuldade para achar universidades dispostas a trabalhar com eles. E isso nos diz algo sobre a velocidade dessa grande mudança. Apenas algumas décadas atrás, um curso sobre a história da civilização ocidental era comum. Hoje, é tão vergonhoso que você não pode pagar universidades para fazê-lo.

Em 1969, a BBC exibiu *Civilisation*, a extraordinária série documental com treze episódios de *sir* Kenneth Clark. O objetivo era fornecer uma história unificada da civilização ocidental, e ela o fez, embasando a compreensão de milhões de espectadores em todo o mundo. Quase cinquenta anos depois, em 2018, a BBC tentou dar seguimento à série. *Civilisations* (com ênfase no *s*) era uma mistura de três historiadores diferentes, tentando desesperadamente garantir que não soariam como se estivessem dizendo que o Ocidente era melhor do que qualquer outro lugar e oferecendo uma espécie de história mundial que não tornava nada muito claro.

14

INTRODUÇÃO

Em poucas décadas, a tradição ocidental deixou de ser celebrada para se tornar constrangedora e anacrônica e, finalmente, para ser algo vergonhoso. Passou de uma história destinada a inspirar as pessoas e educá-las em suas vidas para uma história destinada a envergonhá-las. E não era apenas ao termo "ocidental" que os críticos se opunham: era a tudo relacionado a ele. Até a própria "civilização". Como disse Ibram X. Kendi, um dos gurus do "antirracismo" racista moderno, "a palavra 'civilização' muitas vezes é, por si só, um eufemismo educado para racismo cultural".[1]

É claro que alguma oscilação do pêndulo é inevitável, e pode até ser desejável. Certamente, houve momentos no passado em que a história do Ocidente foi ensinada como se fosse a história de um bem imperturbável; crítica histórica e o ato de repensar nunca são uma má ideia. No entanto, a busca por problemas visíveis e tangíveis não deve se tornar uma busca por problemas invisíveis e intangíveis. Especialmente se for realizada por gente desonesta com as soluções mais extremas. Se permitirmos que críticos maliciosos deturpem e sequestrem nosso passado, então o futuro que eles planejam com base nisso não será harmonioso. Será um inferno.

Ao longo do livro, explorarei duas ideias principais. A primeira é que os críticos da civilização ocidental fornecem opções. Eles veneram todas as culturas, desde que não sejam ocidentais. Por exemplo, todo pensamento e expressão cultural nativos devem ser celebrados, desde que essa cultura nativa não seja ocidental. Essa é a comparação que eles querem que façamos, então vamos fazê-la.

Dois grandes problemas resultam da celebração de todas as culturas não ocidentais. O primeiro é que os países não ocidentais são capazes de se safar de crimes contemporâneos tão monstruosos quanto qualquer coisa que tenha acontecido no passado ocidental. Um hábito incentivado por algumas potências estrangeiras. Afinal, se o Ocidente está tão preocupado em se denegrir, que tempo poderia encontrar para olhar para o resto do mundo? Entretanto, o outro grande problema é que isso leva a uma forma de internacionalismo paroquial, no qual os ocidentais presumem, erroneamente, que aspectos da herança ocidental são aspirações comuns a todo o resto do globo.

Da Austrália ao Canadá e aos Estados Unidos, e por toda a Europa, uma nova geração absorveu a noção de que aspectos da tradição ocidental (como "direitos humanos") são uma norma histórica e global, implementada em todos os lugares. Com o tempo, passou a parecer que a tradição ocidental que desenvolveu essas normas falhou exclusivamente em cumpri-las e que as culturas "nativas" não ocidentais são (entre muitas outras coisas) mais puras e esclarecidas do que a cultura ocidental jamais poderá ser. Essas não são visões marginais e nem são novas. Elas remontam ao século XVIII, pelo menos. Hoje, permeiam a obra de autores *best-sellers*, como Naomi Klein e Noam Chomsky. Essas visões são ensinadas em

A GUERRA CONTRA O OCIDENTE

universidades e escolas em todo o mundo ocidental, e seus resultados podem ser vistos em quase todas as grandes instituições culturais e políticas. Eles surgem nos lugares mais surpreendentes.

Por exemplo, o National Trust, na Grã-Bretanha, deveria existir para manter abertas muitas das casas de campo mais bonitas e caras do país. Os 5,6 milhões de membros do Trust tendem a gostar de passear por uma mansão imponente e depois tomar um chá da tarde. Porém, nos últimos anos, o Trust decidiu que tem outro trabalho: educar seus visitantes sobre os horrores do passado. E não apenas sobre as conexões com o império e o tráfico de escravos, a homofobia e os crimes de primogenitura. Recentemente, optou por promover a ideia de que o próprio interior rural inglês é racista e (como diz o diretor do programa do Trust) uma "terra verde desagradável".

Selecionei esse exemplo, mas você pode escolher quase qualquer área da vida e descobrir que ela foi denunciada da mesma maneira. Tudo, desde arte, matemática e música até jardinagem, esporte e comida, passou pelo mesmo ciclo de propaganda. Há muitas curiosidades em tudo isso. Uma delas é que, enquanto o Ocidente é agredido por tudo o que fez de errado, agora não recebe nenhum crédito por ter feito algo certo. Na verdade, essas coisas – incluindo o desenvolvimento de direitos individuais, liberdade religiosa e pluralismo – são usadas contra ele.

Isso nos leva a um segundo quebra-cabeça mais profundo. Por que expor tudo no Ocidente ao ataque?

A cultura que deu ao mundo avanços na ciência e na medicina capazes de salvar vidas, além de um livre mercado que tirou bilhões de pessoas ao redor do mundo da pobreza, e proporcionou o maior florescimento de pensamento em qualquer lugar do mundo é interrogada através de uma lente da mais profunda hostilidade e simplicidade. A cultura que produziu Michelangelo, Da Vinci, Bernini e Bach é retratada como se não tivesse nada relevante a dizer. As novas gerações aprendem essa visão ignorante da história. Elas recebem uma história das falhas do Ocidente sem gastar um tempo correspondente com suas glórias.

Hoje em dia, toda criança em idade escolar sabe sobre a escravidão. Quantas podem descrever sem ironia, vergonha ou ressalva os grandes presentes ofertados ao mundo pela tradição ocidental?

Todos os aspectos da tradição ocidental sofrem agora o mesmo ataque. A tradição judaico-cristã, que formou a pedra angular da tradição ocidental, se encontra sob particular ofensiva e difamação. Entretanto, o mesmo acontece com a tradição do secularismo e do Iluminismo, que produziu um florescimento na política, nas ciências e nas artes. E isso tem consequências. Uma nova geração parece não entender nem mesmo os princípios mais básicos do livre pensamento e da liberdade de

INTRODUÇÃO

expressão. Na verdade, eles são retratados como produtos do Iluminismo europeu e atacados por pessoas que não entendem como, ou por que, o Ocidente chegou ao acordo que chegou com relação à religião. Nem como a priorização do método científico permitiu às pessoas ao redor do mundo melhorias incalculáveis em suas vidas. Em vez disso, essas heranças são criticadas como exemplos de arrogância e elitismo ocidentais e superioridade imerecida. Como resultado, tudo relacionado à tradição ocidental está sendo descartado. Nas faculdades de educação nos Estados Unidos, aspirantes a professores recebem seminários de treinamento nos quais são ensinados que até mesmo o termo "diversidade de opinião" é "bobagem de supremacistas brancos".[2]

Esta não é uma história do Ocidente e nem pretende ser. Tal trabalho teria de ser muito mais extenso. Também não desejo encerrar o debate considerável que vem acontecendo neste momento. Gosto dele e o considero útil. Até agora, porém, ele tem sido desenfreadamente unilateral. Como veremos, envolveu políticos, acadêmicos, historiadores e ativistas que saíram impunes depois de dizer coisas que não são simplesmente incorretas ou imprudentes, mas totalmente falsas. Eles saíram impunes por tempo demais.

Há muitas facetas para esta guerra contra o Ocidente. Ela acontece em toda a mídia e ondas de rádio, e em todo o sistema educacional, desde a pré-escola. É abundante na cultura mais ampla, em que todas as principais instituições culturais estão sob pressão, ou realmente se voluntariando, para se distanciar de seu próprio passado. E agora existe no topo do governo americano – um dos primeiros atos do novo governo foi emitir uma ordem executiva pedindo "equidade" e o desmantelamento do que chamou de "racismo sistêmico".[3] Parece que estamos matando a galinha que botou ovos de ouro muito valiosos.

CAPÍTULO 1

RAÇA

Há uma verdade óbvia e observável sobre as pessoas no Ocidente. Historicamente, os cidadãos da Europa e suas sociedades descendentes nas Américas e na Australásia têm sido brancos. Nem todos, mas a maioria, sim. A definição é tautológica – branco significa, principalmente, ter ancestrais da Europa. Assim como a maioria das pessoas na África é negra, e a maioria das pessoas no subcontinente indiano é parda. Se, por algum motivo, você deseja atacar tudo que tenha a ver com a África, pode muito bem, em algum momento, decidir atacar os indivíduos por serem negros. Se quisesse deslegitimar tudo sobre os indianos, poderia, em algum momento, decidir atacar seu povo pela cor de sua pele. Ambas as atitudes seriam desumanas, e hoje, facilmente identificadas como tal. Entretanto, na guerra contra o Ocidente, os brancos são um dos primeiros alvos de ataque. Um fato que tem sido constantemente normalizado e transformado na única forma aceitável de racismo nas sociedades em que ocorre.

Para deslegitimar o Ocidente, primeiro parece ser necessário demonizar aqueles que ainda constituem sua maioria racial. É preciso demonizar os brancos.

Às vezes, os resultados disso aparecem diante dos olhos de todos. Em agosto de 2021, foram divulgados os resultados do censo americano realizado no ano anterior. Um dos fatos da manchete era que o número de indivíduos brancos nos Estados Unidos havia diminuído. Em seu *The Tonight Show*, Jimmy Fallon mencionou isso em seu monólogo principal. "Os resultados do censo de 2020 acabaram de sair", disse ele ao público no estúdio e aos espectadores em casa. "E, pela primeira vez na história americana, o número de brancos caiu."[4] Em resposta, o público no estúdio gritou e aplaudiu, ruidosamente. Para essas pessoas, aquela não era apenas uma notícia estranha, mas uma boa notícia. Não que a porcentagem de brancos tenha diminuído, mas que o número real de brancos vivos diminuíra. E, embora isso possa ser uma surpresa para alguns, para muitos de nós esse movimento feio vem crescendo há anos.

Em fevereiro de 2016, eu me encontrava em um grande auditório em Londres, falando como um "subordinado", ao lado de John Allen, general americano de quatro estrelas e ex-comandante das forças da Otan no Afeganistão. Participávamos de um debate sobre o que fazer com o grupo islâmico ISIS. Além de agitar todo o Oriente Médio, o grupo já havia realizado ataques na Europa. Acima de tudo, em todas as nossas mentes naquela noite, estavam os múltiplos atentados suicidas e ataques com fuzis Kalashnikov que tinham ocorrido em Paris pouco tempo antes e tirado a vida de 130 pessoas. Embora as bombas do ISIS ainda não tivessem atingido o Reino Unido, usei meu discurso para alertar o público de que, se o ISIS não fosse detido, em breve – talvez em um salão como aquele em que estávamos, talvez tendo como alvo um público mais jovem, talvez visando um show de música pop – o ISIS atacaria. E quando ele o fizesse, nós nos perguntaríamos por que o ignoramos enquanto ele construía suas forças na Síria e no Iraque.

O general Allen usou suas observações para fornecer um resumo profundamente comedido de como derrotar o ISIS. Seu discurso foi técnico, impressionante, um pouco maçante. Porém, foi cuidadoso ao enfatizar seu respeito pelos aliados árabes, no terreno e em toda a região. Nossos oponentes naquela noite pareciam ter ouvido, mas foi algo dito por um deles na abertura de seu discurso que nos alertou. Depois de nossa apresentação, Rula Jebreal – uma ativista e escritora palestina, nossa oponente – começou explicando por que o público não deveria dar-se ao trabalho de ouvir o que o general Allen ou eu tínhamos a dizer. "Somos novamente ensinados, com todo o respeito", disse ela (o que, neste contexto, sempre significa "nenhum"), "por dois homens brancos." Eu já tinha ouvido isso antes, mas notei que o general estremeceu um pouco.

Claramente, o comentário ainda o incomodava após o jantar, porque ele voltou ao assunto. "Algo assim nunca aconteceu comigo antes. Já tinha acontecido com você?", o general me perguntou. Eu disse que, lamentavelmente, sim, e fiquei muito chocado com o fato de não ter ocorrido com ele. Aquele homem servira nas forças armadas dos Estados Unidos por décadas, arriscando sua vida, vivendo com o povo do Afeganistão, em missão, durante anos a fio. E ele parecia genuinamente surpreso de que isso e todo o resto de sua vida e experiência fossem resumidos e descartados pelo fato de ele, por acaso, ser um homem branco – e de estar comigo, para completar. "Bem, acho que é melhor nos acostumarmos", eu disse ao general, alegremente, mal imaginando o quão rápido todos nós iríamos fazê-lo.

Isso foi há apenas alguns anos. Ainda assim, fora dos círculos acadêmicos e organizações racistas, era considerado descortês juntar as pessoas e descartá-las simplesmente por causa da cor de sua pele. Uma geração anterior chegara à sensata conclusão de que desprezar as pessoas, difamá-las ou generalizá-las simplesmente por causa da cor de sua pele era a definição de racismo – e o racismo passara a ser visto como um dos males humanos mais perversos. Já se sabia aonde se poderia chegar ao se deixar de considerar as pessoas como indivíduos: aos horrores de meados do século xx, aos pesadelos em Ruanda e na Bósnia, no final daquele século. Mais perto de casa, levava à segregação racial e à violência racial ocasional, que haviam marcado o passado dos Estados Unidos e de tantos outros países.

A lição tinha parecido evidente: tratar as pessoas como indivíduos e rejeitar aqueles que tentassem reduzi-los a membros de um grupo ao qual pertenciam apenas por acidente de nascimento. A mensagem de Martin Luther King Jr. teria triunfado. O futuro deveria ser aquele em que as categorias raciais importassem cada vez menos. A sociedade e seus membros aspirariam a ser indiferentes à cor, assim como também aspiravam a ser cegas ao sexo e às diferenças na orientação sexual de um indivíduo. O objetivo da sociedade parecia claro e, com algumas discussões remanescentes sobre questões secundárias, foi acordado por todo o espectro político. As pessoas deveriam ser capazes de desenvolver seu potencial sem serem prejudicadas pelo acaso das características do grupo. Qualquer um que quisesse brincar com a retórica racista ou encontrar gente disposta a desculpar o racismo precisava se misturar com os supremacistas brancos residuais em seus enclaves cada vez menores ou encontrar um lar entre grupos igualmente marginais, como a Nação do Islã, de Louis Farrakhan, com sua supremacia negra. Esses grupos estavam longe do centro político ou social, ou do *mainstream*, e o centro dava a impressão de querer mantê-los assim.

Então, nos primeiros anos do presente século, isso começou a mudar. Teve início uma moda de se referir à raça mais do que qualquer uma fizera em anos. Especificamente, ela levou a um aumento de descrições de pessoas brancas com uma linguagem que não seria usada para nenhum outro grupo da sociedade. Comumente, eram os próprios brancos que faziam a maior parte do trabalho, ou melhor, da súplica. Entretanto, ela apareceu em uma gama extraordinariamente ampla de locais. Como costuma acontecer com as más ideias, essas se originaram nas universidades.

TEORIA CRÍTICA DA RAÇA

Apesar do número cada vez menor de leis abertamente racistas e do poder minguante dos racistas declarados nos Estados Unidos, os resultados díspares entre brancos e negros erodiram muito lentamente. Para explicar isso, acadêmicos começaram a procurar mecanismos ocultos de racismo.

RAÇA

A teoria crítica da raça (TCR) surgiu ao longo de décadas em seminários acadêmicos, artigos e publicações. A partir da década de 1970, acadêmicos como bell hooks (as pretensiosas iniciais minúsculas são propositais), Derrick Bell (em Harvard e Stanford) e Kimberlé Crenshaw (Universidade da Califórnia em Los Angeles e Faculdade de Direito de Columbia) trabalharam para criar um movimento de ativistas dentro da academia que interpretariam quase tudo no mundo através das lentes da raça. De certa forma, sua obsessão era compreensível. Bell, por exemplo, crescera durante os últimos anos de segregação. A Harvard da época dele tinha apenas um punhado de membros negros no corpo docente. Em vez de adotar a abordagem incremental, preferida por outros, aqueles que formaram as bases para a TCR primeiro afirmaram que a raça era o fator mais significativo nas decisões de contratação nas universidades da Ivy League;* depois, que era a lente mais importante para entender a sociedade mais ampla. Isso significava que, no exato momento em que as coisas começavam a melhorar e mais membros negros estavam chegando ao corpo docente, tudo na academia, e tudo na compreensão da academia sobre a sociedade em geral, ganhou um viés racial, ou melhor, um novo viés racial.

Naturalmente, havia contrapontos óbvios e claros a isso. A Lei dos Direitos Civis tinha sido aprovada e funcionava fazia anos. As leis antidiscriminação já estavam nos livros de estatuto, e crescendo em número. No entanto, os seguidores da TCR viam quase todo o progresso nas relações raciais americanas como uma ilusão. Foi desse modo que o próprio Bell se referiu a isso em 1987, quando escreveu que "o progresso nas relações raciais americanas é, em grande parte, uma miragem que obscurece o fato de que os brancos continuam, consciente ou inconscientemente, a fazer tudo a seu alcance para garantir seu domínio e manter seu controle".[5] Quando Harvard não conseguiu dar estabilidade a dois seguidores da TCR em 1986, Bell e outros organizaram um protesto na universidade. Como qualquer seita revolucionária, os seguidores da TCR souberam se fazer sentir e ouvir e souberam mudar o clima intelectual em um canto da sociedade que não é conhecido por seu heroísmo.

Quanto maior o número de lugares onde os estudiosos podiam ver o racismo invisível, mais populares eles se tornavam.

Naturalmente, aconteceu que, das pessoas que essa ideologia mirava, muito poucas sabiam o que vinha vindo para elas. Mesmo que soubessem, teriam achado difícil se opor. Porque uma das marcas distintivas da TCR era que suas afirmações não

---

* A Ivy League ou The Ancient Eight (As oito anciãs) é um conjunto de oito universidades que estão localizadas, em sua maior parte, no nordeste dos Estados Unidos, sendo elas: Harvard, Cornell, Brown, Princeton, Dartmouth, Yale, Columbia e Pensilvânia. Considera-se que estão entre as melhores do mundo.

A GUERRA CONTRA O OCIDENTE

se baseavam em evidências, como poderia ter sido entendido em algum momento, mas, essencialmente, em interpretações e atitudes. Isso marcou uma mudança significativa na maneira como se esperava que as pessoas provassem afirmações. Embora raramente anunciassem o fato, as regras da TCR não precisavam de padrões normais de comprovação. Se a "experiência vivida" de alguém pudesse ser atestada, então a questão da "prova", ou dos "dados", teria que encontrar um lugar mais atrás na fila, se é que o faria. Os interseccionalistas, que cresceram nessa época, tinham muito em comum com os que defendiam a TCR. Essas pessoas, que construíram uma teoria a partir da afirmação de que todas as opressões "se cruzam" e devem ser "resolvidas" simultaneamente, possibilitaram esse salto. De repente, artigos acadêmicos (mais notoriamente os de Peggy McIntosh, da Wellesley College) que consistiam em nada mais do que listas de afirmações puderam ser produzidos. Tudo feito de um ponto de vista que não era nem demonstrável nem refutável. Era simplesmente afirmado.

Fosse para fazer reivindicações contra colegas ou contra a sociedade em geral, simplesmente tornou-se suficiente recorrer à evidência de suas próprias percepções. Se uma pessoa apontasse evidências que provavam que os Estados Unidos haviam se tornado menos racistas, outra pessoa poderia afirmar que esse não era o caso. Por quê? Sua própria "experiência vivida" (como se houvesse qualquer outro tipo). De muitas maneiras, foi uma jogada inteligente de se fazer, pois é verdade que a experiência pessoal de um indivíduo pode ser totalmente compreendida. Entretanto, também não pode ser sempre e totalmente tomada como verdade. Afinal, afirmações sobre sociedades inteiras e grupos de pessoas deveriam vir com alguma evidência anexada, não é mesmo? Bem, não hoje. Na melhor das hipóteses, a mudança da evidência para o "eu" permitiu um impasse: você tem seus pontos de vista e sua realidade; eu tenho os meus. Na pior das hipóteses, deixou qualquer troca de ideias vulnerável a ser feita por atores de má-fé que simplesmente insistiam que as coisas eram como eles diziam que eram. E foi exatamente o que aconteceu.

Uma das marcas distintivas da TCR é que, desde o início, seus defensores e adeptos têm sido claríssimos sobre o que querem e como pretendem obtê-lo. Os progenitores, seguidores e admiradores da TCR mostraram suas intenções desde cedo e com frequência. Por exemplo, a afirmação de que a TCR não é uma escola de pensamento nem um conjunto de proposições, mas um "movimento", é admitida por seus próprios apóstolos. Em seu trabalho *Critical Race Theory: An Introduction*, de 2001, os autores Richard Delgado e Jean Stefancic, com admiração, descreveram assim a TCR:

> (...) um movimento [que consiste em] uma coleção de ativistas e acadêmicos interessados em estudar e transformar a relação entre

RAÇA

> raça, racismo e poder. O movimento considera muitas das mesmas questões abordadas pelos discursos convencionais dos direitos civis e dos estudos étnicos, mas as coloca em uma perspectiva mais ampla, que inclui economia, história, contexto, grupo e interesse próprio, e até sentimentos e o inconsciente. Ao contrário dos direitos civis tradicionais, que aceitam o incrementalismo e o progresso passo a passo, a teoria crítica da raça questiona os próprios fundamentos da ordem liberal, incluindo a teoria da igualdade, o raciocínio jurídico, o racionalismo iluminista e os princípios neutros do direito constitucional.

Essa é uma grande lista de coisas a questionar: os princípios do Iluminismo, a lei, o neutralismo, o racionalismo e os próprios fundamentos da ordem liberal. Se isso tivesse sido escrito sobre a TCR por um inimigo, teria sido uma coisa. Entretanto, foi escrito por seus adeptos, a respeito de si mesmos.

Além do mais, como se gabavam Delgado e Stefancic, embora a TCR tenha começado no campo do direito, "ela se espalhou rapidamente para além dessa disciplina" por todos os campos da educação.

> Hoje, muitos no campo da educação se consideram teóricos críticos da raça que usam as ideias da TCR para entender questões de disciplina e hierarquia escolar, monitoramento, controvérsias sobre currículo e história e testes de desempenho de QI. (...) Ao contrário de algumas disciplinas acadêmicas, a teoria crítica da raça contém uma dimensão ativista. Ela não apenas tenta entender nossa situação social como também tenta mudá-la; ela se propõe não apenas a verificar como a sociedade se organiza em linhas e hierarquias raciais, mas a transformá-la para melhor.[6]

Essa é uma linguagem que não é comumente usada por acadêmicos: gabar-se de que determinado grupo de acadêmicos e professores é, de fato, composto de acadêmicos "com uma dimensão ativista". E quanto à admissão de que a TCR busca não apenas compreender a sociedade, mas "transformá-la"? Esta é a linguagem da política revolucionária, não uma linguagem tradicionalmente usada na academia. Entretanto, os envolvidos na TCR acabaram sendo exatamente isso: ativistas revolucionários.

As marcas estavam lá desde o início. Uma obsessão absoluta pela raça como o principal meio de entender o mundo e todas as injustiças. A alegação é que os brancos são, em sua totalidade, culpados de preconceito, especificamente racismo, desde o nascimento. Que o racismo está tão profundamente entrelaçado nas sociedades de maioria branca que os brancos nessas sociedades nem percebem que vivem em sociedades racistas. Pedir provas era prova de racismo. E, finalmente, há também a insistência de que nenhuma das respostas apresentadas pelas sociedades ocidentais para lidar com o racismo é remotamente adequada ou capaz de lidar com a tarefa em questão. O trabalho de Eduardo Bonilla-Silva e outros insistiu que o próprio conceito de aspirar a ser não influenciado pela cor quando se trata de questões de raça é profundamente racista.[7]

Mas o que era racismo, segundo essa nova e assertiva definição? Era, como foi repetidamente afirmado, "preconceito mais poder". Em parte graças à influência de Michel Foucault, esses acadêmicos haviam se tornado obcecados com a questão do poder.[8] Eles a viam tanto como a questão central de uma sociedade livre quanto como sendo exercida negativamente por todas as instituições estatais. Como resultado, a prioridade era tirar o poder dessas mãos e fazê-lo ser exercido em outro lugar. Atribuir o poder ou tomar o poder com base na cor da pele era extremamente vantajoso para esses acadêmicos, mesmo que seu pensamento sobre o assunto permanecesse extremamente confuso. Por exemplo, eles sustentavam que uma pessoa não poderia ser culpada de racismo se não tivesse poder – mesmo que fosse preconceituosa. E na estrutura de poder estabelecida sem remorsos pelos devotos da TCR, era axiomático que apenas os brancos tinham poder. Portanto, apenas pessoas brancas poderiam ser racistas. Os negros não podiam ser racistas ou, se o fossem, era apenas por terem "brancura internalizada".

É lógico que, enquanto tudo isso acontecia nas universidades dos Estados Unidos, a maioria dos americanos conseguia permanecer alegremente ignorante sobre o assunto. E, embora seja sem dúvida possível subestimar o que um grupo de acadêmicos ativistas pode ser capaz de realizar, também é possível superestimar seu impacto. Para a maioria dos americanos, o trabalho de Crenshaw, Bell e outros não fez diferença alguma na vida deles. Porém, no mundo todo, no campo do entretenimento popular, alguns desses hábitos começaram a pegar. Atitudes que haviam sido marginais migraram para o *mainstream*. Reivindicações que pouco tempo antes teriam sido consideradas pertencentes a círculos restritos ganharam vida própria.

Em 2001, por exemplo, o documentarista de opinião Michael Moore lançou o livro *Stupid White Men: Uma Nação de Idiotas*, que virou *best-seller*. Seus capítulos incluíam um que foi intitulado "Kill Whitey" [Mate o branquelo]. No decorrer do livro, Moore desfiou uma lista dos crimes que ele atribuiu aos brancos. Eles incluíam, embora não se limitassem a, peste negra, guerra, produtos químicos, motor de combustão interna, Holocausto, escravidão, genocídio de nativos americanos e demissões na América corporativa. Como concluiu Moore: "Cite o problema, a doença, o sofrimento humano ou a miséria abjeta imposta a milhões, e aposto dez dólares que consigo colocar um rosto branco nisso".[9] Talvez Moore nunca tivesse ouvido falar dos problemas de Ruanda, Serra Leoa ou Mianmar, para mencionar apenas alguns lugares. Com esse livro e ao longo de suas turnês, discursos e documentários, Moore se tornou rico e famoso ao afirmar que os brancos – ou "branquelos", como insistia ele – eram responsáveis por tudo de ruim. Todos os demais eram apenas vítimas.

Naturalmente, muitas pessoas não gostavam desse tipo de conversa. Elas reconheceram a verdade da observação de Thomas Sowell feita em 2012 de que se o racismo nos Estados Unidos não está morto, certamente está "respirando por aparelhos". Elas sabiam que as acusações que começavam a ser feitas contra suas sociedades eram falsas, injustas, e muito mais. Entretanto, elas não levaram em conta a observação posterior de Sowell de que o racismo agora estava sendo mantido vivo "por políticos, vigaristas e pessoas que ganham um sentido de superioridade ao denunciar os outros como 'racistas'".[10]

Essas mesmas figuras foram as que agora deram ao racismo um novo sopro de vida. Elas o fizeram através de dois meios em particular. Primeiro, declarando uma mudança de regras; segundo, anunciando-se como árbitros. Ao fazer isso, entre muitas outras coisas, elas identificaram e interditaram todos os caminhos que uma pessoa normal teria para evitar ser acusada de ser racista. Se você não conseguia ver o racismo em todos os lugares, foi apenas porque seu racismo o impedia de olhar direito.

Em 2018, uma obscura acadêmica chamada Robin DiAngelo, que por acaso era branca, publicou um livro reunindo vários de seus escritos recentes sob o título *White Fragility* (publicado no Brasil pela Faro Editorial como *Não basta não ser racista*). DiAngelo argumentou não apenas que os brancos eram todos racistas, mas que os brancos que não gostavam de ouvir que eram racistas ou que se opunham a serem chamados de racistas estavam simplesmente fornecendo mais evidências de seu racismo. Essa armadilha lógica é a mesma que desfrutava da preferência dos caçadores de bruxas da Idade Média: se a mulher se afogar, ela é inocente; se ela flutuar, é uma bruxa, e pode ser queimada. Na lógica de DiAngelo, a pessoa que nega ser racista é racista, assim como a pessoa que se afirma racista. Isso significa que a melhor coisa a se fazer em qualquer situação é economizar tempo e confessar-se racista.

Isso convinha ao homem que escreveu o prefácio de seu livro. Lá, Michael Eric Dyson realmente declarou que "Robin DiAngelo é a nova xerife racial da cidade". E continuou: "Ela está trazendo uma lei e uma ordem diferentes para influenciar

A GUERRA CONTRA O OCIDENTE

os processos raciais".[11] Essas novas lei e ordem incluíam a nomeação dos culpados. Descrevendo o racismo como "o pecado original dos Estados Unidos", Dyson insistiu:

> Não podemos nomear os inimigos da democracia, ou da verdade, ou da justiça, ou da igualdade se não pudermos nomear as identidades às quais eles estão ligados. Durante a maior parte de nossa história, homens brancos heterossexuais estiveram envolvidos em um programa de proteção a testemunhas que protege suas identidades e os absolve de seus crimes, oferecendo-lhes um futuro livre de ônus e pecados passados.[12]

Descrevendo o trabalho tortuoso de DiAngelo como "bonito", ele acrescentou que a obra é:

> (...) um chamado estimulante para os brancos em todos os lugares verem sua brancura como ela é e aproveitarem a oportunidade para melhorar as coisas agora. Robin DiAngelo chuta todas as muletas para o lado e exige que os brancos finalmente amadureçam e enfrentem o mundo que criaram, enquanto procuram ajudar a refazê-lo para aqueles que não têm seu privilégio nem sua proteção.[13]

É uma lista de afirmações que merece uma pausa. Por exemplo, a ideia de que todos os brancos são "imaturos" pode facilmente passar despercebida ao aparecer ao lado da alegação de que todos são criminosos racistas. No entanto, nenhuma dessas afirmações parecia forçada, dadas as afirmações feitas no livro sobre o qual Dyson estava escrevendo. Em sua primeira linha, DiAngelo escreveu:

> Os Estados Unidos foram fundados com base no princípio de que todas as pessoas são criadas iguais. No entanto, a nação começou com a tentativa de genocídio dos povos indígenas e o roubo de suas terras. A riqueza americana foi gerada a partir do trabalho de africanos sequestrados e escravizados e de seus descendentes.[14]

Então ela prosseguiu, como Dyson, listando as coisas que todos os brancos pensam, em que acreditam e que fazem – como afirmar que "a 'oposição à negritude' é fundamental para nossas próprias identidades como pessoas brancas".[15] Se DiAngelo sabia que o que estava fazendo era de alguma forma ruim, ela não pareceu se importar. Na verdade, ela o admitiu alegremente, escrevendo: "Estou quebrando uma regra fundamental do individualismo – *estou generalizando*" [o destaque é dela].[16] Até aquele momento, "generalizar" sobre as pessoas havia sido considerado uma tática desleal.

Dizer "todos os chineses pensam assim" ou "todos os negros se comportam assim" era visto como uma atitude grosseira e ignorante. Entretanto, Robin DiAngelo nitidamente se divertiu com a maldade de fazer isso e se safar, porque fazia isso contra pessoas brancas.

Da mesma forma, até um passado bastante recente, pensava-se que era no mínimo rude condenar as pessoas por características em relação às quais elas não tinham escolha e alegar que essas características não possuíam nenhum mérito. Porém, DiAngelo também gostou de quebrar essa ética. Escreveu ela:

> Existem muitas abordagens positivas para o trabalho antirracista. Uma delas é tentar desenvolver uma identidade branca positiva (...) No entanto, uma identidade branca positiva é uma meta impossível. A identidade branca é inerentemente racista; pessoas brancas não existem fora do sistema de supremacia branca.

E, no entanto, DiAngelo diz que os brancos não devem deixar de se identificar como brancos, pois isso seria negar o racismo, e constituiria "racismo que não distingue cor". Qual é a sua sugestão positiva para seus leitores? A resposta dela: eles deveriam "se esforçar para ser 'menos brancos'", acrescentando, para maior clareza, que "ser menos branco é ser menos racialmente opressivo".[17]

Se era verdade que os americanos brancos eram inextricavelmente racistas, mas também frágeis em relação a esse fato, isso não os impediu de comprar o grande livro de generalizações de DiAngelo. Na verdade, eles o compraram aos montes: o livro de DiAngelo vendeu mais de 750 mil cópias. E talvez tenha sido por causa da aclamação e do sucesso comercial que DiAngelo foi encorajada a fazer afirmações mais extremas em suas entrevistas posteriores. Em uma entrevista ao programa de televisão *Amanpour and Company* em 2018, ela alegou que as pessoas brancas acham o racismo "empolgante" e gostam de "desfrutar" dele. O entrevistador de DiAngelo nessa ocasião, Michel Martin (que por acaso é negro), tentou fazer sua convidada ser mais específica em tais alegações: "Mas por que você diz isso? Você é uma estudiosa. Onde estão seus dados? O que a leva a fazer tal afirmação?".

DiAngelo pode ou não ser uma estudiosa, mas não tinha evidências para sustentar suas alegações. Em vez disso, ela simplesmente fez outra afirmação (que não tinha nada a ver com a primeira): "Há uma espécie de alegria no coletivo branco quando corpos negros são punidos".[18]

A GUERRA CONTRA O OCIDENTE

Essa entrevista foi transmitida novamente dois anos após sua primeira exibição porque, dois anos depois, tudo havia mudado de novo. George Floyd fora morto pelo policial Derek Chauvin, e imagens da morte se espalharam ao redor do mundo. Protestos eclodiram mundialmente, e o livro de DiAngelo foi um dos que se beneficiaram do pico de interesse pelo antirracismo. Após a morte de Floyd, em apenas um mês *White Fragility* vendeu quase meio milhão de cópias.

Há algo naquele momento que vale a pena confrontar imediatamente. Porque há aqueles para quem o assassinato de George Floyd não foi apenas algo que aconteceu nos Estados Unidos, mas algo emblemático dos Estados Unidos. E essa perspectiva – de que o que houve naquele dia não foi o comportamento de um policial desonesto que foi mais tarde preso, julgado, condenado e encarcerado por seu crime, mas sim um puxão da cortina e uma revelação de algo no coração de todos os americanos brancos – foi uma interpretação por parte dos americanos para a qual DiAngelo, os teóricos críticos da raça e outros os haviam preparado. E prepararam os americanos em idade universitária, em particular. Pesquisas mostraram que visões positivas sobre o estado das relações raciais nos Estados Unidos atingiram o pico em 2009, na época da posse do presidente Obama. Naquela ocasião, uma pesquisa da CBS/*The New York Times* descobriu que 66% dos americanos achavam que as relações raciais eram boas, de forma geral.[19] Porém, à medida que acompanhava as pesquisas nos anos seguintes, a agência de notícias Associated Press observou que as opiniões sobre raça "começaram a azedar" em 2014.[20] Uma interpretação disso é que os Estados Unidos se tornaram mais racistas durante os dois mandatos de seu primeiro presidente negro. Outra é que a atenção da mídia a certos incidentes – justificáveis ou não – ajudou a alterar a visão do país sobre si mesmo.

O que tornou isso pior foi o fato de que uma geração de estudantes, criados com elementos da TCR, foi persuadida de que as relações raciais em seu país eram muito piores do que eram. As pessoas na academia americana inventaram e popularizaram todo um conjunto de conceitos e termos para ajudar nisso. Assim como seus colegas da arena interseccional insistiam na ideia de que todos viviam em um "patriarcado cis-heteronormativo", os professores da TCR introduziram um conjunto de termos com viés racial na linguagem acadêmica, e daí na linguagem da nação. Eles argumentaram, por exemplo, que os Estados Unidos não eram apenas uma sociedade dominada por brancos, ou que os Estados Unidos tinham uma população de maioria branca, mas que eram uma sociedade "supremacista branca". Eles alegaram que todos os brancos se beneficiavam ao permitir o governo da supremacia branca. Eles alegaram que, quando confrontados por seu racismo, os brancos deliberadamente mudavam de assunto ou se transformavam em vítimas. Eles alegaram que havia um fenômeno específico conhecido como "lágrimas brancas" (e uma subcategoria dentro disso, "lágrimas de mulheres brancas").

Eles também alegaram que a brancura era contagiosa. De que outra forma lidar com o fato de que muitos negros não se mostravam 100% de acordo com os novos teóricos raciais e de que nem todos concordavam com as novas ideias que vinham sendo impostas a todo mundo? Uma resposta foi alegar que os negros que não concordavam que os Estados Unidos eram uma sociedade intrinsecamente racista estavam encenando a "brancura" ou a absorvendo, como se ela fosse uma doença terrível.[21] Após a eleição presidencial dos Estados Unidos em 2020, o *The Washington Post* chegou a apresentar a seus leitores o conceito de "brancura multirracial" como uma forma de explicar como as minorias étnicas poderiam ter votado no candidato republicano.[22] Nesses cenários, nos quais podia haver negros-brancos, mas não brancos-negros, fica claro que "negro" e "branco" simplesmente haviam se tornado sinônimos de "bom" e "ruim".

Os defensores dessa teoria afirmavam que a raça não era apenas uma lente através da qual se via a sociedade. Eles insistiam que era a mais importante; na verdade, a única lente através da qual se podia ver a sociedade. E muito do veneno e fúria hoje existentes nos Estados Unidos e no Ocidente como um todo agora se resumem a este problema específico: que as pessoas viram uma versão de sua sociedade que é, na melhor das hipóteses, exagerada, e descontroladamente errada, na pior. Pegue apenas um, talvez o evento "racista" mais famoso dos últimos anos – a tempestade que explodiu a TCR e suas teorias em todo o mundo ocidental: o assassinato de George Floyd em Mineápolis em maio de 2020.

Nos dias, semanas e meses após aquele terrível evento, mal havia um órgão ou um indivíduo nos Estados Unidos, ou no mundo em geral, que não interpretasse o terrível vídeo daquela morte através de uma única lente. A de que um policial branco foi pego na câmera matando um homem negro, e que foi um assassinato racista. Como se essa explicação não bastasse, tudo a respeito dessa interpretação foi então extrapolado. Esse não foi apenas um assassinato racista individual: foi um assassinato racista que nos informou sobre a natureza do policiamento racista nos Estados Unidos. A partir daí, extrapolaram novamente. Aprendemos que esse policiamento racista era apenas um aspecto de uma sociedade racista mais ampla. E a partir daí, que não apenas os Estados Unidos mas todas as sociedades dominadas por brancos (e sociedades nas quais os brancos simplesmente tinham presença) foram, de alguma forma, reveladas naquele momento. A interpretação popularizada em todo o mundo foi: o que aconteceu com George Floyd nos informou sobre uma injustiça rotineira. Alegou que vidas negras podiam ser roubadas impunemente nos Estados Unidos modernos, e que isso acontecia porque os Estados Unidos e o Ocidente em geral eram institucionalmente racistas, supremacistas brancos e culpados de uma intolerância inevitável.

A compreensão pública real da questão acabou se revelando descontrola e comprovadamente fora de sincronia com a realidade. Por exemplo, quando os cidadãos dos Estados Unidos foram questionados sobre quantos americanos negros desarmados eles acreditavam terem sido baleados pela polícia em 2019, os números estavam errados por várias ordens de magnitude.

Vinte e dois por cento dos autoidentificados como "muito liberais" disseram achar que a polícia atirou, em um ano, em pelo menos 10 mil homens negros desarmados. Entre os liberais autoidentificados, 40% achavam que o número estava entre mil e 10 mil. O número real era algo em torno de dez.[23]

Por proporção da população, os americanos negros desarmados eram ligeiramente mais propensos a serem baleados pela polícia do que os americanos brancos desarmados. Entretanto, como confirmam os números compilados pelo banco de dados de tiroteios policiais do *The Washington Post*, nos anos anteriores à morte de George Floyd, mais policiais foram mortos por negros americanos do que negros desarmados foram mortos pela polícia.[24]

Quase nada disso teve efeito. Porém, as pesquisas pareciam sugerir que o aumento das reportagens sobre esse assunto durante a década de 2010 pode ter tido um efeito inadvertido: fazer com que os americanos imaginassem que o problema das interações mortais entre homens negros desarmados e a polícia era exponencialmente pior do que antes. Quaisquer que fossem as realidades raciais nos Estados Unidos, um grupo de ativistas polêmicos estava pronto para esse momento, com suas teorias, frases, reivindicações e demandas pré-preparadas sobre a erradicação do racismo oculto. E eles, de fato, se mantiveram muito ocupados.

É por isso que as equipes esportivas de todo o mundo começaram a "se ajoelhar" antes de cada partida. Elas foram levadas a pensar que precisavam fazê-lo para demonstrar que eram contra a matança racista, que os negros eram mortos livremente por policiais e que não deveriam ser. É por isso que os políticos de todo o Ocidente se ajoelharam e fizeram discursos contra o racismo. É por isso que Nancy Pelosi, Chuck Schumer e o resto da liderança do Partido Democrata usavam cachecóis de pano kente africanos e ficavam ajoelhados durante 8min46s antes de serem içados novamente por seus assistentes. É por isso que a ideia de "se educar", se você fosse branco, de repente entrou no léxico popular. É por isso que CEOs, como o editor-chefe da *National Geographic*, começaram a colocar sob seu nome e título, como uma assinatura, os dizeres "Situação racial: branco, privilegiado, com muito a aprender".[25]

Foi um momento em que o silêncio diante do "racismo" era considerado violência. Um momento em que a violência real foi desculpada como forma de discurso político legítimo. Um momento em que um acadêmico poderia declarar, alegremente, que "o estado dos Estados Unidos negros, como um todo, é provavelmente pior do que há cinquenta anos".[26] Foi nesse momento, nos dias posteriores à morte de Floyd, que conceitos como "privilégio branco" saíram da periferia da academia, em que haviam sido incubados, e inundaram todas as partes da sociedade.

Portanto, vale a pena apontar um fato potencialmente impopular, mas crucial, sobre a história original: ainda não há evidências de que a morte de George Floyd tenha sido um assassinato racista. No julgamento de Derek Chauvin, nenhuma evidência foi produzida para sugerir que foi um assassinato racista. Se havia alguma evidência desse tipo – de que Chauvin nutria profunda animosidade contra os negros americanos e saiu naquela manhã de maio na esperança de assassinar um negro –, a acusação optou por não disponibilizá-la no julgamento. Na verdade, há boas evidências para sugerir que nenhum elemento racial existiu. Como podemos afirmar isso? Uma razão é que, quatro anos antes da morte de Floyd, em 10 de agosto de 2016, outro homem foi assassinado quase nas mesmas circunstâncias horríveis.

Tony Timpa, de 32 anos, foi morto em Dallas enquanto era detido por cinco policiais. Ele mesmo ligou para o 911 de um estacionamento, dizendo estar com medo e precisar de ajuda. Ele informou ao atendimento que sofria de depressão e esquizofrenia, e não havia tomado sua medicação. Timpa teria deixado de tomar seus remédios para saúde mental, embora tivesse, como Floyd, ingerido outras drogas. A detenção e morte de Tony Timpa, como as de George Floyd, foram capturadas pela câmera – desta vez, em imagens de câmeras corporais da polícia. Como Floyd, Timpa estava desarmado; como Floyd, sua morte foi horrivelmente, brutalmente prolongada. Assim como ocorreu com Floyd, o policial que prendeu Timpa não poderia parecer mais insensível, arrogante ou desrespeitoso ao lidar com a vida de um homem. É possível ouvir Timpa na filmagem chorando e implorando à polícia, enquanto é algemado e preso ao chão, pelos ombros, joelhos e pescoço. Assim como George Floyd gritou que não conseguia respirar, Tony Timpa podia ser ouvido gritando repetidamente: "Você vai me matar! Você vai me matar!". Ele implorou por ajuda mais de trinta vezes. Foi mantido imobilizado pelo joelho de um policial, exatamente da mesma forma que Floyd. Porém, Timpa foi mantido nessa posição por treze minutos completos, antes de, finalmente, perder a consciência. Durante esse tempo, os policiais riram e fizeram piadas sobre ele. Então os socorristas chegaram e esperaram quatro minutos para iniciar a ressuscitação cardiopulmonar. Enquanto os últimos suspiros de vida deixavam o corpo de Tony Timpa, os oficiais de detenção brincavam, dizendo que conseguiam ouvi-lo roncar.

As semelhanças param por aí. O que mais chama a atenção são as diferenças entre os dois casos. No de George Floyd, as imagens do assassinato surgiram imediatamente; o *The Dallas Morning News* precisou de três anos de lutas legais para adquirir as imagens do assassinato de Timpa da câmera corporal da polícia. Os fatos sobre a morte de Floyd surgiram rapidamente, ao passo que os fatos sobre Timpa demoraram anos para serem divulgados. Os relatórios da polícia sobre o assassinato de Timpa se revelaram seriamente contraditórios em si mesmos, mais ainda quando a fita do assassinato foi enfim divulgada. Um dos registros do departamento de polícia de Dallas informou que Timpa havia sido combativo com os policiais. A filmagem que acabou sendo divulgada mostrou que isso não era verdade: ele já estava algemado e contido por seguranças particulares quando a polícia de Dallas chegou. Pelo menos um dos policiais de Dallas que detiveram Timpa era negro. Entretanto, há outra grande diferença entre os casos. Menos de um ano após a morte de George Floyd, Derek Chauvin foi julgado e condenado por todas as acusações; quatro anos após a morte de Tony Timpa, em julho de 2020, um juiz federal rejeitou uma ação movida contra os cinco policiais que causaram a morte de Tony Timpa. A suposta acusação era que eles usaram força excessiva. Nenhum oficial foi acusado. Um dos policiais envolvidos já se aposentou, mas quatro dos cinco policiais permanecem na ativa.

A razão para eu mencionar isso não é diminuir a importância do que aconteceu com Floyd, muito menos do que aconteceu com Timpa, mas sim salientar que esses dois casos são muito semelhantes e que em nenhum deles foi comprovado o motivo racial. Tampouco é dizer que nunca houve racismo nos Estados Unidos ou que não há racismo residual em nenhum lugar do mundo ocidental. Minha intenção é salientar que o assassinato de George Floyd foi interpretado como lugar-comum na sociedade americana quando é, por qualquer medida, uma anomalia nos Estados Unidos. Ainda assim, insiste-se que, nessa anomalia, pode-se discernir a verdadeira natureza do país. É uma extensão da velha ideia de esquerda de que, se você provocasse a polícia apenas um pouco, ela revelaria a verdadeira face do Estado democrático, e que sua face seria fascista. Hoje, existe uma crença generalizada de que, se você retirar a máscara do Estado americano, você terá um Estado não apenas racista, mas supremacista branco, e que seus agentes e representantes, bem como os cidadãos como um todo, dedicam-se ao assassinato casual de negros.

É por isso que, mesmo mais de um ano após a morte de George Floyd, os atletas continuam se ajoelhando antes dos jogos esportivos. É por isso que os times de futebol de todo o mundo continuam achando que vale a pena arriscar suscitar a crescente irritação de seus torcedores ajoelhando-se antes dos jogos. É porque se acredita que a morte de Floyd tenha revelado algo. Porém, se o assassinato deve ser interpretado dessa maneira, então precisaríamos estar absolutamente certos da veracidade da interpretação. Precisaríamos estar absolutamente certos de que essa *fons et origo* – a história fundamental – que estamos contando a nós mesmos sobre a sociedade americana e o Ocidente como um todo é precisa.

E não é. O que está provado é que em 2020 os Estados Unidos estavam prontos e condicionados para que uma certa interpretação de si mesmos explodisse. Essa interpretação fora preparada na academia e popularizada pela mídia. E, em tempo recorde, entidades corporativas, organizações da sociedade civil e, mais do que qualquer outro lugar, os *campi* dos Estados Unidos cederam a ela. Sabemos disso porque muito antes de 2020 os *campi* americanos vinham passando por um conjunto de pânicos morais que os futuros historiadores observarão com profunda perplexidade. Estudantes americanos tinham sido preparados para que uma interpretação racista e supremacista branca de sua própria sociedade tomasse conta deles. Como sabemos disso? Porque por uma década ou mais eles tinham visto espíritos canibais e monstros que não estavam lá.

PÂNICOS MORAIS

Em abril de 2016, um pânico extraordinário teve início na Universidade de Indiana. Por volta das nove horas da noite, alguém informou que um membro da Ku Klux Klan (KKK) fora visto no *campus* de Bloomington. As redes sociais despertaram, agitadas. "Estudantes, tomem cuidado", escreveu um aluno, "há alguém andando por aí com um capuz da KKK e um chicote." Outros imediatamente criticaram as autoridades da faculdade. Um aluno escreveu: "Há um homem andando pelo *campus* com um capuz da KKK, carregando um chicote, e não há NADA que vocês possam fazer para que os alunos se sintam seguros?". Alunos e seus supervisores espalharam mensagens de apoio. "Por favor, POR FAVOR, tome cuidado lá fora hoje à noite", disse um. "Sempre esteja acompanhado, e se você não tiver nenhuma razão importantíssima para estar fora do prédio, eu recomendaria ficar dentro de casa, caso você esteja sozinho." O pânico só diminuiu quando se descobriu que o suposto membro da KKK era, de fato, um monge dominicano vestindo as tradicionais vestes brancas de sua ordem. O "chicote" que diziam que ele carregava era, na verdade, um rosário. Apesar de esses fatos terem se tornado claros, nem todos os alunos desistiram de bom grado. Um deles perguntou: "Ah, sei, então por que um padre estava andando pelo *campus* à noite?".[27]

Seria fácil rir desse pânico na Universidade de Indiana caso tivesse sido o único incidente desse tipo. Porém, não foi: durante a última década, várias universidades

A GUERRA CONTRA O OCIDENTE

nos Estados Unidos tiveram situações semelhantes. Por exemplo, em uma manhã de 2013, avistaram uma pessoa com roupa de membro da Klan no Oberlin College, em Ohio. O pânico nessa faculdade de artes liberais levou ao cancelamento de todas as aulas pelo resto do dia. A polícia foi chamada para expulsar o homem da Klan do local. Entretanto, quando a polícia chegou para investigar o avistamento, não encontrou nenhum membro da KKK. Concluiu-se que o indivíduo devia ser um pedestre sem-teto enrolado em um cobertor ou uma mulher que fora vista na mesma manhã carregando um cobertor pelo *campus*.[28]

Em novembro de 2015, um ativista negro *queer* que também era ex-presidente do corpo estudantil causou uma debandada virtual na Universidade de Missouri quando alegou que a KKK tinha sido vista no *campus*. "Estudantes, tomem precauções", alertou ele nas redes sociais. "Fiquem longe das janelas em residências. O avistamento da KKK no *campus* foi confirmado. Estou trabalhando com o MUPD [segurança do *campus*], a polícia estadual e a guarda nacional." Na verdade, a única força com a qual ele estava trabalhando era a da sua própria imaginação. Ninguém precisava ficar longe de janela alguma. O estudante acabou se desculpando por compartilhar "desinformação".[29] Outros pânicos seguiram uma tendência semelhante. Em junho de 2017, o departamento de polícia da Universidade de Maryland foi chamado depois que um suposto "laço" foi visto debaixo de uma árvore no *campus*. Ao inspecionar a cena, a polícia descobriu que o "laço" não era nada além de um pedaço de plástico branco no chão com um nó. Embora tenham analisado qualquer possível "viés de crime de ódio", a polícia concluiu que o material era do tipo usado "para conter e proteger itens soltos durante o transporte". Ainda assim, muitos estudantes da universidade ficaram insatisfeitos com a conclusão, e postaram imagens do pedaço de plástico branco nas redes sociais, convidando seus colegas a "tirar suas próprias conclusões". Um reclamou que "eles [a polícia] nem perderam tempo em admitir para mim e para o meu amigo a possibilidade de que isso fosse um símbolo de ódio. Eles foram muito inflexíveis".[30] Deveriam ser mesmo, dadas as circunstâncias, após terem sido chamados para investigar uma gravata feita de saco de lixo.

Alguns meses depois, em outubro, foi a vez da Universidade Estadual do Michigan ter um avistamento de laço. Lá, uma aluna alegou que, ao sair de seu dormitório, se deparou com uma corda pendurada. As condenações por esse incidente de ódio vieram rapidamente de todos no *campus*, desde colegas estudantes até o presidente da universidade. Suas condenações e comiserações continuaram até que se descobriu que o "laço" era metade de um par de cadarços que haviam sido perdidos e pendurados pela pessoa que os encontrou para que pudessem ser recuperados pelo dono.[31]

Em março de 2018, foi a vez da Universidade de Vincennes, onde um estudante alegou ter sido abordado por um homem com uma cobertura branca na cabeça brandindo uma arma e lançando insultos raciais. Rapidamente, as autoridades do *campus* enviaram um aviso a toda a comunidade de Vincennes. O reitor dos estudantes emitiu um comunicado, dizendo: "A Universidade de Vincennes é totalmente dedicada ao respeito, à diversidade e à inclusão. Levamos esses relatórios muito a sério, e a investigação em andamento é da mais alta prioridade". A investigação policial subsequente usou as imagens do sistema de segurança para descobrir que o incidente nunca aconteceu.[32]

Se esses tipos de pânico estivessem confinados aos *campi* nos Estados Unidos, eles poderiam ter sido facilmente descartados como um problema de jovens privilegiados e credenciados demais. Entretanto, nos últimos anos, eles começaram a acontecer também entre os adultos, inclusive entre os adultos com maior visibilidade do que quaisquer outros no país.

Em fevereiro de 2017, a comediante Sarah Silverman, ao sair para tomar seu café da manhã, ficou chocada ao encontrar sinais na calçada do que parecia ser um *S* com uma linha no meio. De imediato, Silverman tirou uma foto da calçada e a enviou para seus muitos milhões de seguidores no Twitter. "Isso é uma tentativa de fazer uma suástica?", perguntou ela. "Os neonazistas não têm Google?"[33] Entretanto, descobriu-se que neonazistas analfabetos não tinham ido às calçadas da cidade para tentar pintar suásticas à noite. As placas no chão eram marcas de giz feitas por trabalhadores da construção civil identificando as áreas em que precisavam fazer seu trabalho.

Em setembro de 2019, o restaurante de Edawn Louis Coughman, um ex-jogador da NFL, a liga profissional de futebol americano, foi vandalizado com pichações racistas e suásticas. Coughman ligou para sua companhia de seguros para relatar o incidente. Porém, a polícia foi muito rápida e, quando o alcançaram, encontraram-no com tinta preta, que ele havia usado para realizar o "ataque racista" contra si mesmo.[34] Além disso, é claro, houve as horas congelantes de uma noite de janeiro de 2019 durante as quais o ator Jussie Smollett alegou ter sido atacado do lado de fora de uma filial do Subway por dois homens brancos gritando insultos racistas e homofóbicos. Segundo Smollett, eles o atacaram fisicamente, colocaram uma corda em seu pescoço e o cobriram com uma substância desconhecida. Durante o incidente, ele supostamente continuou segurando seu sanduíche do Subway. A reação da alta cúpula do país foi rápida e crédula. A senadora Kamala Harris, uma conhecida de Smollett, estava entre os que descreveram o acontecido como "uma tentativa de linchamento moderno".[35] Smollett manteve sua história nos dias seguintes, ocasionalmente acrescentando extras. Uma semana depois, em uma

A GUERRA CONTRA O OCIDENTE

apresentação musical, ele disse a seu público compreensivo e solidário que havia lutado contra seus agressores e que não permitiria que eles vencessem, porque ele, Jussie Smollett, representava o amor. Todavia, à medida que a história desmoronava, o mesmo acontecia com grande parte do apoio público a ele. Nada sobre a história se manteve de pé. E quando as imagens do sistema de segurança começaram a ser digitalizadas, a polícia descobriu quem eram os supremacistas brancos que haviam realizado o ataque: Abimbola Osundairo e Olabinjo Osundairo, dois enormes irmãos levantadores de peso da Nigéria que, no final das contas, eram conhecidos de Smollett. Tornou-se evidente a crença de Smollett de que uma alegação bem-sucedida de um crime de ódio contra si mesmo lhe daria poder para negociar um aumento salarial na série *Empire – Fama e Poder*, na qual ele se sentia desvalorizado. Então, os irmãos Osundairo foram convocados para bater um pouco nele.

A questão do que estava ou não passando pela mente de Smollett nesse momento é sem dúvida interessante. Porém, muito mais interessante é a ânsia com que se acreditou em sua história. Não foi apenas Kamala Harris, mas dezenas e dezenas de americanos proeminentes, de Nancy Pelosi a Stephen Colbert, que levaram a história de Smollett ao pé da letra. De fato, em seu programa noturno seguinte, Colbert convidou uma atriz com voz de lixa chamada Ellen Page para fazer um sermão sobre o incidente de Smollett e seu significado. Isso aconteceu quando já havia uma certa dúvida no ar sobre a história de Smollett, o que, aos olhos de Page, era imperdoável. "Temos uma mídia dizendo que há um debate sobre se o ocorrido com Jussie Smollett é ou não um crime de ódio", disse ela. "É um absurdo", acrescentou, batendo um punho no outro para dar ênfase. "Não, [*bipe de censura*], não há um debate." Nesse momento, a plateia no estúdio gritou e berrou: "Sim!". "Desculpem, estou realmente animada hoje", ela falou, como se estivesse mesmo se desculpando. "Imagine", Colbert a apoiou, "você tem que estar animada. Você tem que estar animada." "Parece impossível não me sentir assim agora", acrescentou Page, recebendo mais gritos e aplausos.[36]

Nada disso é para dizer que o racismo não ocorre e que a violência racial é inédita nos Estados Unidos ou em qualquer outro lugar. No entanto, esses casos, e muitos outros que poderiam ser citados, não sugerem uma população com uma perspectiva saudável sobre o risco e a probabilidade de incidentes racistas. Parece, de fato, haver uma percepção – honesta ou não – de um tipo de racismo que, caso ainda exista, o faz nas margens mais distantes da sociedade. Na última década, os americanos não viveram em um país onde homens da Klan rondam a área – sempre sozinhos, curiosamente. E certamente não viveram em um país em que membros da KKK podem ser encontrados passeando pelos *campi* do país rotineiramente. Eles não vivem em um país no qual linchamentos são uma característica da vida cotidiana.

Na verdade, eles vivem em um país em que há tanta escassez de supremacistas brancos que nigerianos levantadores de peso precisam ser trazidos, vez ou outra, para assumir esse papel. O que parece ter acontecido é a formação de uma imagem dos Estados Unidos na cabeça de certos americanos. Uma imagem fixa, presa em algum momento do início do século passado. Um país em que a KKK percorria o território e as atrizes de Hollywood mereciam aplausos por ousar enfrentar "tentativas de linchamentos".

COMO ISSO ACONTECEU?

Como isso aconteceu? Uma possibilidade é ver que o estado das relações raciais nos Estados Unidos se assemelha ao efeito criado por um dispositivo de projeção. Os detalhes da imagem que está sendo projetada importam enormemente – na verdade, importam mais do que qualquer outra coisa. Uma explicação para a dissecação selvagem e intensa por parte dos Estados Unidos de cada assassinato de um americano negro pelas mãos da polícia é, por exemplo, que os Estados Unidos têm de brigar por causa da natureza precisa desses detalhes. Breonna Taylor, Michael Brown e outros casos ressoam na mente do público, porque os detalhes mais minuciosos estão sendo discutidos. De um lado, há pessoas que gostariam de afirmar que essas e outras mortes de negros pelas mãos da polícia são uma demonstração da verdadeira face de uma nação de supremacia branca, institucionalmente racista. Em vários outros extremos, estão indivíduos alegando que esses tipos de incidentes são inevitáveis quando cidadãos fortemente armados e uma força policial fortemente armada tentam tomar seu rumo por meio de milhões de interações anuais. Vale a pena brigar pelos detalhes; veementemente, se necessário. Porque, se Michael Brown foi baleado com as mãos erguidas e não representou nenhuma ameaça para os policiais que o prenderam, isso poderia indicar um problema muito sério em uma nação. Entretanto, se ele não foi baleado com as mãos para cima, e os tumultos que resultaram de sua morte foram provocados sem motivo, alguns atores desonestos têm muita responsabilidade por suas próprias ações.

Os detalhes são motivo de discussão porque os Estados Unidos são a nação mais poderosa do mundo, a nação mais influente do mundo e a nação cujos pecados e erros provavelmente serão exportados, tanto quanto suas virtudes e conquistas. E, assim como os Estados Unidos assistem ao que é projetado na parede, o mundo também assiste, com menos atenção aos pormenores, porém, com igual interesse

A GUERRA CONTRA O OCIDENTE

pelo que acaba sendo projetado na parede do mundo. O tamanho dos protestos em Berlim, Londres, Bruxelas, Estocolmo e muitas outras grandes cidades nos dias que se seguiram à morte de George Floyd sugeriu algo em particular: as pessoas sentiram que precisavam sair para expressar sua indignação com o país mais poderoso e influente do mundo, que considera a vida de seus cidadãos negros tão sem valor que permite que seus policiais os estrangulem impunemente, em plena luz do dia. Manifestantes de todo o mundo responderam a uma imagem que viram projetada dos Estados Unidos. Um quadro em que todo um catálogo de erros sutis, manipulações e extorsões havia sido infinitamente ampliado. Porém, a distorção vem dos Estados Unidos e é projetada dos Estados Unidos, pelos Estados Unidos.

BEBÊS RACISTAS

Mesmo em um mundo relativamente requintado como o dos livros, essa radicalização marcante pôde ser testemunhada ao longo dos últimos anos. Na década de 2010, durante a presidência de Obama, as principais editoras começaram a lançar livros que pareciam ter a intenção de radicalizar as pessoas desde o berço. Na época, algumas coisas pareciam tão absurdas que chegavam a ser engraçadas. A obra de Innosanto Nagara, *A é de Ativismo*, é um livro ilustrado de alfabeto infantil destinado a produzir a próxima geração de ativistas. Além de ser anticapitalista, também estava, naturalmente, de acordo com todas as últimas políticas de identidade. *L* é de "LGBT" e, claro, *T* é de "trans", antes de ser de "trens". Entretanto, a ideia principal do livro é dizer às crianças que elas devem crescer para protestar e lutar por "igualdade", "diversidade", e muito mais. É por isso que *X* é de Malcolm X, *I* é de "indígena" e "imigrante", e o abecedário termina com *Z* de "zapatista".

Desde a idade em que começavam a ler, as crianças estavam sendo ensinadas, através da literatura popular, que a melhor maneira de viver sua vida é como um revolucionário, guarnecendo as barricadas para lutar contra o capitalismo, a "cis-heteronormatividade" e, é lógico, o racismo. Indústrias inteiras pareciam empenhadas em reprogramar as pessoas para fazê-las ver o mundo através de uma lente completamente transparente no qual havia mocinhos óbvios e bandidos óbvios. Adultos inteligentes começaram a falar na mesma língua. Em 2019, Adam Rutherford (autor de *How to Argue with a Racist*) terminou uma palestra para uma sala cheia de adultos afirmando: "Se você é racista, então você é meu inimigo".[37] Como se os auditórios estivessem rotineiramente cheios de homens da Klan. Então, ele citou

RAÇA

a ativista política americana Angela Davis: "Numa sociedade racista, não basta ser não racista. Devemos ser antirracistas". Mesmo antes da morte de George Floyd, parecia ter se tornado comum, a ponto de ser geralmente aceito, que as pessoas nas sociedades ocidentais viviam em sociedades racistas, e que a resposta a esse problema peculiar do Ocidente deve ser uma resposta peculiarmente ocidental: tornar-se um antirracista devoto, ativo. Isso também precisava ser ensinado desde o berço, e nenhum momento era cedo demais.

Por isso, o escritor americano Ibram X. Kendi produziria um livro chamado *Antiracist Baby*, publicado com grande alarde, e coberto, em seu lançamento, pela maioria das principais redes dos Estados Unidos. Ele explica que o "bebê antirracista" é criado para sê-lo (em oposição a uma característica inata) e deve se esforçar "para tornar a equidade uma realidade". Se explicar o conceito de equidade para uma criança de três anos parece difícil, Kendi e o ilustrador se esforçam ao máximo para facilitar. O programa de nove passos para bebês inclui as sugestões de que o bebê antirracista deve "usar suas palavras para falar sobre raça", "apontar as políticas, não as pessoas, como o problema", "derrubar a pilha de bloqueios culturais" e "confessar quando for racista".[38] Então, quando seu filho de dois anos derrubar seus blocos de brincar, você pode perguntar se isso é uma observação metafórica sobre a realidade vivida da violência racial.

O livro foi criado para crianças que ainda precisam de imagens, em vez de palavras, para explicar as coisas. E há muitas ilustrações alegres para ajudá-las, mostrando bebês antirracistas felizes, lagartas se transformando em borboletas e coisas semelhantes. Entretanto, qual é o imperativo de doutrinar as crianças dessa maneira? Uma explicação é, mais uma vez, que os americanos em posições de destaque sugeriram que mesmo os bebês americanos precisam de reprogramação da sociedade racista em que nasceram. Como declarado recentemente por uma instituição do porte do Departamento de Educação do Arizona, os bebês podem se tornar racistas aos três meses de idade. E, de acordo com o "kit de ferramentas de equidade" publicado pelo departamento, que fez essa afirmação, os bebês brancos são o problema. O kit de ferramentas afirma que "expressões de preconceito racial geralmente atingem o pico nas idades de quatro e cinco anos". Todavia, enquanto "crianças negras e latinxs*" não mostram "nenhuma preferência por seus próprios grupos" aos cinco anos, "crianças brancas nessa idade permanecem fortemente tendenciosas em favor da brancura".[39] Um lembrete de que mesmo antes de poderem

---

* Latinx ou latine é um neologismo gênero-neutro, às vezes usado em vez de latino ou latina para se referir a pessoas de identidade étnica ou cultural latino-americana nos Estados Unidos.

falar ou andar as crianças brancas são o problema. É necessário desenvolver um trabalho com crianças brancas para alcançar a mudança que todos parecem ter concordado que é necessária.

ANTIRRACISMO

Na verdade, *Antiracist Baby* é uma versão infantil de um livro um pouco mais adulto de Ibram X. Kendi. A história do autor é de um sucesso surpreendente – um sucesso que espelha o de outro escritor americano negro da mesma geração, Ta-Nehisi Coates. Assim como Coates, Kendi parece acreditar que sua história pessoal, ou uma mistura de sua história pessoal com a extrapolação de seu significado político, deveria ser uma base suficiente para reformular as relações raciais nos Estados Unidos. Assim como Coates, ele está com muita raiva. E, como aconteceu com Coates, sua carreira tem sido não apenas próspera, mas magnificamente bem calibrada a cada passo. Como aconteceu com Coates, ele teve um livro de memórias juvenil publicado com aclamação quase unânime e transformado em *best-seller*. Assim como Coates, ele ganhou um National Book Award. Assim como Coates, ele foi premiado com um MacArthur "Genius Grant" [Bolsa MacArthur para Gênios]. Ao contrário de Coates, Kendi foi premiado (aos 38 anos, apenas) com a cátedra mais prestigiosa da Universidade de Boston. O único detentor anterior da cátedra Andrew W. Mellon em Humanidades foi Elie Wiesel, sobrevivente do Holocausto e autor vencedor do Prêmio Nobel.

Ainda mais do que Coates, Kendi tem um problema em sua narrativa heroica de abrir caminho em um país racista e opressor: as histórias mais fortes que ele tem são impressionantes em sua insignificância. A certa altura de seu livro *Como Ser Antirracista* (2019), Kendi escreve sobre um incidente na terceira série, no qual uma professora branca chama um aluno branco ansioso para fazer algo na frente da turma, em vez de uma garota negra tímida que estava sentada no fundo. Todos esses anos depois do episódio, Kendi extrai disso quase um capítulo inteiro de seu livro. Ele consegue se lembrar de todos os detalhes do ocorrido, conforme mostra ao leitor. Entretanto, ressalta que não consegue lembrar o nome da professora branca. "Esquecê-la pode ter sido um mecanismo de enfrentamento", diz ele agora; ela seria apenas um dos "muitos brancos racistas ao longo dos anos que interromperam minha paz com suas sirenes".[40]

RAÇA

Alguns diriam que esse foi um incidente irrelevante; outros podem alegar que foi, no máximo, uma microagressão racial. Porém, Kendi não aceitaria tais alegações. Sobre esse incidente, ele diz: "O que outras pessoas chamam de microagressões racistas eu chamo de abuso racista".[41] Definir, ou melhor, redefinir termos e palavras tornou-se uma especialidade de carreira para Kendi. De fato, em *Como Ser Antirracista*, cada capítulo começa com uma definição ou um conjunto de definições. Elas dão à obra um brilho pseudoescolástico, embora as definições nem sempre sejam tão úteis quanto o autor imagina. Por exemplo, seu primeiro capítulo é encabeçado por duas definições: a de um racista ("Aquele que está apoiando uma política racista através de suas ações ou inação, ou expressando uma ideia racista") e a de um antirracista ("Aquele que está apoiando uma política antirracista através de suas ações ou expressando uma ideia antirracista"). Várias coisas diminuem o brilhantismo dessas definições. A primeira é a percepção de que, como todas as outras definições ao longo do trabalho, elas são escritas pelo próprio Kendi. A segunda é o fato de não serem definições muito boas.

A maioria das pessoas reconheceria um racista como alguém que considera membros de um grupo racial como inferiores a outro simplesmente por causa dessa característica, sobre a qual eles não têm escolha. Entretanto, Kendi não define racismo assim. A definição de racista de Kendi é alguém que se envolve em ações racistas – uma definição que é, na melhor das hipóteses, circular, pois usa a coisa que está sendo definida para definir a coisa. Também deixa sem resposta a questão do que é uma ação racista e quem a designa como tal, embora uma suspeita persista. Enquanto isso, a definição de Kendi de um antirracista é um pouco mais simples. É, essencialmente, o convite para ser como Kendi.

Hoje, quando Kendi é solicitado a definir racismo perante o público, sua definição se tornou uma espécie de truque de festa para impressionar. "O racismo é um casamento de políticas racistas e ideias racistas que produz e normaliza desigualdades raciais" é uma de suas respostas-padrão. Tornou-se sua versão de animador de plateia, muitas vezes saudada por grandes risadas e aplausos. Porém, dada a enorme influência que o trabalho de Kendi tem agora e a gama quase completa de setores pelos quais passou, vale a pena notar uma falha em particular: a de que Kendi não se opõe ao racismo. Ele se opõe a certas formas de racismo: especificamente, o racismo do branco contra o negro. Outros racismos podem ser, em suas próprias definições, uma força positiva. Por exemplo, em seus escritos sobre discriminação e desigualdade, ele não consegue evitar uma conclusão específica que acena para ele:

> O único remédio para a discriminação racista é a discriminação antirracista. O único remédio para a discriminação passada é a

discriminação presente. O único remédio para a discriminação presente é a discriminação futura.[42]

Muito depende aqui do que ele quer dizer com "racista" e "antirracista". Contudo, qualquer leitura de seu trabalho deixa claro que, por "racista", Kendi quer dizer coisas das quais ele não gosta, ao passo que "antirracista" significa coisas das quais ele gosta. Não há áreas neutras na cartela de cores de Kendi. Existem apenas supremacistas brancos e nacionalistas brancos e, em seguida, pessoas brancas que concordam com ele. Da mesma forma, há negros que concordam com Kendi e negros que não concordam; aqueles que não concordam com tudo o que ele propõe também são racistas. Por exemplo, Kendi não gosta de Clarence Thomas, juiz conservador da Suprema Corte, e o condena com sutileza típica pelo "mais notório crime racista de negro contra negro na história americana recente". Da mesma forma, ele não gosta de Ken Blackwell, ex-secretário de Estado negro de Ohio, que trabalhou para George W. Bush. Kendi se recusa a ter algo a ver com essas pessoas. "Lembre-se: somos todos racistas ou antirracistas", afirma ele, antes de dizer que:

> (…) criminosos como Blackwell escapam impunes de seu racismo. Os negros os chamam de Uncle Toms, vendidos, Oreos [negros por fora, brancos por dentro], fantoches – tudo, menos a coisa certa: racistas. Os negros têm de fazer mais do que apenas chamar essas pessoas por esses nomes. Precisamos colar um crachá com a palavra "racista" na testa delas para que todos vejam.[43]

No mundo de definições de Kendi, não é apenas Clarence Thomas que é racista: uma pilha inteira de outras coisas também o é. E, convenientemente, todas elas ajudam a delinear os limites dos preconceitos – políticos e outros – de Kendi. Por exemplo, ele deixa claro que é racista se opor às reparações pela escravidão. Também é racista não ter opinião sobre o assunto. Então, você deve compartilhar a visão específica de Kendi sobre o assunto ou você é – adivinhe! – um racista. Para onde quer que você olhe, as outras saídas estão bloqueadas. Por exemplo, referir-se a uma "sociedade pós-racial" também é racista. Ou você aceita a definição de Kendi da sociedade em que vive ou você é um racista. Esse truque bacana funciona com quase tudo. Kendi se opõe às leis de identificação do eleitor. Sendo assim, alguém consegue adivinhar o que podem ser as pessoas que apoiam as leis de identificação do eleitor? Isso mesmo: elas também são racistas. Por mais estranho que pareça, também é racista não concordar com o que Kendi quer fazer no que se refere às mudanças climáticas.

RAÇA

Repetidamente, ele divide o mundo de forma clara e resoluta apenas entre esses dois campos de pessoas. Somos todos racistas ou antirracistas. Todos nós estamos nos esforçando para ser racistas ou nos esforçando para ser antirracistas. Um eminente juiz negro que faz uma coisa errada aos olhos de Kendi se torna um racista. Ao mesmo tempo, se uma pessoa faz absolutamente tudo certo aos olhos de Kendi, concordando com todos os seus próprios pontos de vista, muitas vezes contraditórios, então ela pode, com o tempo, receber o distintivo de "antirracista". Sobre uma questão, há pouca dúvida: a colocação desses limites é muitíssimo conveniente para o próprio Kendi. Porém, é altamente inoportuna para qualquer sociedade que siga essas regras. Afinal, deve haver algumas questões – como registro de eleitores ou meio ambiente – que podem ser discutidas sem serem vistas como uma questão racista ou antirracista. Se não houver, a probabilidade de resolver qualquer um desses problemas, ou todos eles, diminui consideravelmente.

Em vez de tirar a raça de uma discussão (um conceito que Kendi também descreve como racista), essa visão de mundo se esforça para impor a raça a todas as discussões. E fazê-lo da maneira mais dura e implacável. Se uma parte de sua sociedade é racista e outra parte é antirracista, então um acordo político normal se torna impossível. Algumas pessoas concordarão com uma política ou posição que sabem ser incorreta simplesmente para não serem manchadas pelo rótulo de "racista". Outras podem estar genuinamente convencidas de que o mundo é maniqueísta desse jeito e não se divide entre uma gama de pessoas com uma variedade de ideias totalmente diferentes, mas entre racistas e antirracistas, supremacistas brancos e Ibram X. Kendi.

Talvez seja inevitável que toda uma indústria deseje espelhar o sucesso comercial do trabalho de Kendi. Entre os *spin-offs*, há uma obra intitulada *How to Be an Antiracist Family*, composta por "25 contos inspiradores sobre racismo para ler com as crianças".[44] Parecia que qualquer coisa poderia ser publicada desde que seguisse a mesma narrativa de que os brancos são opressores e que é permitido que sejam insultados a todo momento. Enquanto isso, os negros são os oprimidos e têm permissão para dizer qualquer coisa, por mais ofensiva que seja, desde que se refira aos brancos. Como exemplo disso, há a obra de Ijeoma Oluo *Mediocre: The Dangerous Legacy of White Male America* (2020). E a de Otegha Uwagba, autora nascida em Londres, intitulada *Whites: On Race and Other Falsehoods*.

Na Grã-Bretanha, o tom americanizado da época atual pode ser visto: uma grande narrativa de racismo e antirracismo, tudo extrapolado de eventos diminutos combinados com catastrofismo constante. Por exemplo, em determinado momento, Uwagba conta que era para ela participar da festa de Natal de um amigo, mas cancelou no último minuto: "(...) porque sei que provavelmente seria a única pessoa negra em uma sala cheia de brancos". Ela temia que, depois de algumas "necessárias expressões de pesar" sobre questões raciais, alguém sugerisse falar sobre algo "menos deprimente, 'porque é Natal'". Uwagba diz: "(...) [que nesse caso] jogaria um prato na parede, porque penso que não haveria mais nada sobre o que deveríamos falar, não acho justo que os brancos mudem de assunto". Em vez de fazer isso, segundo ela, "fico em casa e choro".[45]

Uwagba parece ser uma amiga difícil de se ter. Ela reclama implacavelmente quando amigos brancos não perguntam como ela está. Então, reclama implacavelmente quando amigos brancos perguntam como ela está. Após a morte de George Floyd, ela afirma que sua caixa de entrada de e-mail se tornou "um depósito de culpa branca". Mais uma vez, ela repreende amigos que perguntam como ela está e repreende aqueles que não perguntam. "Em todos os lugares, a vergonha branca é grande", escreve Uwagba, "sugando o oxigênio da sala, ameaçando obscurecer o problema em questão. Mesmo em seus momentos mais penitentes, os brancos conseguem tornar difícil respirar."[46]

LEVE-O ÀS RUAS

No exato momento em que o racismo se mostrava mais desacreditado ou mais inaceitável do que nunca, social e politicamente, ele passa a ser retratado como onipresente e demandando uma grande reação.

Em minhas viagens pelos Estados Unidos nos meses subsequentes à morte de George Floyd, fiquei impressionado com esse fato repetidas vezes. Nas cidades onde as bandeiras e os sinais do Black Lives Matter (BLM) foram hasteados, o movimento tornou-se algo como a religião nacional. Estava lá, nas livrarias cheias de livros, dizendo aos americanos brancos como eles tinham de treinar suas mentes. Em todos os lugares, via-se uma projeção de alta resolução de uma sociedade que estava significativamente fora do eixo, embora aparentemente planejada e aprovada por indivíduos e corporações.

Os centros de cidades que já haviam sido nobres e bonitas, como Seattle, foram quase totalmente fechados com tapumes. Pequenas e grandes empresas tinham sido quase completamente destruídas em razão de meses de tumultos e de Covid-19. E as que sobreviveram não estavam apenas pedindo, mas implorando para qualquer multidão em potencial que passasse por elas que as deixassem em paz. Lojas ao lado do que tinha sido por pouco tempo a zona autônoma da cidade

RAÇA

("CHAZ") incluíam algumas placas clássicas de "Não me machuque" nas vitrines. Um salão de cabeleireiro tinha não apenas a placa obrigatória do BLM como uma placa enfatizando que o negócio em questão era "uma empresa local, pertencente a uma minoria, liderada por mulheres, com funcionários LGBTQIA+", para o caso de alguém confundi-lo com um salão de cabeleireiro de supremacistas brancos.

No outro extremo da escala corporativa, estava a loja Whole Foods remanescente da cidade, cercada com tapumes, como a maioria das construções do centro. Uma grande faixa fora pendurada na frente da vitrine restante. Em letras enormes, do tamanho das usadas no nome da loja, lia-se a declaração "O racismo não tem lugar aqui". Como se o corredor de frutas e nozes da Whole Foods em Seattle tivesse sido um conhecido ponto de encontro da Klan. Em Portland, uma cidade próxima, o Uber expusera um grande banner, estendido em uma lateral inteira de um gigantesco prédio de escritórios. "Se você tolera o racismo, exclua o Uber", dizia o banner, acrescentando: "Os negros têm o direito de se locomover sem medo". Quantos visitantes discordavam dessa ideia com tanta veemência a ponto de ela precisar ser dita ao longo do edifício? Qual deveria ser o nível de gravidade do problema racial em um país como os Estados Unidos para que as empresas comerciais precisassem intimidar o público assim? Exatamente em que situação elas acreditavam que o país estivesse?

Fui a Portland antes das eleições presidenciais de 2020 para tentar descobrir. Essa cidade no noroeste da Costa do Pacífico se tornou infame nos últimos anos em razão da sua virulenta vertente de anarcossindicalismo que, de uma forma de marxismo estudantil, acabou se transformando em uma agenda mais ampla do Antifa-BLM. Durante anos, ativistas autodenominados "Antifa" realizaram protestos e tumultos na cidade. Após a morte de George Floyd, esse movimento se tornou um movimento de protesto noturno. Com o tempo, todos os prédios federais do estado foram atacados ou transformados em fortalezas. As empresas comerciais foram atacadas; no último trimestre de 2020, quase todos os prédios do governo e empresas no centro de Portland foram fechados, lacrados com tapumes ou efetivamente barricados contra os tumultos noturnos. Portland se tornou o marco zero para uma parte da guerra cultural dos Estados Unidos. Um dos motivos foi uma assimetria no jornalismo realizado na cidade. Sempre que os repórteres iam cobrir os protestos, eram acusados de prestar socorro à extrema-direita. Sempre que os ignoravam (como na maioria das vezes o faziam), as pessoas da direita os acusavam de dar cobertura à extrema-esquerda. Entretanto, para alguém de fora, foi revelador ver em primeira mão a inacreditável estranheza da situação em Portland. Como me disse um residente de longa data, "essa foi uma cidade muito polida no passado". Não era mais.

A GUERRA CONTRA O OCIDENTE

A alegada causa dos distúrbios noturnos do Antifa-BLM é que os participantes parecem acreditar na imagem projetada sobre seu país. Todas as noites, eles saem às ruas para se opor ao racismo sistêmico e à supremacia branca. Durante alguns dias e noites em Portland, eu me juntei ao grupo, vestido como eles, e participei de suas reuniões a fim de ver com os meus próprios olhos como uma parte dessa geração de fato acredita no que lhes foi dito sobre os Estados Unidos.

Certamente, como em qualquer outro lugar, as loucuras que já existiam na cidade haviam sido exacerbadas pelo coronavírus e pela decisão de fechar a economia e manter a população em *lockdown*. Entretanto, o centro de Portland passara a ser um lugar desolado e perigoso, povoado pelo grande número de sem-teto que inundara a área nas últimas décadas, incentivado pela permissão do governo local para armarem suas barracas onde quisessem. Nas praças principais, mesas de comida e bebida eram postas para eles e deixadas lá, como um bufê 24 horas.

Todavia, não foi apenas o vírus ou a reação das autoridades que levara a esse cenário de terra devastada. Durante meses, os manifestantes haviam arrastado os motoristas para fora de seus carros, atacado empresas e mandado para o hospital jornalistas cujas reportagens os desagradavam – tudo sem que as forças policiais se interessassem significativamente pela questão. As empresas que ainda operavam faziam-no como em uma cidade sitiada. Visitei um restaurante que abrira recentemente. O proprietário era um orgulhoso patriota americano negro; nas paredes de seu estabelecimento, ele pendurara pôsteres de heróis americanos: um soldado, um bombeiro e outros socorristas. Por esse motivo, seu restaurante foi um alvo. Duas noites antes, alguém atirara nas janelas de seu estabelecimento. Os tapumes ainda estavam sobre a área onde o vidro tinha se estilhaçado. A que tipo de interpretação do país chegara esse alguém para disparar tiros pelas janelas de uma empresa de propriedade de um negro para se opor à elevação à categoria de herói de qualquer pessoa envolvida no Estado americano?

Parecia que Portland se tornara o epicentro de uma confusão que afligia ativistas na Grã-Bretanha e também em outros países ocidentais. Era a percepção ensinada de que vivem em uma sociedade patriarcal, desigual, cis-heteronormativa e irremediavelmente racista. Eles haviam sido persuadidos disso e estavam reagindo de acordo com essa percepção: se essa é realmente a situação da sociedade, então ela precisa ser combatida. E as autoridades não fizeram nada para desafiar essa interpretação de sua sociedade. Na verdade, o prefeito de esquerda da cidade proibiu expressamente a polícia de trabalhar com as autoridades federais para agir de forma significativa contra os manifestantes. Em sua campanha de reeleição, no final de 2020, o único candidato que concorreu contra ele era um apoiador declarado do Antifa.

As recentes operações bem-sucedidas realizadas pela milícia favorita desse candidato a prefeito incluíram a derrubada de quase todos os monumentos públicos e estátuas da cidade. Todas as figuras históricas tinham sido removidas por multidões de manifestantes. No fim de semana anterior à minha chegada, Abraham Lincoln havia sido derrubado; seu pedestal vazio agora estava rabiscado com grafite e exibia uma única palavra: "Landback" [movimento pela devolução da terra aos povos nativos]. Em outras ocasiões – em uma cerimônia quase pagã –, manifestantes atearam fogo várias vezes a um monumento de um alce, até que as autoridades o removeram. A essa altura, um passeio pelos pontos turísticos de Portland consistia em ver uma grande variedade de pedestais vazios.

Mais ou menos no meio do ano, o presidente enviou guardas federais contra a vontade das autoridades locais. Esses agentes federais remanescentes estavam agora entre os poucos alvos restantes do Antifa. A primeira noite em que me juntei a eles foi para uma marcha intitulada "Foda-se a gentrificação" (a minha primeira). Sem policiais à vista, os ativistas usaram sua própria força policial, que incluía batedores em motocicletas, para bloquear estradas e depois desfilar pelas ruas gritando em megafones para clientes nos bares restantes e para os moradores de um bairro residencial que os manifestantes alegavam já ter sido habitado por famílias negras e indígenas. Muitas das pessoas que moravam nessas casas saíram de dentro delas e ergueram os punhos no ar ou acenaram em solidariedade. A maioria tinha pôsteres do BLM em suas janelas. Todos foram acusados pelos manifestantes majoritariamente brancos de viver em "terra roubada". Outros coros entoados incluíam "Acorde, filho da puta, acorde".

Na noite seguinte, estávamos do lado de fora do Departamento de Imigração e Alfândega, à beira-mar. Esse estabelecimento federal foi fechado com tapumes, mas o Antifa gosta de tentar incendiar esses prédios com os ocupantes dentro. As autoridades federais fizeram questão de impedir que isso acontecesse. Assim começou um jogo de gato e rato no qual ambos os lados já eram muito treinados. Os ativistas do Antifa arremessaram projéteis na instalação fechada com tapumes e bateram em tambores para entrar em frenesi. Eles acenderam fogueiras na rua e tentaram chegar até as portas do prédio. Só depois de suficientes sirenes de alerta terem sido acionadas, e os desordeiros, chegado às portas, os agentes da lei irromperam. Disparou-se gás lacrimogêneo, e usaram-se balas de pimenta.

Assim, uma batalha contínua viu os manifestantes perseguidos por um tempo, apenas para a polícia recuar sob uma enxurrada de ruídos de "oinc" vindos dos manifestantes. Uma jovem branca em um macacão rosa ficava gritando "Nazistas!" para os policiais pelo megafone, ocasionalmente mudando seu ataque para dizer aos policiais o quanto seus filhos os odiariam quando crescessem. O que pode

A GUERRA CONTRA O OCIDENTE

ter acontecido com uma sociedade para que tal comportamento tenha se tornado normal? Uma resposta é que haviam deixado passar um conjunto de afirmações sobre os Estados Unidos e a sociedade americana. As pessoas fizeram alegações sobre a situação das relações raciais nos Estados Unidos que eram sutilmente, e às vezes não tão sutilmente, falsas.

Reagir a essas alegações exigia atenção aos detalhes e uma obsessão pelos fatos. Uma monomania tão intensa quanto a daqueles que criaram essa visão. E assim se permitiu que tudo acontecesse. Só agora, quando a visão resultante pode ser vista ampliada, projetada na parede do mundo, é que se percebem todas as consequências do trabalho realizado. Alegações diminutas de "racismo sistêmico", "brancura institucional" e muito mais foram ignoradas. Entretanto, ampliadas no projetor da cultura americana, elas agora mostram uma imagem monstruosa. É por isso que uma adolescente de classe média de uma das gerações mais sortudas da história da humanidade, vivendo em uma das sociedades mais livres da história da humanidade, pode ser encontrada do lado de fora de uma unidade da força policial à noite, usando um macacão rosa, gritando obscenidades a qualquer representante do Estado.

ENTRETENIMENTO POPULAR

Portland pode ser um caso extremo. Porém, é apenas uma manifestação extrema de uma percepção errônea que agora existe em todos os Estados Unidos e no mundo ocidental. Uma consequência disso é que não há uma única área da vida que não possa ser percebida, ou mal percebida, através desse prisma.

No início de 2021, o popular programa de televisão *The Bachelor* chegou à sua 25ª temporada e, pela primeira vez, o protagonista da temporada, o que poderia terminar o programa em um relacionamento, era negro. A escolha de Matt James, agente imobiliário negro de 28 anos da Carolina do Norte, poderia ter sido um momento unificador para o programa. Em vez disso, aconteceu o previsível: a questão da raça veio à tona e arruinou o programa. Uma das quatro competidoras escolhidas para a rodada final foi Rachael Kirkconnell, de 24 anos. Uma vez que ela estava na televisão, suas contas de mídia social foram inevitavelmente vasculhadas em busca de evidências de irregularidades. E descobriu-se que três anos antes, em 2018, Kirkconnell fora fotografada em uma festa cujo tema era o período que antecedeu a Guerra Civil americana. Criou-se um escândalo. O apresentador do programa, Chris Harrison, pediu que as pessoas tivessem "um pouco de benevolência, um pouco de compreensão, um pouco de compaixão". Então, por "defender" Kirkconnell, o próprio Harrison se tornou objeto de uma debandada antirracista. Dezenas de antigos concorrentes recriminaram Harrison, e as mulheres da 25ª temporada divulgaram uma declaração conjunta anunciando: "(...) [queremos deixar claro que] condenamos qualquer defesa do racismo [e] qualquer defesa do comportamento racista",[47] como se Harrison fosse culpado de ambos.

Enquanto isso, no mundo real do *reality show* em si, Kirkconnell e James realmente ficaram juntos como o casal final, com James dizendo a Kirkconnell que desejava que ela fosse a mãe de seus filhos. Entretanto, isso foi antes de as postagens nas redes sociais virem à tona. Quando isso aconteceu, o casal se separou, com James decidindo que "não estava bem" com o que havia acontecido e dizendo que temia que Kirkconnell não entendesse "o que significa ser negro nos Estados Unidos".[48] E a limpeza não parou por aí. Depois de dezenove anos, Harrison acabou sendo forçado a deixar seu papel de apresentador do programa, e o episódio ficou posteriormente conhecido como uma "controvérsia envolvendo racismo".[49]

Naquela ocasião foi *The Bachelor*, mas poderia facilmente ter sido qualquer outro programa. Em julho de 2021, no Reino Unido, uma mulher que não conseguiu chegar à final do *Strictly Come Dancing* seis anos antes, Anita Rani, deu uma entrevista à mídia na qual disse que ainda se perguntava sobre o motivo de aquilo ter ocorrido. A apresentadora de televisão disse: "Ainda me pergunto se teria chegado à final se não tivesse um rosto moreno".[50] Essa afirmação foi então estampada nas manchetes, ignorando o fato de que Alesha Dixon, Mark Ramprakash, Louis Smith e Ore Oduba haviam vencido o *Strictly* sem terem sido impedidos por uma audiência de sábado à noite severamente racista.

Porém, qualquer coisa poderia ser submetida à mesma visão implacável. No segundo semestre de 2021, foi a vez do *Jeopardy!*, programa de perguntas e respostas, sofrer um colapso na questão da raça. Kelly Donohue, um competidor de meia-idade que pode ter parecido suspeito de cara por usar um terno escuro com gravata vermelha, a certa altura exacerbou o problema, mostrando três dedos para a câmera. Imediatamente, vários telespectadores afirmaram *on-line* que esse era um conhecido sinal de supremacia branca. A mídia americana deu trela para a história, e a página do Facebook de Donohue foi vasculhada em busca de evidências. Grupos de fãs do programa alegaram que o sinal parecia ser um gesto de "poder branco", e admitiram que, embora não pudessem saber sua intenção, os sites de fãs do *Jeopardy!* não estavam ali para fornecer porto seguro para supremacistas brancos. Sem demora, 595 ex-participantes do *Jeopardy!* assinavam conjuntamente uma carta exigindo saber por que o *Jeopardy!* não editara o nanossegundo do programa em que os três dedos foram estendidos. "Não podemos defender o ódio", disseram os antigos concorrentes. "Não podemos ficar ao lado do ódio. Não podemos ficar no palco com algo que parece ódio."

Depois disso e muito mais, Donohue (que trabalha como inspetor de banco para o governo estadual em Massachusetts) tentou explicar o que realmente aconteceu. Como as gravações dos episódios anteriores mostraram, quando conquistou sua primeira vitória, ele manteve um dedo contra a jaqueta. Na segunda vitória, ele manteve dois. Na noite em questão, ele tinha acabado de alcançar sua terceira vitória; então, estendeu três dedos, com o polegar e o indicador dobrados. "Isso é um três. Nada mais, nada menos", escreveu. "Não havia uma agenda oculta ou qualquer malícia por trás disso."

Nem todos estavam convencidos. Outros competidores do programa condenaram sua tentativa de legítima defesa. "O mais problemático para nós, como comunidade de concorrentes, é o fato de Kelly não ter se desculpado publicamente pelas consequências do gesto que fez", escreveram em um comunicado conjunto. Isso, por sua vez, levou a outra declaração de Donohue, na qual ele se sentiu compelido a declarar: "Rejeito e condeno a supremacia branca". Ele não estava enviando "bat sinais" para supremacistas brancos, mas contando até três com os dedos.[51]

Pode ser fácil rir de algumas das situações nas quais as pessoas enxergam a supremacia branca. Porém, no final, essa projeção tem repercussões mais monstruosas do que risíveis. Tanto é que, em setor após setor, atuando na projeção que acredita existir, um movimento que começou acadêmico já traz consequências perturbadoramente práticas.

CONSEQUÊNCIAS PRÁTICAS

Se você criasse um movimento que procurasse demonizar a "negritude", então esse movimento, inevitavelmente, acabaria demonizando os negros. Como foi com o antigo racismo, assim é com o novo. Se você vai demonizar a brancura e o fato de ser branco, então, em algum momento, isso deve significar que você vai demonizar as pessoas brancas. Em quase qualquer outro domínio das relações raciais, isso é o que seria entendido. E, portanto, o resultado lógico de toda a retórica contra os brancos dos últimos anos dificilmente pode ser uma surpresa. A ideologia foi injetada no sistema ocidental nos últimos anos e resultou em uma onda de atividades contra os brancos.

■ Educação

Começa no estágio mais precoce possível, e agora percorre todos os níveis de ensino. Vinte anos atrás, quando Delgado e Stefancic se referiram às muitas pessoas "no campo da educação" que consideravam a TCR como tendo "uma dimensão ativista", eles falavam sério. Duas décadas depois, os resultados do ativismo podem ser vistos no currículo e nas escolas dos Estados Unidos e do Ocidente. Você pode selecionar praticamente qualquer distrito escolar em todo o país hoje e encontrar o mesmo jogo retributivo sendo jogado.

Em Buffalo, as escolas públicas forçaram as crianças do jardim de infância a assistir a vídeos de crianças negras mortas para ensiná-las sobre "brutalidade policial".[52] Na Califórnia, às crianças da terceira série foi ensinado que elas deveriam se classificar em ordem de "poder" e "privilégio"; simultaneamente, um novo currículo de estudos étnicos no estado pede "contragenocídio" contra cristãos brancos.[53] Em Seattle, as escolas públicas alegaram que os professores brancos no sistema escolar estão "assassinando o espírito" de crianças negras.[54] E então, é claro, há sempre Nova York. Essa cidade, por si só, tem estudos de caso suficientes para uma conferência.

Na East Side Community School, em Nova York, os pais brancos receberam uma "ferramenta de ação" que lhes diz que devem se tornar "traidores brancos" e depois defender a "abolição dos brancos". Uma parte útil do kit de ferramentas para os pais identifica as oito diferentes "identidades brancas" das quais eles podem estar sofrendo. Essas variam de "supremacista branco" a "abolicionista branco", passando por "voyeurismo branco", "privilégio branco" (naturalmente), "benefício branco", "confessional branco", "crítico branco" e "traidor branco". As últimas, que levam ao "abolicionista branco", são obviamente as mais positivas e supostamente incluem a necessidade de "desmantelar instituições" e enfatizar a necessidade de "desmantelar a brancura", além de "não permitir que a brancura se reafirme".[55] No Bronx, uma campanha chamada "Disrupt and dismantle" [Perturbar e desmontar] levou uma educadora a ser "interrogada" sobre sua origem étnica (judaica) e a ser advertida por se recusar a fazer uma saudação ao "poder negro".[56]

Claro, nem todo o mundo está disposto a concordar com essas sessões de doutrinação racista. Entretanto, quando as pessoas se manifestaram contra elas, os resultados nem sempre ajudaram suas carreiras. Em 2021, a Grace Church School forçou todos os seus alunos e professores a participar de "treinamento antirracista". O treinamento em questão foi feito em nome do "aumento da equidade". Porém, como observou um professor de matemática da escola pública, na realidade isso fez com que os alunos brancos se sentissem "opressores" enquanto nutria "dependência, ressentimento e superioridade moral" naqueles alunos considerados "oprimidos".

A GUERRA CONTRA O OCIDENTE

Um dia, no início de 2021, esse professor de matemática – Paul Rossi – foi convidado a participar de uma reunião pelo Zoom "somente para brancos" obrigatória para alunos e professores. Durante a conversa, ele questionou se era mesmo correto rotular "objetividade", "individualismo" e "medo de conflito aberto", entre outros traços, como características da "supremacia branca". A discussão resultante foi relatada por alguns alunos como sendo mais produtiva do que eles esperavam. Entretanto, alguém quebrou a confidencialidade da reunião e denunciou Rossi por suas observações. O diretor da escola informou a Rossi que suas contestações na reunião do Zoom causaram "prejuízos" aos alunos, porque eram "questões de vida ou morte, sobre a carne, o sangue e os ossos das pessoas". Ele também foi informado de que havia criado "dissonância para pensadores vulneráveis e ainda não formados" e causado "perturbação neurológica nos seres e corpos dos alunos"; o diretor de estudos da escola afirmou que as observações de Rossi podem até constituir "assédio".

Nos dias seguintes, o diretor ordenou que todos os conselheiros da escola lessem para todos os alunos uma reprimenda pública a Rossi. O próprio Rossi descreveu a cena resultante. "Foi uma experiência surreal andar sozinho pelos corredores e ouvir as palavras vindo de todas as salas de aula." Parte da declaração dizia: "Nas escolas independentes, com sua história de populações predominantemente brancas, o racismo conspira com outras formas de preconceito (sexismo, classismo, capacitismo e muito mais) para minar nossos ideais declarados, e devemos trabalhar duro para desfazer essa história". "Curar sua relação com os alunos de cor" foi a condição inicial para que Rossi mantivesse seu emprego na escola.[57]

Posteriormente, Rossi conversou em particular com George Davison, o diretor da Grace Church, que admitiu ter algumas "graves dúvidas" sobre: "(...) algumas das coisas doutrinárias lançadas contra nós em nome do antirracismo". O ponto seguinte que ele achou difícil entender, ou admitir entender, foi que essa teoria deve ter consequências práticas. Rossi perguntou ao diretor se ele concordava que os materiais que eles vinham usando para ensinar os alunos estavam, essencialmente, "demonizando as pessoas". Davison concordou. Portanto, a escola estava "demonizando crianças brancas". Sobre isso, também, ele finalmente concordou. O diretor admitiu que eles estavam fazendo as crianças brancas da escola se sentirem "inferiores", e por nada pelo qual fossem pessoalmente responsáveis. No entanto, Davison parecia não saber o que fazer a respeito desse dilema. Mais tarde, ele negou que tivesse dito qualquer coisa parecida. Entretanto, Rossi teve o bom senso de gravar a conversa com o diretor e disponibilizou a gravação ao público. Rossi foi colocado de licença e acabou sendo obrigado a deixar a escola à qual dedicou seus anos como professor. Porém, como disse a Davison ao sair, o motivo pelo qual o

RAÇA

diretor não compartilhara as suas preocupações sobre o treinamento racista que vinha se dando em sua escola era: "(...) você sabe exatamente o que acontece com as pessoas que o fazem. É o que está acontecendo comigo agora".[58]

Em outras escolas particulares de elite, como a Harvard-Westlake School, em Los Angeles – que custa 40 mil dólares por ano –, os pais têm lutado para encontrar uma maneira de refutar uma agenda "antirracista" semelhante. Os objetivos dessa instituição incluem explorações de "preconceitos implícitos" para alunos da sétima série fornecidas pelo – o nome não poderia ser melhor – "Currículo de Alfabetização Racial de Poliana". Também houve uma reformulação do curso de história dos Estados Unidos da 11ª série. Agora ele é ministrado "de uma perspectiva da teoria crítica da raça",[59] e alunos da décima série foram submetidos ao Teste de Viés Implícito. Enquanto isso, na vizinha Brentwood (45.630 dólares por ano), os alunos foram brindados com sessões de "diálogo" racialmente segregadas, nas quais a lista de leitura da instituição também foi submetida ao expurgo usual. Saíram *A Letra Escarlate, Senhor das Moscas* e *O Sol É Para Todos*. Entraram livros como *Stamped from the Beginning: The Definitive History of Racist Ideas in America*, de Ibram X. Kendi, enquanto o corpo docente anunciou um atraso de um dia para os primeiros anos do ensino fundamental por causa de seu estudo de *White Fragility*, de Robin DiAngelo.[60]

Como que para provar que, para tudo o que o sistema escolar pode fazer, o sistema universitário pode fazer pior, pelo menos um dos professores de direito de uma universidade americana vem defendendo um sistema de classificação para "brancura" nos *campi* americanos. Vernellia Randall, professora emérita da Universidade de Dayton, classificou as faculdades em um gráfico que registra as pontuações de "brancura total" e "brancura excessiva". Entre outras coisas, ela exigiu que as faculdades de direito americanas eliminem o "excesso de brancura" de seus *campi*.[61]

▪ Emprego

É fácil imaginar que loucuras como essas possam ser restritas ao setor educacional e que, fora das escolas e faculdades americanas, algum outro padrão de bom senso deve prevalecer. Porém, nada poderia estar mais longe da verdade. Nos últimos anos, tanto no governo Trump quanto no atual, o mesmo padrão de pensamento pode ser encontrado em todo o setor público.

Agências do Departamento de Justiça e do Gabinete do Procurador-Geral dos Institutos Nacionais de Saúde passaram os últimos anos buscando o "antirracismo" por meio de sessões de reciclagem de funcionários e muito mais. O objetivo

A GUERRA CONTRA O OCIDENTE

explícito dos *apparatchiks** da diversidade, como observou Christopher F. Rufo, é: "(...) converter 'todos no governo federal' ao trabalho de 'antirracismo'".[62] Nessas sessões de confronto, o que ocorre é que os servidores federais são pressionados a usar um discurso obrigatório, com penalidades profissionais à espreita para quem não se adequar. Essas sessões ocorreram em uma limpeza geral do governo.

Por exemplo, ficou claro que o FBI está realizando "workshops de interseccionalidade" para seus funcionários.[63] O Departamento de Segurança Interna tem usado documentos de treinamento, informando aos funcionários brancos que eles foram "socializados em papéis opressores".[64] Enquanto isso, cientistas dos Laboratórios Nacionais de Sandia foram obrigados a participar de retiros de reeducação, apenas para homens brancos, para abordar seu privilégio branco. Em uma dessas sessões, os funcionários foram informados de que "cultura masculina branca" é o mesmo que a KKK e "supremacismo branco". Os participantes foram forçados a renunciar a seu "privilégio masculino branco" e, como parte desse exercício, foram obrigados a escrever cartas de desculpas a mulheres de cor imaginárias.[65] Ainda não está claro como isso ajuda a produtividade ou a segurança, quanto menos a igualdade, nos laboratórios nucleares dos Estados Unidos.

O setor privado também vem investindo dinheiro no treinamento de funcionários para que vejam supremacia branca em todas as interações. Por exemplo, a rede de serviços Ernst & Young enviou e-mails para seus funcionários, estimulando-os: "Não basta não ser racista. Precisamos falar e agir contra o racismo e a discriminação. Devemos ser antirracistas e, na Ernst & Young, nossa determinação de agir e ser assim está mais forte do que nunca". Como disse um sócio-gerente em um e-mail enviado a todos os funcionários, a motivação especial para esse chamado foram os "atos sem sentido de violência contra nossas comunidades negras" – nessa ocasião, contra Jacob Blake, em Kenosha, Wisconsin. Blake posteriormente admitiu ter empunhado uma faca antes de a polícia atirar nele. Entretanto, Kelly Grier, que enviou o e-mail interno, descreveu as ações da polícia como indicando "o racismo sistêmico que permeia nosso país".[66] Por que a Ernst & Young deveria estar do lado de um criminoso acusado que portava uma faca? Porque a teoria "antirracista" a ensinara, primeiro, a traçar uma moral abrangente, depois a ignorar todos os detalhes. Era mais importante enviar os sinais certos do que estar certo sobre os fatos.

---

* Neste contexto, o *apparatchik* é um funcionário de uma grande organização política. O termo original se refere a um funcionário em tempo integral do Partido Comunista da União Soviética ou dos governos liderados por esse partido, ou seja, um agente do 'aparato' governamental ou partidário que ocupa qualquer cargo de responsabilidade burocrática ou política.

RAÇA

Os funcionários da Cigna, uma das maiores seguradoras de saúde dos Estados Unidos, também foram rotineiramente submetidos a aulas de TCR – que incluíram palestras sobre "privilégio branco", "privilégio de gênero" e "privilégio religioso" – e aconselhados a não considerar homens brancos em decisões de contratação.[67] E em uma das empresas mais bem-sucedidas dos Estados Unidos, a Coca-Cola, os funcionários foram obrigados a passar por um treinamento "antirracismo" com o objetivo de ensinar aos trabalhadores como "ser menos brancos".

"Enfrentando o Racismo", curso obrigatório para funcionários, incluía um slide que os instruía a serem "menos brancos, menos arrogantes, menos convictos, menos defensivos, menos ignorantes e mais humildes".

Também disse a eles que "nos Estados Unidos e em outras nações ocidentais, os brancos são socializados para se sentirem inerentemente superiores porque são brancos" e citou "pesquisas" que afirmavam mostrar que crianças de três anos "compreendem que é melhor ser branco".[68] Porque a Coca-Cola sempre se importou muito em ajudar as criancinhas a viverem uma vida saudável.

Caso alguém se pergunte por que mais indivíduos não falam sobre serem alimentados à força com essa porcaria mental, é por causa do preço que poderá ter de ser pago por não se seguir essa linha, um fato que vem se tornando cada vez mais claro. Em fevereiro de 2021, o presidente australiano da KPMG do Reino Unido foi condenado por colegas depois de descrever o conceito de preconceito inconsciente durante uma discussão da equipe como "uma tremenda baboseira" e dizer que nada havia sido alcançado como resultado de forçar as pessoas a passar por treinamento de viés inconsciente. A equipe júnior disse que o presidente deveria "verificar seu privilégio" e o denunciou à administração por seus "comentários insensíveis". Depois de ser obrigado a se afastar temporariamente, "na pendência da investigação", acabou sendo forçado a renunciar.[69]

E por que a maioria concorda com toda a agenda? Porque muitas vezes fica claro que, seja você professor de matemática ou sócio de uma grande empresa multinacional, o custo de levantar a cabeça acima do parapeito pode levar ao desmoronamento de toda a sua carreira. E isso pode acontecer por você fazer a mais simples das perguntas, afirmar uma verdade comprovável ou simplesmente reconhecer uma crença que todos tinham até anteontem.

Muito ocasionalmente, as coisas podem ir na direção oposta. Todavia, isso ocorre apenas quando uma enorme quantidade de atenção negativa é direcionada àqueles que tentam implementar políticas que presumem não ter custo ou ser benéficas para sua imagem. Em 2021, por exemplo, a Disney disse a seus funcionários que eles deveriam rejeitar a "igualdade" e se concentrar em "equidade". De acordo com o "O que posso fazer sobre o racismo?", programa ao qual os funcionários da Disney foram submetidos, eles devem se concentrar em "racismo sistêmico", "privilégio branco", "fragilidade branca" e muito mais. Seu treinamento também incluiu segmentos sobre "viés implícito", "microagressões" e, é claro, "tornar-se um antirracista". No módulo de treinamento "Aliança para a Consciência Racial", os funcionários foram informados de que deveriam "assumir a responsabilidade" pela sua educação "sobre o racismo estrutural contra o negro". Eles foram informados de que os Estados Unidos têm uma "longa história de racismo sistêmico e transfobia" e de que os funcionários brancos da Disney devem "trabalhar seus sentimentos de culpa, vergonha e autodefesa", expiá-los desafiando "ideologias e retóricas que não enxergam diferença de cor" e nunca "questionar ou debater a experiência vivida por colegas negros". Entre as sugestões para os funcionários brancos da Disney, estava que eles desenvolvessem um trabalho com seus bebês racistas (racista a partir de "três meses de idade", de novo) e "doassem para o trabalho contra a supremacia branca como para a divisão local do BLM".[70]

Vez ou outra, quando essas aulas de treinamento interno são tornadas públicas, a empresa rapidamente as remove e depois mente, dizendo que os funcionários não as haviam tido ou fingindo que eram opcionais. A Disney removeu seus documentos de treinamento da web e disse ao *New York Post* que eles foram "deliberadamente distorcidos, como se refletissem a política da empresa".[71] Em quase todos os casos, essas mentiras tiram as empresas relevantes de uma situação temporariamente constrangedora. Entretanto, em nenhuma ocasião houve sinal algum de que uma empresa que ensina o racismo contra o branco a seus funcionários tenha percebido que havia feito algo errado ou o revertido por esse motivo.

• Assistência médica

Tais casos de racismo corporativo podem ser bastante sinistros. Porém, infinitamente mais sinistras – porque ainda mais práticas – foram as incursões da mesma ideologia no domínio da saúde. E isso talvez só tenha vindo à tona porque, a partir de 2020, enquanto os Estados Unidos enfrentavam uma epidemia de alegações de racismo produzida em casa, também enfrentavam uma epidemia médica que se espalhara para fora da China.

As duas questões se sobrepuseram na questão da vulnerabilidade à Covid e acesso às vacinas. Em todos os países ocidentais, com os Estados Unidos sendo o primeiro, surgiu um debate em que ativistas afirmavam que as populações étnicas negras e minoritárias estavam tendo Covid em taxas desproporcionais. Antes mesmo que esses fatos fossem afirmados, insistiu-se na causa. Antes que alguém tivesse tempo de falar sobre condições de moradia e de saúde subjacentes ou qualquer outra coisa, Kendi, Afua Hirsch e outros foram às páginas do *The Guardian* e da *The Atlantic* e às ondas de rádio. Lá, conseguiram sugerir que os Estados Unidos, a Grã--Bretanha e outros países ocidentais eram tão racistas que não podiam importar um vírus da China sem dar a ele seu próprio toque racial especial e usar a oportunidade para matar o maior número possível de negros.[72] Não surpreende que em todos os lugares as autoridades de saúde estivessem em alerta máximo para essa acusação.

Pouco tempo antes, bastava ser "cego à cor da pele" ao tratar os doentes. Agora, "equidade" era a palavra de ordem e também o código para equalizar os resultados, mesmo que isso significasse piorar as coisas para os brancos em vez de melhorar para os negros.

Por exemplo, em dezembro de 2020, no final do ano da Covid e do BLM, os Centros de Controle e Prevenção de Doenças (CDC, na sigla em inglês) divulgaram suas recomendações iniciais sobre priorização de vacinas. Eles identificaram três grupos prioritários concorrentes (trabalhadores essenciais, maiores de 65 anos e adultos com doenças subjacentes). Em seguida, identificaram três princípios éticos para decidir quem priorizar entre esses grupos. Os três princípios éticos incluíam "promover a justiça" e "mitigar as desigualdades na saúde", o que gerou ao CDC um sério problema ético, porque os grupos raciais e étnicos minoritários estavam sub-representados entre os adultos com idade superior a 65.[73]

Assim, conforme explicado no *The New York Times*, a política final visava priorizar os trabalhadores essenciais em detrimento dos idosos, embora se esperasse que isso custasse mais 50 mil vidas por mês. Para justificar essa mudança, Harald Schmidt, especialista em ética e política de saúde da Universidade da Pensilvânia, afirmou que um conjunto perfeitamente razoável de prioridades estava sendo considerado na nova orientação. "Populações mais velhas são mais brancas", disse o especialista em ética. "A sociedade está estruturada de uma forma que permite às pessoas viver mais. Em vez de dar benefícios adicionais à saúde daqueles que já tinham mais deles, podemos começar a nivelar um pouco a situação." É claro que, aqui, "nivelar um pouco a situação" não pode significar outra coisa senão "deixar mais brancos morrerem".[74] O apoio formal a essa política também apareceu no *The Journal of the American Medical Association*.[75]

Esse tipo de coisa ainda pode causar uma certa quantidade de comentários negativos e, de maneira apropriada, eles se seguiram às notícias precisas sobre as propostas do CDC. Um mês depois, o CDC voltou atrás, embora não sem autopiedade de membros do comitê que se queixaram de terem enfrentado "uma enxurrada de acusações, muitas vezes cruéis", de que estavam "priorizando outros grupos raciais em detrimento dos brancos".[76]

A GUERRA CONTRA O OCIDENTE

Se a orientação do CDC tivesse sido o único caso, talvez pudesse ter sido igno-rada. Porém, não foi. Desde então, a "medicina equitativa" foi testada em todo o país. O estado de Vermont procurou ativamente dar elegibilidade à vacina a certos grupos excluindo pessoas que se identificam como brancas.[77] E em Boston, no Brigham and Women's Hospital, um programa de saúde explicitamente discriminatório do ponto de vista racial foi colocado em operação. Como dois dos envolvidos descreveram na *Boston Review,* "soluções sem viés racial" tinham "falhado em conseguir alcançar a equidade racial na saúde", e havia um problema relacionado ao elevado número de brancos sendo admitidos na unidade de cardiologia, entre outros.

Como resultado, foi iniciada uma nova iniciativa-piloto que usaria uma "estru-tura de reparações" com admissões preferenciais para pacientes "negros e latinxs" com insuficiência cardíaca.

A medida antecipou que "oferecer atendimento preferencial baseado em raça ou etnia pode suscitar desafios legais, vindos de nosso sistema de leis sem viés racial", mas observou que, no entanto, eles foram incentivados "a prosseguir com confiança, em nome da equidade e justiça racial, com o apoio fornecido pelas recentes ordens executivas da Casa Branca". As ordens em questão são as recentes ordens executivas de equidade da nova administração Biden.[78]

Mais uma vez, se fossem apenas agências desonestas – um CDC aqui, um grande hospital ali –, então talvez tudo pudesse ser entendido como alguma anoma-lia curiosa que poderia ser ajustada com cuidado. Entretanto, não é. Repetidamente, não são apenas as agências ou instituições individuais, mas as instituições dirigentes que estão seguindo o mesmo plano, muitas vezes no mesmo ritmo. A American Medical Association (AMA) divulgou um "plano de equidade" de 86 páginas que rejeita a ideia de "igualdade como processo". Seus objetivos declarados são "des-mantelar o racismo estrutural", "desmantelar a supremacia branca" e "reconhecer o racismo como uma ameaça à saúde pública". Além disso, a AMA critica a ideia de que pessoas de diferentes grupos devam ser tratadas da mesma forma e eleva o "antirracismo" racista à categoria de melhor prática profissional. Naturalmente, o documento cita, entre outros, o trabalho de bell hooks.[79]

Claro, há outro perigo em tudo isso: a medicina é uma daquelas áreas em que algum conhecimento da origem racial pode ser não apenas útil, mas salvar vidas. Diferentes grupos genéticos carregam diferentes vulnerabilidades a determinadas doenças e enfermidades, que vão do câncer à osteoporose, bem como uma resposta variada a diferentes drogas. E isso apresenta um problema em particular, porque sugere que a raça não é apenas uma "construção social", mas algo que afeta áreas reais de nossas vidas, incluindo a saúde. Pelo fato de essa ser uma verdade muito desagradável para as presunções de nossa época, sempre que a questão surge existe um grande surto de preocupações não médicas. Há, por exemplo, uma controvérsia em curso em torno da determinação precisa da função renal; porém, os "antirracistas" tentaram remover os algoritmos clínicos e as diretrizes de tratamento que ajudariam no diagnóstico, e o fizeram em nome do combate ao racismo.[80]

Muitos médicos, incluindo muitos médicos negros, reconhecem o quanto isso é perigoso, e vários foram às páginas do *The New England Journal of Medicine* para tentar deter o movimento. Após vários parágrafos de ressalvas necessárias, eles enfatizaram seu argumento, que era "que existem diferenças genéticas entre pessoas pertencentes a diferentes categorias raciais socialmente construídas. Abraçamos essa diversidade e reconhecemos suas implicações clinicamente significativas".[81] Entretanto, não está nada claro se esses profissionais cuidadosos serão bem-sucedidos em sua tentativa de contornar os dogmas da época. Entender seus argumentos requer uma compreensão de algo diferente da TCR: requer um conhecimento de certos fatos genealógicos e médicos. Todavia, por enquanto, a insistência no racismo e no antirracismo como único meio de olhar para todo e qualquer problema permanece muito maior, mais clara e mais abrangente.

É por isso que, por exemplo, outros médicos de Harvard podem culpar a brancura por todas as disparidades de saúde racial ("epidemiologia antirracista"),[82] afirmar que o racismo sistêmico é o culpado pelas mortes de mulheres negras grávidas[83] e declarar que, quando americanos brancos oferecem seu DNA para experimentos científicos, estão sutilmente fazendo isso para vitimizar grupos não brancos.[84] No geral, a mensagem é que a própria brancura é uma pandemia. Como disse recentemente um editor colaborador do *The New York Times*, a brancura é "um vírus que, como outros, não morrerá até que não haja mais corpos para infectar".[85] E essa conversa protogenocida não é incomum: tornou-se a norma. Negar isso se tornou incomum. Diga qualquer coisa em contrário ou simplesmente expresse dúvidas sobre as alegações de que o racismo estrutural é endêmico, e não apenas você perderá seu emprego, como aqueles ao seu redor perderão os deles.

Foi o que aconteceu no *The Journal of the American Medical Association* em 2021. O editor-assistente disse em uma discussão que achava que "racismo estrutural" era um termo infeliz e que: "(...) eu e muitas outras pessoas nos ofendemos com a implicação de que somos de alguma forma racistas". Por causa disso, não só o editor-assistente foi alvo de uma campanha para demiti-lo como seu editor foi demitido por algum tipo de culpa por associação, no que logo foi relatado como apenas mais uma "controvérsia racista".[86]

CONCLUSÕES

Nessa situação, na qual os brancos são tratados como uma patologia e uma nova mania é inventada todo mês ("raiva branca" sendo outro acréscimo pseudomédico recente a esse léxico), permanece uma pergunta: o que exatamente os brancos devem fazer? Os defensores do novo racismo têm sugestões, e são várias as possibilidades. Cheryl Harris, professora de direito da Universidade da Califórnia em Los Angeles, é uma das várias principais teóricas críticas raciais que argumentaram que o direito à propriedade privada deveria ser suspenso, com terras e dinheiro confiscados e então redistribuídos de acordo com critérios raciais.[87]

Otegha Uwagba, por outro lado, disse que, como "nós, os negros, não podemos abolir a brancura, os brancos precisarão abandoná-la". Segundo ela, para fazer isso, os brancos devem abrir mão de seus "privilégios baseados em raça". Como o quê? Uma sugestão de Uwagba é boicotar o cabeleireiro "que seca seu cabelo incrivelmente bem, mas que você sabe que não corta cabelo afro". Outra ideia, diz ela, é que os brancos comecem a perceber que "(...) apadrinhar negócios de negros, ler escritores negros e amplificar nossas vozes (...) não basta". De acordo com Uwagba, os brancos devem perder todos os seus privilégios, e essa "aliança vai lhes custar a forma de suas vidas como eles a conhecem".[88] Não parece um convite especialmente atraente, mesmo se a situação indicada fosse verdadeira e a resposta oferecida fosse possível.

No entanto, em comparação com outras ofertas, a de Uwagba parece extremamente generosa. Em abril de 2021, Aruna Khilanani fez um discurso no Centro de Estudos da Criança de Yale intitulado "O problema psicopático da mente branca". Essa filha de médicos vindos do subcontinente indiano estudara teoria crítica na Universidade de Chicago e absorvera claramente todas as suas psicopatias próprias. Como Kendi, Coates e outros, ela possuía sua própria história de origem. E enquanto Kendi tem a história da garota com a mão levantada e Coates a de uma mulher entrando em um elevador, a história de Khilanani é uma experiência terrível de uma briga com um chefe sobre o agendamento de férias. Com base nessa história traumática, ela usou sua palestra para expressar racismo visceral e violento contra os brancos. Por exemplo, em um determinado momento, ela fantasiou sobre:

> (...) descarregar um revólver na cabeça de qualquer pessoa branca que estivesse no meu caminho, enterrar seu corpo e enxugar minhas mãos ensanguentadas, enquanto eu me afastava relativamente sem

RAÇA

culpa, com um andar orgulhoso. Como se eu tivesse feito um belo de um favor ao mundo.

Em uma palestra ostensivamente sobre psicopatas, essa é uma maneira estranhamente psicopática de falar.

Em outros lugares, Khilanani usou sua fala para alertar sobre os custos de conversar com indivíduos brancos. Ela disse que era "(...) o custo de sua própria vida, pois eles o sugam. Não há maçãs que não sejam podres por aí". Khilanani descreveu o branco como "um predador violento e demente" com "buracos no cérebro" e disse que todos os brancos estão "fora de si, e há muito tempo". Ela declarou que falar com brancos sobre raça é "inútil".[89] Deve ser por isso que o recurso à violência era tão comum em seu discurso.

Entretanto, Khilanani não está sozinha. Apenas uma semana antes de ela discursar em Yale, Donald Moss, outro psicanalista, publicou um artigo acadêmico intitulado "Sobre ter brancura", baseado em um conjunto de seus seminários. Descrevendo a brancura como uma "condição parasitária", ele também considerou, sem muita ponderação, a possibilidade de algum tipo de solução final para o problema. "Ainda não há uma cura permanente", alertou.[90] Porém, sem dúvida, durante os próximos anos, haverá muitas pessoas ávidas por aceitar o desafio de pensar em uma.

INTERLÚDIO

CHINA

Podemos dizer que todos, onde quer que estejam, querem ter uma boa imagem de si mesmos e do país em que nasceram. A maioria não acha uma boa ideia travar uma guerra impiedosa e desmoralizante contra tudo relacionado ao grupo majoritário em sua sociedade. Essas pessoas não lançam mão de termos questionáveis, inventados ontem, e não tentam distribuí-los por todo o país, usando-os para explicar todos os problemas da sociedade. Esses, e muitos outros, são sintomas de uma doença muito ocidental. Uma doença de ódio e desconfiança de si mesmo. E uma doença que é, em ambos os sentidos do termo, um tipo de autoabuso, que outras potências fora do Ocidente estão muito felizes em observar e usar para seus próprios fins.

Um exemplo característico disso foi dado em 2008, em uma entrevista do astro Damon Albarn para o jornalista Bryan Appleyard. O ex-líder da banda Blur vinha realizando muitos trabalhos na China e estava incomodado com as críticas ao país. "Precisamos parar de pensar que temos uma moral elevada", disse ele a Appleyard, "porque, sinceramente, não acho que temos." Albarn afirmou ter lido a respeito das Guerras do Ópio e parecia acreditar que todas as críticas feitas à China moderna poderiam ser atribuídas à intromissão ocidental no país. O entrevistador lhe fez uma pergunta pertinente: se todos os problemas da China pudessem ser atribuídos às Guerras do Ópio, o que dizer do assassinato de cerca de 70 milhões de pessoas, de seu próprio povo, pelo presidente Mao? Isso deixa as Guerras do Ópio no chinelo, não é? Albarn – que reconhecidamente não é uma de nossas mentes mais inteligentes – pareceu perplexo. "Bem", disse ele, "há também o argumento de que algo como 400 milhões de pessoas foram tiradas da extrema pobreza."[91]

A verdade é que Albarn (como tantas outras figuras culturais e de outras áreas do Ocidente) ficou desconcertado ao tentar encontrar qualquer explicação para a má conduta no mundo que não envolvesse culpar o Ocidente. Enquanto houvesse uma história de irregularidades ocidentais, ela poderia ser suficiente para ocupar o posto de problema fundamental do país em questão.

Existem vários problemas relacionados a esse antiocidentalismo reflexo. O primeiro é que ele ignora os reais acontecimentos do mundo de hoje. Por exemplo, quase todos os antiocidentais sabem que, no século XIX, algumas pessoas do Ocidente estavam envolvidas na venda de ópio aos chineses. Entretanto, quantos deles sabem que são os opioides sintéticos da China que agora estão dizimando partes dos Estados Unidos? De acordo com o Centro Nacional de Estatísticas de Saúde dos Estados Unidos, mais de meio milhão de pessoas morreram no país durante a pandemia de opioides das últimas duas décadas. As autoridades chinesas sabem dessa produção de drogas, e fazem pouco, ou nada, para detê-la.

Entre essas drogas está o fentanil, cujas propriedades viciantes e os efeitos devastadores são conhecidos em todo o país. O próprio George Floyd tinha fentanil em seu corpo quando morreu. Isso nem remotamente justifica as ações dos policiais que o prenderam; porém, Floyd era apenas um entre centenas de milhares de americanos viciados nessa droga chinesa. No mesmo ano da morte dele, 93 mil americanos morreram em decorrência do uso de fentanil.[92] Existem muitas pessoas cientes disso nos Estados Unidos? E no Ocidente em geral ou no mundo como um todo?

Se não estão cientes, então é, em parte, porque foram persuadidas de que escolher um grupo seleto de erros históricos ajudará a resolver problemas em suas sociedades hoje. Entretanto, a verdade é que uma melhor compreensão dos problemas enfrentados por nossas sociedades hoje tem mais chances de ajudar a resolver esses problemas. Se mais pessoas soubessem sobre a atual guerra de opioides da China contra os Estados Unidos, talvez vidas pudessem ser salvas. E não apenas nos Estados Unidos: atualmente, a Escócia, considerada isoladamente, tem uma taxa de mortalidade por opioides quase 13 vezes maior do que a média europeia.[93] Essa é uma tragédia da vida real. Entretanto, vasculhar o passado e julgá-lo o mais duramente possível parece ser muito mais fácil do que fazer qualquer coisa prática a respeito dos problemas que todos nós enfrentamos atualmente.

Tudo isso é um jogo muito incomum de se jogar. Nenhuma sociedade fora do Ocidente está empenhada na mesma empreitada autolimpante.

O que o resto do mundo está fazendo enquanto o Ocidente – com os Estados Unidos abrindo caminho – se envolve nessa orgia de autoabuso? Atualmente, o único país que ameaça tirar dos Estados Unidos o *status* de principal economia do mundo é a República Popular da China. Um país que, como acontece com os países com tais títulos, não é uma república e não pertence ao povo. A República Popular da China é governada há mais de sete décadas pelo PCC.

Ao contrário de todas as outras grandes potências que tentaram o comunismo, a China ainda está buscando uma versão dessa ideologia. Ao contrário delas, a China encontrou uma maneira de liberalizar seu sistema financeiro a ponto de ter se tornado, nas últimas décadas, a segunda economia mais importante do mundo.

A GUERRA CONTRA O OCIDENTE

Embora o PIB chinês tenha disparado, as elites partidárias que dirigem o país souberam não cometer o mesmo erro que outros países socialistas cometeram. O PCC tem sido muito cuidadoso em manter o controle sobre qualquer liberalismo político, mesmo permitindo um grau de liberalismo econômico, rigidamente controlado pelo Estado. Xi Jinping, o atual presidente, acelerou esse processo desde que chegou ao poder, em 2013. Naquele ano, ele lançou uma campanha para impedir que ideologias liberais entrassem no discurso público na China. Em nome da segurança, ele também introduziu um sistema de "reeducação" de minorias étnicas e religiosas, vistas pelo partido como uma ameaça ideológica ou de segurança. Até o momento, mais de um milhão de homens, mulheres e crianças da minoria muçulmana uigur, entre outras, foram forçados a entrar na extensa rede de campos de internamento — muitas vezes chamados de "campos de concentração" — em toda a região de Xinjiang.

As atividades nesses campos incluem estupro sistemático e tortura de detentos, bem como esterilização forçada de mulheres uigures. Há também acusações de extração forçada de órgãos internos de detidos, nesses e em outros campos do sistema chinês. O regime tende a ignorar todos esses relatos, mas não há nada de surpreendente neles. O PCC sempre negou toda e qualquer acusação de violações dos direitos humanos no país.

Alguns anos atrás, tive a oportunidade de entrevistar Chen Guangcheng, ativista chinês cego que causou um incidente internacional ao pedir asilo político na embaixada americana em Pequim. Guangcheng havia chamado a atenção das autoridades por causa de seu trabalho na área de direitos humanos na China. Ele e sua família haviam sofrido anos de intimidação oficial, vigilância e abuso físico. Segundo seu relato em 2013, a situação dentro da China "é muito pior do que o britânico comum ou a comunidade internacional escutaram por meio da propaganda chinesa".

Guangcheng se dera conta disso ao tomar conhecimento das realidades sombrias da infame política do filho único do PCC. Depois de tentar encaminhar uma petição ao governo central e outra ao governo local, ele percebeu que um dos grandes pretextos da crença comunista estava errado. Não era que os camaradas locais fossem bandidos e o governo central consistisse em mocinhos. O sistema estava podre por toda parte. Guangcheng não conseguiu persuadir esse sistema a mudar, apesar da riqueza de evidências reunidas contra ele vindas de mulheres que haviam tido uma segunda gravidez e foram expulsas e tiveram seu bebê "abortado à força".

Havia uma série de atitudes que as autoridades podiam tomar ao descobrir que uma mulher ia dar à luz um segundo filho. Se a mãe tentasse se esconder, as autoridades capturavam todos os membros de sua família e os aprisionavam durante

CHINA

semanas ou meses, até que isso forçasse a mãe a sair do esconderijo. Então, a mãe grávida que retornasse poderia ser forçada a fazer um aborto.

O que significa fazer um aborto forçado aos nove meses? Guangcheng explicou:

> Em primeiro lugar, a mulher é arrastada para o hospital e obrigada a assinar um formulário de "consentimento" para um aborto, que pode ser executado de várias maneiras. Uma delas é forçar a indução do nascimento. Normalmente, o bebê nasce vivo; então, eles o jogam na água e o afogam. A segunda forma é injetar determinada dose de veneno líquido – a agulha da seringa é introduzida diretamente na cabeça do bebê –, matando-o diretamente e deixando-o sair.

Essa é uma prática, como ele afirma, que ocorreu em todos os lugares. Em toda a China. Um sistema de "planejamento familiar pela violência". Os efeitos disso a longo prazo, como ele viu, foram "a falência da cultura do respeito pela vida humana. As pessoas não respeitam mais a vida".

Após causar sofrimento incalculável, a política do filho único foi eliminada durante o reinado de Xi. Entretanto, o sistema de campos em Xinjiang, entre muitas outras coisas, mostra que os direitos humanos não têm mais valor na China nesta década do que tiveram nas décadas anteriores. Se alguma coisa mudou foi o aumento da capacidade do PCC de reprimir os direitos humanos, seja em Hong Kong ou em outros lugares, à medida que seu império não oficial crescia.

Porque, enquanto buscava sua forma híbrida de capitalismo-comunismo, o PCC conseguiu adquirir maior influência e respeitabilidade em todo o mundo. As elites dos Estados Unidos e da Europa pensavam que trazer a China para as organizações internacionais empurraria as normas democráticas para o país. Em vez disso, a China empurrou as normas democráticas para fora das organizações internacionais. Ela usou o período desde sua entrada na Organização Mundial do Comércio, em 2001, com grande sucesso. Em 2000, a maioria dos países da América do Sul, África, Extremo Oriente, Australásia e Europa fizeram mais comércio com os Estados Unidos do que com a China. Em 2020, essa situação se inverteu. Em apenas vinte anos, todas essas partes do globo estavam fazendo mais negócios com a China do que com os Estados Unidos. Durante esse período, os Estados Unidos haviam caído de responsáveis por mais de 75% do comércio global total para pouco mais de 25%.[94] E a China abocanhou toda essa diferença, disparando na direção exatamente oposta.

A GUERRA CONTRA O OCIDENTE

A Iniciativa do Cinturão e Rota do país busca formar uma rede de infraestrutura e investimentos chineses cobrindo o globo: um império em tudo, menos no nome. Ela já viu o país usar seu dinheiro para ter acesso ao Extremo Oriente, Oriente Próximo e África. Também optou por comprar infraestruturas essenciais em todo o Ocidente. Às vezes é um porto importante, como o de Haifa, em Israel, ou o de Pireu, na Grécia. Em 2019, a Itália assinou um acordo com a China para se tornar o primeiro país do G7 a fazer parte da Iniciativa do Cinturão e Rota. Isso permite que a Companhia de Comunicações e Construção da China acesse o porto italiano de Trieste e desenvolva o porto de Gênova. Também incluirá a entrada chinesa nos mercados agrícola, financeiro, de energia e de engenharia da Itália.

Esses países não são os únicos. O governo do Reino Unido deu luz verde aos chineses para construir e manter um novo reator nuclear na Inglaterra. E antes de uma rápida reviravolta, a Huawei, empresa de comunicações apoiada pelo governo da China, foi brevemente encarregada de ajudar a criar a nova rede 5G do Reino Unido. É claro que nenhum país poderia realizar uma expansão global tão rápida sem um ingrediente fundamental: a captura da elite. A capacidade do PCC de comprar influência entre as elites, em cada um dos países nos quais o partido espera entrar, é incomparável em seu escopo e generosidade. Em qualquer país do Ocidente, todos os que precisaram de algum financiamento pós-aposentadoria, de ex-primeiros-ministros para baixo, encontraram sinecuras confortáveis graças a empresas chinesas. Mesmo entre as figuras políticas do Ocidente de escalão mais baixo, o PCC e suas frentes estão ocupados comprando pessoas.

Os liberais democratas foram o parceiro júnior no governo de coalizão na Grã-Bretanha entre 2010 e 2015. Porém, desde que deixaram o cargo, suas figuras sênior e júnior foram tragadas por Pequim. O atual líder do partido recebeu financiamento da Huawei para a campanha que o fez chegar a essa posição. O ex-chefe de estratégia do então líder Nick Clegg acabou se juntando a uma empresa de relações públicas que tentava expurgar a imagem internacional da China enquanto ela exterminava a democracia em Hong Kong. E Danny Alexander, ex-secretário do Tesouro que ajudou o Reino Unido a se tornar o primeiro país ocidental a ingressar no Banco Asiático de Investimento em Infraestrutura da China, passou a integrar os quadros do banco depois de deixar o governo e ajudou a liderar a Iniciativa do Cinturão e Rota do PCC.[95] Histórias semelhantes ocorreram na Austrália, na Nova Zelândia, no Canadá e em todas as outras partes de uma outrora sólida aliança ocidental.

Como Clive Hamilton e Mareike Ohlberg descrevem em seu livro sobre o assunto, *Hidden Hand*, as principais instituições financeiras no Ocidente, entre outras, competiram entre si pelos favores do PCC. Muitas vezes das formas mais corruptas e flagrantes. Nos anos 2000, por exemplo, o Deutsche Bank usou subornos

CHINA

e outras práticas corruptas para entrar no mercado chinês. E em 2009, o banco levou a melhor em uma negociação da qual também estava participando a J. P. Morgan porque estava contratando ativamente os "príncipes" do PCC. Entre aqueles contratados pelo banco estava Wang Xisha, filha de Wang Yang, na ocasião vice-primeiro-ministro e membro do Comitê Permanente do Politburo.[96] Em todo o Ocidente, a mesma história se desenrolou: da Nova Zelândia a Washington, D. C., o PCC vem comprando influências, grandes e pequenas. Desde fazer investimentos maciços em infraestrutura até conseguir que o Banco da China, administrado pelo governo, se tornasse o maior acionista individual da BHR Partners, criada por Hunter Biden e pelo enteado de John Kerry depois de Hunter ter acompanhado seu pai em uma viagem oficial a Pequim em 2013.[97] A China também comprou seu acesso a instituições de elite em todo o Ocidente. Universidades antigas, incluindo a Universidade de Cambridge, da Grã-Bretanha, ficaram felizes com o investimento chinês. Elas concederam às autoridades chinesas o direito de decidir o que deve e o que não deve ser estudado ou dito nas instituições e de suprimir as críticas ao regime generoso que está pagando os cheques.

O país sempre usou sua crescente influência financeira para flexionar seus músculos diplomáticos. Em 2012, no início de seu período como primeiro-ministro, David Cameron conheceu o dalai-lama durante a viagem do líder budista a Londres. Como o PCC tem um desacordo com o dalai-lama a respeito da questão do Tibete, ele reagiu rapidamente às notícias do encontro. O embaixador britânico na China foi imediatamente chamado para uma reunião e recebeu uma reprimenda. Após o incidente, o PCC anunciou que as relações com o Reino Unido haviam sido severamente prejudicadas. O investimento chinês, lógico, foi suspenso por um tempo. Uma viagem do presidente do PCC Wu Bangguo ao Reino Unido foi cancelada, e o PCC falou sobre como o povo chinês ficara "magoado" com a reunião.

O primeiro-ministro britânico, que ficou compreensivelmente assustado, logo em seguida anunciou que planejava nunca mais se encontrar com o dalai-lama. Então, o governo britânico emitiu um pedido formal de desculpas às autoridades chinesas pela ofensa causada. As relações comerciais normais foram, enfim, restauradas. Entretanto, o que mais me impressionou nesse caso foi um relato que recebi posteriormente sobre a primeira reunião entre autoridades britânicas e chinesas após o episódio. Uma fonte presente na reunião me disse que, antes de ela ter início, os funcionários do PCC passaram sobre a mesa uma cópia do pedido de desculpas britânico para seus colegas britânicos. Estes foram solicitados a se levantar e ler o documento em voz alta, o que fizeram, com obediência. Quando tornaram a se sentar, o principal funcionário chinês sorriu, dizendo: "Só queríamos saber se vocês estavam falando sério".

David Cameron certamente aprendeu a lição e pareceu ter descoberto onde passaram a estar o dinheiro e o poder. Um ano depois de deixar o cargo, foi anunciado que ele estava assumindo um papel de liderança em um novo fundo de investimento de um bilhão de dólares criado para promover e apoiar a Iniciativa do Cinturão e Rota da China. Um ex-primeiro-ministro britânico estava ajudando a China a desenvolver seu império. Histórias semelhantes podem ser encontradas em todos os círculos financeiros e políticos do Ocidente. Há alguns anos, uma das principais autoridades financeiras dos Estados Unidos tentava convencer um conhecido a investir em projetos de infraestrutura chineses. O empresário expressou dúvidas sobre a eficácia moral de investir em projetos do PCC e foi informado por seu colega americano: "Eles já venceram. Estou apenas tentando colocá-lo no lado certo dos registros".

Assim, a China, para todos os efeitos, não desperdiçou as últimas duas décadas. Ela se expandiu mais do que em qualquer momento anterior de sua história. Se houver algum país a ultrapassar os Estados Unidos como a superpotência global no próximo século, a China é a única candidata. Você pode ter imaginado, dada essa competição, que as pessoas podem ter atentado às comparações mais básicas. Se a ordem mundial liderada pelos americanos é tão terrível, como seria uma ordem mundial liderada pelo PCC? Se os Estados Unidos e outros países ocidentais são tão terríveis, então o único sistema alternativo provável seria melhor?

A pergunta poderá ser respondida a nós em breve. Hoje, a China tem uma população quatro ou cinco vezes maior que a dos Estados Unidos. Figuras proeminentes como Elon Musk previram que sua economia poderia atingir duas ou três vezes o tamanho da economia dos Estados Unidos em um futuro muito próximo. E isso enquanto ainda se espera que o PIB *per capita* na China seja muito menor do que nos Estados Unidos. Seria necessário apenas que o PIB *per capita* na China atingisse metade do PIB *per capita* nos Estados Unidos para que a economia chinesa fosse o dobro da dos Estados Unidos.

Portanto, a pergunta "comparado com o quê?" poderia ter sido relevante para se fazer no Ocidente nas últimas décadas. No entanto, muito poucas pessoas a fizeram – e uma delas é Clarissa Tan, uma colega minha que escreveu em 2014 sobre a questão do racismo chinês. Embora etnicamente chinesa, Clarissa vivera em Singapura por um tempo. Como ela mesma disse, lá ela havia sido uma "banana", ou seja, "amarela por fora, mas branca por dentro" – alguém que parece etnicamente chinesa, mas cujo pensamento era considerado "ocidental". Como Clarissa apontou, a Ásia está cheia de rótulos como esse, com os quais as pessoas são reduzidas, em termos étnicos, de maneiras raramente lisonjeiras. Os termos reservados aos estrangeiros e aos brancos em particular são especialmente feios. Entre eles estão: *"farang* na Tailândia, *gaijin* no Japão, *mat salleh* na Malásia, *gweilo* em Hong Kong". Este último é particularmente interessante. *Gwei* significa "fantasma", e o significado é literal – uma pessoa branca não é totalmente humana.

> De fato, em muitos dialetos chineses, o termo idiomático para qualquer estrangeiro, seja ele indiano, marfinense ou irlandês, contém o fantasmagórico "*gwei*"; apenas os chineses étnicos são constantemente referidos como "*ren*", que significa "pessoa". Em outras palavras, apenas os chineses de fato existem como pessoas de sangue puro.[98]

A sociedade chinesa também não tem o desejo ocidental de evitar a linguagem com viés racial. O racismo contra os negros continua arraigado e comum. E, como em qualquer lugar, o racismo no presente vem de um passado racista. Kang Youwei, um dos reformadores mais importantes da China do início do século xx, certa vez sugeriu a entrega de medalhas de "melhorador da raça" a pessoas brancas ou "amarelas" que estivessem dispostas a se casar com pessoas negras. Com o tempo, Youwei acreditava que isso "purificaria a humanidade". Além disso, aqueles que estavam dispostos a levar o "golpe" deveriam ser homenageados. Se o racismo demonstrado aos africanos na África por seus novos mestres chineses tem raízes, elas remontam a um passado remoto.

No entanto, por alguma razão, tudo isso é contabilizado em um lado totalmente diferente do livro de registros, um fato muito conveniente para o PCC. Ao mesmo tempo que o PCC tem se engajado ativamente nos mais terríveis abusos dos direitos humanos, está satisfeitíssimo por o Ocidente ter se distraído com um conjunto de auto-humilhações próprias. Enquanto o Ocidente estiver no negócio do masoquismo, sempre encontrará um sádico muito disposto em Pequim. No cenário nacional e internacional, a China está disposta a atingir o Ocidente – e os Estados Unidos, em particular – no que considera seu ponto fraco. E um desses pontos fracos é o racismo.

Considere o que aconteceu apenas algumas semanas após o início do governo Biden, em 2021. Linda Thomas-Greenfield, a recém-nomeada embaixadora dos Estados Unidos nas Nações Unidas, discursou na Reunião Comemorativa da Assembleia Geral da ONU para o Dia Internacional para a Eliminação da Discriminação Racial. Naquela ocasião, Thomas-Greenfield disse à Assembleia Geral que, por ser americana, ela vivera o racismo, experimentara o racismo e sobrevivera ao racismo.

A GUERRA CONTRA O OCIDENTE

Ela disse à Assembleia Geral da ONU que os Estados Unidos tinham um "pecado original": a escravidão. Entre outras mortes, a embaixadora dos Estados Unidos falou do "assassinato sem sentido de George Floyd". Ela falou da justiça do movimento BLM e da importância de desmantelar a "supremacia branca". E também discorreu sobre o "pico nos crimes de ódio nos últimos três anos". O "mais recente exemplo desse horror", ela afirmou para a Assembleia, foi "o tiroteio em massa em Atlanta".[99]

Vale a pena notar que, no momento em que Thomas-Greenfield disse isso à ONU, não havia evidências de que o tiroteio no spa de Atlanta (no qual oito pessoas, incluindo seis mulheres asiáticas, haviam sido mortas) tivesse algum componente racial. O suspeito sob custódia já havia passado um tempo em uma clínica, onde recebeu tratamento para vício em sexo. Mais tarde, ele alegou que o que fez não foi por razões relacionadas à raça. Entretanto, a Assembleia Geral da ONU ficou com a clara impressão de que esse era mais um tiroteio racista em massa nos Estados Unidos. Não contentes em serem racistas contra a população negra, os cidadãos dos Estados Unidos agora também se voltavam contra os americanos asiáticos.

Um mês depois, Thomas-Greenfield, ao falar à Rede de Ação Nacional, de Al Sharpton, relembrou com carinho seu discurso na Assembleia Geral e disse que queria mostrar à ONU que "vivenciara uma das maiores imperfeições dos Estados Unidos". Ela prosseguiu: "Vi como o pecado original da escravidão teceu a supremacia branca em nossos documentos e princípios fundadores". Ela também falou de seu orgulho pela decisão do novo governo de buscar a readmissão no Conselho de Direitos Humanos da ONU, dizendo que isso promoveria os valores dos Estados Unidos. Porém, ela conhecia os limites dessa abordagem. "É claro que, quando levantamos questões de equidade e justiça em escala global, é preciso abordá-las com humildade. Precisamos reconhecer que somos uma união imperfeita, e temos sido, desde o início." Ela disse aos participantes da conferência que os Estados Unidos precisavam "fazer o trabalho", como "não esquecer nosso passado ou ignorar nosso presente".[100]

Todavia, não ficou claro se os rivais dos Estados Unidos na ONU compartilhavam alguma visão estratégica ou moral da embaixadora Thomas-Greenfield. Perto do final de seu discurso, ela fez uma breve pausa em sua ladainha de racismo norte-americano para reconhecer que em Mianmar os rohingya "haviam sido oprimidos, abusados e mortos em números impressionantes". E observou que na China "o governo cometeu genocídio e crimes contra a humanidade, contra uigures e membros de outras minorias étnicas e religiosas em Xinjiang". Isso não caiu bem com a delegação chinesa na ONU. De fato, Dai Bing, o embaixador do país na ONU, respondeu rapidamente do plenário: "Em um caso excepcional, [minha colega americana na verdade] admitiu o histórico ignóbil de direitos humanos de seu país".

E assim, concluiu ele, "isso não confere a seu país a licença para ser arrogante e dizer a outros países o que fazer".

Um tom semelhante foi incutido na mesma época na primeira grande cúpula bilateral Estados Unidos-China envolvendo a nova administração norte-americana, realizada no Alasca em março de 2021. Naquela ocasião, diante das câmeras de televisão do mundo, Antony Blinken, chefe de Thomas-Greenfield e novo secretário de Estado dos Estados Unidos, expressou brevemente a seus colegas chineses com o mesmo cargo suas "profundas preocupações" com as ações da China em Xinjiang, Hong Kong, Taiwan, ataques cibernéticos aos Estados Unidos e a coerção econômica de aliados do país. Seu colega chinês, Yang Jiechi, ficou visivelmente furioso. Os Estados Unidos não tinham o direito de dar um sermão na China, explicou ele, em uma arenga de dezoito minutos. "Acho que exageramos ao ter os Estados Unidos em alta conta", afirmou Jiechi. "Os Estados Unidos não têm qualificação para dizer que querem falar com a China de uma posição de poder."

Acenando com a mão para mostrar raiva/desdém para seu colega, ele continuou: "Há muitos problemas nos Estados Unidos no que se refere aos direitos humanos". E estes "também são admitidos pelos próprios Estados Unidos". A China vinha progredindo em direitos humanos, disse ele, mas os Estados Unidos, não. "Esperamos que os Estados Unidos se saiam melhor na questão dos direitos humanos." Porém, ecoando as reivindicações dos próprios embaixadores dos Estados Unidos, Jiechi afirmou: "(…) os desafios enfrentados pelos Estados Unidos na área dos direitos humanos são profundos. Eles não surgiram apenas nos últimos quatro anos, como o BLM. Não surgiram recentemente".

Alertando os Estados Unidos para não interferirem nos "assuntos internos" da China, Jiechi falou a Blinken que muitos americanos "na verdade têm pouca confiança na democracia dos Estados Unidos" e que os Estados Unidos deveriam olhar para seus próprios problemas "em vez de desviar a culpa para outro".

Os porta-vozes do PCC agora consideram esta uma linha de ataque extremamente útil. Em meados de 2021, o Conselho de Direitos Humanos da ONU realizou uma sessão na qual os países em desenvolvimento denunciaram o racismo sistêmico e a discriminação racial. A alta comissária da ONU para os direitos humanos, Michelle Bachelet, disse que a negação da responsabilidade histórica por parte dos países que se beneficiaram do comércio transatlântico de escravos e do colonialismo é uma causa importante do racismo e da violência racial em curso. O porta-voz do Ministério das Relações Exteriores do PCC, Zhao Lijian, declarou à imprensa internacional que o mundo desenvolvido precisava fazer mais para combater a violência contra pessoas de ascendência africana e asiática. E Zhao Lijian pediu aos países ocidentais que resolvam esse problema:

> Solicitamos aos países ocidentais relevantes que respondam com sinceridade às preocupações da comunidade internacional, reflitam profundamente sobre si mesmos e tomem medidas concretas para abordar a questão do racismo sistêmico e da discriminação, não só para promover e proteger os direitos humanos em casa como também para contribuir para o desenvolvimento saudável da causa internacional dos direitos humanos.[101]

No entanto, enquanto o PCC pede essa introspecção no Ocidente, ele mesmo não a pratica. Na verdade, ao mesmo tempo que exige respostas sérias ao "racismo sistêmico e à discriminação racial" do Ocidente, ele apresenta um comportamento belicoso próprio. No mesmo mês em que fez essa exigência ao Ocidente, o PCC comemorava seu centésimo aniversário. Em uma cerimônia altamente encenada na Praça da Paz Celestial, diante de uma multidão de dezenas de milhares de cidadãos, Xi Jinping declarou que a ascensão da China se provaria uma "inevitabilidade histórica". Ele alertou que o país não seria mais "intimidado, oprimido ou subjugado" por potências estrangeiras, e a linguagem que ele usava era caracteristicamente marcial. Xi declarou: "Todos aqueles que se atreverem a tentar terão suas cabeças ensanguentadas esmagadas contra uma grande muralha de aço forjada por mais de 1,4 bilhão de chineses". A tradução oficial em inglês suavizou essa linguagem sanguinária na tentativa de enganar a mídia internacional. Entretanto, isso foi o que Xi disse às grandes multidões em Pequim.[102] O que, por si só, é um exemplo característico do discurso duplo do PCC. Na minha última visita à Praça da Paz Celestial, há uma década, os *slogans* em inglês que estavam sendo espalhados pela praça eram todos pacíficos. Aqueles que não foram traduzidos, mas transmitidos por toda a praça no idioma local, incluíam o *slogan* "Vida longa ao socialismo". Havia um limite para o que queriam que seus visitantes internacionais aprendessem sobre eles.

Porém, nada disso é novo. O PCC está apenas usando as fraquezas ocidentais como armas, da maneira como os regimes totalitários e concorrentes do Ocidente sempre operaram. Em 1936, na Rússia soviética, Grigori Aleksandrov e Isidor Simkov criaram um dos filmes mais populares da época – *O Circo*: a história de uma mulher branca que precisava fugir de sua cidade tacanha nos Estados Unidos, de onde os moradores literalmente a expulsam porque ela dera à luz um bebê inter-racial, com um pai negro. A mulher foge com o circo e acaba na Rússia Soviética. Enquanto os americanos no filme são retratados como intolerantes e racistas, o contraste com o

CHINA

grande povo soviético não poderia ser mais claro. De fato, quando o segredo "vergonhoso" da heroína é exposto no circo, na frente de uma plateia, todo o público russo protege o bebê. O filme termina com eles cantando uma grande canção de ninar para a criança, na qual todos os povos soviéticos são apresentados, mostrando que irão proteger esse bebezinho negro expulso pelos imperialistas americanos. Então, todos se reúnem, segurando o bebê nos braços, para participar de um grande desfile em homenagem ao camarada Stalin.

Não havia nada visivelmente menos racista na Rússia na década de 1930 do que havia nos Estados Unidos. Assim como não há nada menos racista na China na década de 2020 do que nos Estados Unidos. Muito pelo contrário. No entanto, é utilíssimo para a China hoje, como foi para os soviéticos outrora, encorajar a percepção dos Estados Unidos como singularmente racistas, e a da China como singularmente virtuosa. Há uma infinidade de razões pelas quais Pequim faz isso hoje como Moscou fez no passado. Isso permite que Pequim se safe de seus próprios abusos grotescos de direitos. Distrai a atenção ocidental. Sugere que o Ocidente não tem legitimidade moral para agir em lugar algum. E ajuda a propagar a alegação de que o Ocidente não fez coisas que todas as outras civilizações da história fizeram, mas que, em vez disso, sempre foi pior do que qualquer outra civilização, o que significa que o Ocidente é, hoje, singularmente desqualificado para emitir julgamentos morais. Tal afirmação, por si só, se baseia em dois pressupostos fundamentais, que se mostraram verdadeiros. Em primeiro lugar, ela parte da suposição de que o conhecimento da história ocidental dentro do Ocidente é singularmente deficiente: os ocidentais se tornaram cada vez mais inconscientes do que é verdade e do que não é sobre seu próprio passado. Em segundo lugar, baseia-se no pressuposto – também verdadeiro – de que quase ninguém no Ocidente tem conhecimento do que países como a China fizeram ao longo da história ou fazem atualmente.

Em outras palavras, o ataque à história do Ocidente é bem-sucedido porque fala em um vácuo de vasta ignorância histórica e contemporânea. Ele fala tanto para uma população dentro do Ocidente quanto fora dele, que está disposta a ver toda a história através de uma única lente. Se algo de ruim acontece no mundo, deve ser culpa do Ocidente, porque não há outra explicação legítima de como as coisas podem dar errado além de explicações envolvendo o Ocidente.

Além do analfabetismo histórico do antiocidentalismo de nossos dias, há algo mais acontecendo aqui. É um gigantesco pressuposto moral: a ideia de que ninguém no mundo pode fazer nada de errado a menos que o Ocidente o tenha obrigado a fazê-lo. Um pressuposto extraordinariamente errado.

Quando Robert Mugabe chegou ao poder no Zimbábue (antiga Rodésia), em 1980, a expectativa média de vida no país era de pouco menos de sessenta anos.

73

A GUERRA CONTRA O OCIDENTE

Após seu governo, ou melhor, desgoverno, do país, durante pouco mais de um quarto de século, a expectativa média de vida no Zimbábue caiu quase pela metade. Em 2006, o homem médio do Zimbábue poderia esperar viver até os 37 anos. Para as mulheres, a expectativa de vida caiu para 34 anos. A situação ficou tão ruim que a expectativa média de vida das mulheres do Zimbábue caiu dois anos em dois anos. Mugabe colocou seu povo em uma esteira que ficava mais curta a cada passo.

Histórias semelhantes aconteceram em todo o mundo. Seis décadas atrás, Uganda era um exportador líquido de alimentos. Na verdade, um dos celeiros da África. Nas décadas subsequentes à colonização, tornou-se um país falido, que lutava até para alimentar seu próprio povo. Outros países, como o Egito, viram os salários médios caírem a um nível mais baixo após o colonialismo do que durante a colonização. E isso sem o ajuste pela inflação, mas em termos salariais simples e práticos.

Existem várias explicações para situações como essa que podem ser usadas e repetidas em toda a África, em todo o Oriente Médio e em outros lugares. Essas explicações incluem má gestão grosseira por governos pós-coloniais, corrupção grotesca e autoenriquecimento da classe governante, que passou seus anos no cargo priorizando o desvio da riqueza do país para contas bancárias privadas na Suíça e em Liechtenstein. Por outro lado, há países que foram histórias de relativo sucesso. Mais de sete décadas após a independência, a Índia hoje é não apenas a democracia mais populosa do mundo como uma das principais economias globais. Embora a era do império perdure nesses países, em poucos ela continua sendo o fator importante para saber se um país foi capaz de ter sucesso ou fracasso. Alguns países tiveram sucesso após a independência. Alguns não conseguiram.

Naturalmente, os déspotas que empobreceram suas próprias nações têm uma razão clara para culpar o imperialismo por todos os males que atualmente as assolam. Porém, o único outro grupo a se juntar a eles é uma porção de pessoas do próprio Ocidente. Elas acreditam que a história do mundo é uma história de má conduta ocidental e inocência não ocidental. Além de ser uma história ofensivamente parcial, também é uma que não tem absolutamente nenhum sentido de perspectiva, global ou histórica. E há uma razão óbvia para isso. Para poder julgar o Ocidente, você precisaria conhecer pelo menos um pouco da história do restante. A única coisa sobre a qual as populações ocidentais modernas são mais ignorantes do que sua própria história é a história de outros povos fora do Ocidente. No entanto, tal conhecimento é sem dúvida um pré-requisito para se conseguir chegar a quaisquer julgamentos morais.

Uma pesquisa com jovens britânicos realizada em 2016 pela Survation descobriu que 50% deles nunca haviam ouvido falar de Lênin, ao passo que 70% não tinham ideia de quem era Mao. Entre os jovens de 16 a 24 anos que haviam crescido após a queda do Muro de Berlim, 41% nutriam sentimentos positivos pelo socialismo, e apenas 28% pelo capitalismo. Uma possível razão para isso: 68% afirmaram nunca ter aprendido nada na escola a respeito da Revolução Russa.[103]

Igual ignorância, se não maior, pode ser encontrada nos Estados Unidos. Em 2020, uma pesquisa descobriu que quase dois terços dos americanos entre 18 e 39 anos não tinham ideia de que 6 milhões de judeus haviam sido mortos durante o Holocausto. De acordo com o estudo, quase metade dos norte-americanos na faixa dos 20 e 30 anos não conseguia nomear um único campo de concentração ou gueto estabelecido pelos nazistas durante a Segunda Guerra Mundial. Cerca de um em cada oito jovens norte-americanos (12%) afirmou não ter ouvido falar do Holocausto ou achava que não tinha ouvido falar.[104] E isso é sobre o ponto de referência histórico mais amplamente usado, talvez em excesso, nas discussões históricas e atuais sobre política.

Vale a pena manter em mente números como esses à medida que vemos a próxima manifestação da guerra contra o Ocidente: o ataque à história ocidental.

Ao se afirmar que as populações ignoram a história do Ocidente, o que se esquece é que a maioria das pessoas é ignorante a respeito de quase tudo. Quando os críticos alegam que há algo sinistro no fato de sua área de interesse particular ser muito pouco conhecida, eles esquecem que a maioria dos jovens em todo o Ocidente nem sequer tem conhecimento sério sobre um dos maiores crimes da história. Portanto, este é um momento delicado, e também sombrio. Porque, quando você está falando em um grande vácuo de ignorância, aqueles com intenções malignas podem percorrer um longo caminho muito rápido. Eles podem dizer a seus ouvintes coisas em que estes simplesmente acreditarão e também aquilo que não devem questionar. E enquanto você fala em um vácuo de conhecimento, pode – se você tiver essa inclinação ideológica – reescrever completamente a história do Ocidente, desligando-a de qualquer compreensão adequada e, certamente, de qualquer contexto mais amplo. Tudo na esperança de persuadir os povos do Ocidente não de que eles eram melhores do que qualquer outro ou de que eram iguais a qualquer outro, mas de que eram maus de uma forma única e, portanto, piores do que todos os demais – de que a história do Ocidente é especialmente vergonhosa.

Essa é a principal razão pela qual, no curso de apenas duas gerações, a história do Ocidente foi inteiramente reescrita. E reescrita para dizer ao povo do Ocidente que sua história não é especialmente gloriosa, mas uma fonte de vergonha inimaginável. Os revisionistas antiocidentais têm comparecido em peso com seu exército nos últimos anos. Já está na hora de nós os revisarmos.

CAPÍTULO 2

HISTÓRIA

Em seu discurso racista em Yale em 2021, a dra. Aruna Khilanani fez muitas afirmações extraordinárias. E em uma entrevista na mesma época, fez muitas mais. Aqui está um pouco do que ela disse a Katie Herzog:

> **AK:** *As pessoas de cor, inclusive eu, sofrem por serem posicionadas no mundo, psicologicamente, e com tudo o que isso implica: violência etc. Os brancos, por sua vez, sofrem de problemas que se originam em sua própria mente. Sofrem com confiança, com intimidade, com proximidade, vergonha, culpa, ansiedade. Eles sofrem com suas mentes. Não me entenda mal: pessoas de cor também são neuróticas e têm suas próprias atribulações e altos e baixos. Mas há uma questão fundamental, que acho que é muito exclusiva do sofrimento branco, e creio que seja a própria mente.*

> **KH:** Qual seria a causa disso, de acordo com o seu entendimento?

> **AK:** *Imagino que seja o colonialismo. Essa história. Se você mentir esse tanto para si mesmo, isso terá um efeito em sua mente. Não tem como não ter.*[105]

Essa pode ser uma maneira caracteristicamente extrema de expor a situação. Entretanto, não é raro ver alguém afirmar que, em toda a história humana, há algo especialmente mau nos brancos.

Nos últimos anos, tornou-se totalmente comum afirmar que os brancos são, de alguma forma, perturbados por sua história. E é uma jogada interessante para os críticos do Ocidente fazerem. Porque demonstra a necessidade de derrubar o que esses críticos veem como as principais correntes do ensino de história no Ocidente. Esses críticos têm uma visão extraordinária do que é ensinado nas escolas ocidentais. Eles acreditam que os jovens de hoje aprendem o jingoísmo unilateral e a

HISTÓRIA

propaganda nacionalista. Eles creem que os ocidentais são singularmente ignorantes sobre sua própria história e sobre outros povos também. Na visão deles, passamos a última geração escondendo as partes obscuras de nosso passado. No entanto, nada poderia estar mais longe da verdade.

Por exemplo: é uma afirmação constante por parte de ativistas raciais no Reino Unido que os alunos britânicos são ignorantes sobre o legado do império em suas escolas. A afirmação está comprovadamente errada. O Currículo Nacional na Inglaterra e no País de Gales determina o que deve ser ensinado a alunos do ensino fundamental e médio no Reino Unido. O aprendizado sobre o Império Britânico é uma área de estudo estatutária para o Key Stage 3. Áreas de estudo não estatutárias incluem o comércio transatlântico de escravos e a independência da Índia. Embora os críticos às vezes afirmem que o fato de essas áreas não serem estatutárias significa que são consideradas sem importância, ou que estão, de alguma forma, "ocultas", a alegação não faz sentido. Outras áreas de estudo não estatutário nas escolas inglesas incluem a Magna Carta, a Guerra das Rosas, o Iluminismo e as duas guerras mundiais. Na verdade, as crianças em idade escolar na Inglaterra recebem tanta educação sobre a história do império quanto sobre 1066. E, quando elas escolhem quais pessoas famosas da história estudar no Key Stage 1, o punhado de figuras sugeridas inclui Mary Seacole e Rosa Parks.

Nos Estados Unidos, acontece o mesmo. Afirma-se constantemente que os americanos ignoram a história da escravidão. Nada poderia estar mais longe da verdade. Li todos os exames de Colocação Avançada usados em escolas de ensino médio nos Estados Unidos nos últimos anos. Esse é o exame de história usado no final do ensino médio. Nesses exames, temas relacionados à escravidão, colonialismo e raça e outros tópicos relacionados a direitos constituem cerca de metade de todos os assuntos abordados. Das 48 perguntas do exame de 2021, oito tratavam exclusivamente de questões raciais; outras quatro, de questões raciais relacionadas; e outras quatro, de questões econômicas de um ponto de vista que é conhecido por quem entende a crítica marxista ao capitalismo. As perguntas cobriram todas as principais questões relacionadas à raça na história americana, desde a chegada dos colonos até a Reconstrução, o movimento pelos direitos civis e os efeitos do racismo nos dias atuais.

Apesar de as crianças em idade escolar no Ocidente serem criadas com uma dieta dos pecados de seus antepassados, outra narrativa se espalhou por aí. Trata-se da afirmação – uma afirmação que ignora todas as evidências reais – que insiste que toda a nossa história é um branqueamento pró-ocidental. E que, portanto, cabe a qualquer pessoa comprometida com a justiça derrubar essa narrativa. Dessa maneira, assim como as realidades da raça no Ocidente moderno são submetidas a essa projeção distorcida, a realidade de como nossa história é ensinada hoje e de como nossa história realmente era é submetida a um efeito de distorção idêntico. O esforço para fazer isso está acontecendo agora, nos níveis mais altos imagináveis.

"REFORMULANDO" NOSSA HISTÓRIA

Nos últimos anos, houve muitos esforços para reescrever a história do Ocidente. Entretanto, poucos foram tão destacados ou tão pronunciados em sua intenção quanto um projeto que o *The New York Times* lançou em agosto de 2019. "O Projeto 1619" poderia ter sido lançado por um sem-número de instituições (como uma universidade). Porém, o fato de ele ter sido lançado por um jornal – e um que às vezes ainda é chamado de jornal de referência – é altamente incomum, pois o projeto não era uma reportagem. Era uma tentativa de reformular e reescrever a história fundadora dos Estados Unidos. Isso não foi dito pelos críticos, mas pelos próprios idealizadores do projeto.

O projeto foi lançado com uma edição especial de cem páginas na revista de domingo. Em sua obra introdutória (pela qual ela mais tarde ganhou um Prêmio Pulitzer), Nikole Hannah-Jones fez uma afirmação ousada: a data da chegada dos primeiros escravos ao continente deveria ser considerada a verdadeira data de fundação dos Estados Unidos. O parágrafo inicial diz: "O Projeto 1619 é uma grande iniciativa do *The New York Times* em comemoração ao quarto centenário do início da escravidão norte-americana. O objetivo é ressignificar a história do país, entendendo 1619 como nossa verdadeira fundação e colocando as consequências da escravidão e as contribuições dos negros norte-americanos no centro de nossa narrativa nacional".

Hannah-Jones, que é uma repórter e não uma historiadora, repetidamente afirmou que 1619 foi "nossa verdadeira fundação". Em janeiro de 2020, em Ann Arbor, ela disse a uma plateia que "nossa verdadeira fundação é 1619, não 1776".[106] E em uma conversa dela com Jake Silverstein (editor-chefe da *The New York Times Magazine*), dois meses após o lançamento do projeto, Silverstein disse:

> Nós meio que propusemos a ideia de várias maneiras de que, se você considerar 1619 como a data de fundação do país, em vez de 1776, isso simplesmente muda sua compreensão, e chamamos isso de reformulação da história americana – como se você estivesse movendo todo o cenário para um novo ponto central.[107]

HISTÓRIA

Como era de se esperar, essa declaração causou uma certa resistência. E, em resposta, várias coisas estranhas aconteceram.

No período de um ano depois do lançamento do projeto, a própria Hannah-Jones alegou que nunca dissera aquilo que vinha dizendo desde o início. "O Projeto 1619 não argumenta que 1619 é nossa verdadeira fundação", afirmou. Embora se pudesse notar que sua imagem de capa no Twitter ainda tinha uma foto de 1776 com essa data riscada e substituída por 1619. Ainda assim, ela insistiu que as únicas pessoas que fizeram essa afirmação sobre os objetivos de seu projeto eram "de direita".[108]

No entanto, lá estava ela. Ou estivera. À medida que a controvérsia crescia, o *The New York Times* editava silenciosamente as páginas da web em questão para que essa afirmação especialmente incendiária não aparecesse mais nelas. As palavras "compreendendo 1619 como nossa verdadeira fundação" foram discretamente removidas. E depois de terem feito uma certa limpeza, os editores do jornal passaram a fingir que nunca haviam dito as palavras que de fato haviam dito; ou que o significado que deram às palavras ao usarem-nas era diferente do significado usual delas. Jake Silverstein, por exemplo, escreveu que o projeto tentava explicar uma "ideia bastante complexa" e que, quando eles afirmaram que 1619 era a verdadeira data de fundação dos Estados Unidos, na verdade pretendiam que fosse uma "metáfora". Em um ato generoso de autoelogio, ele observou que alguns críticos tinham dito que essa metáfora oferecia "uma visão mais clara" da história americana do que estava disponível anteriormente.[109]

Então, Silverstein fez uma pequena mudança por conta própria. Em seu ensaio introdutório, publicado em agosto de 2019, ele havia escrito:

> 1619. Esse não é um ano que a maioria dos norte-americanos conhece como uma data notável na história de nosso país. Aqueles que o fazem são, no máximo, uma pequena fração daqueles que podem lhe dizer que 1776 é o ano do nascimento de nossa nação. E se, no entanto, disséssemos a você que esse fato, que é ensinado em nossas escolas e celebrado unanimemente todo 4 de julho, está errado, e que a verdadeira data de nascimento do país, o momento em que suas contradições definidoras vieram ao mundo pela primeira vez, foi o final de agosto de 1619?

Em pouco tempo, a versão *on-line* disso também foi silenciosamente editada. Especificamente, as palavras "esse fato, que é ensinado em nossas escolas e celebrado unanimemente todo 4 de julho, está errado, e que a verdadeira data de nascimento do país" foram excluídas. Talvez Silverstein tenha se perguntado por um momento se deveria fingir que os dizeres "está errado" também eram uma metáfora muito brilhante, elogiada por muitos críticos. Em vez disso, ele recorreu a outro expediente: alegar que as mudanças no texto eram "pequenas a ponto de serem irrelevantes".[110]

Na verdade, é difícil pensar em algo que possa ser mais relevante do que a questão de quando um país – especificamente, o país mais poderoso do mundo – foi fundado. Os editores do *The New York Times* deveriam ter esperado que qualquer ideia envolvendo o Projeto 1619 fosse alvo de disputa, porque ele era mais do que uma reformulação ou reescrita – ele era uma transposição deliberada da história americana para um tom menor. A mudança da data de fundação não foi apenas para provar que tudo o que tornava os Estados Unidos excepcionais, incluindo seu poder econômico e industrial e seu sistema de democracia, saíra da escravidão. Pretendia-se formalizar a ideia de que os Estados Unidos haviam sido fundados a partir de um pecado original. Ela buscava transformar uma história de heroísmo e glória em uma de opressão e vergonha. Talvez os autores desse projeto não esperassem receber tanta atenção ou não imaginassem que dominariam o discurso da nação em uma velocidade tão extraordinária. Entretanto, foi isso o que aconteceu.

Na memória de muita gente, a história dos Estados Unidos tinha sido um grande salto para a liberdade gloriosa, liderada por alguns dos homens mais notáveis de sua época ou de qualquer outra. Agora, em vez disso, a história norte-americana estava enraizada em um crime que, ao que tudo indicava, nunca poderia ser atenuado. Se os autores acharam que iriam se safar dessa sem oposição, enganaram-se redondamente. Entretanto, dada a audácia de seus esforços, eles poderiam ter tentado ser um pouco mais cuidadosos com suas alegações. Porque o trabalho em questão foi tão mal feito que nem sequer tentou esconder seus objetivos exclusivamente políticos. Um estudo histórico dos muitos aspectos difíceis da história norte-americana pode ser facilmente reconhecido. Ele buscaria levar em consideração conjunturas complexas. Ele examinaria os indivíduos não pelo prisma de uma única frase ou ação, mas por meio de uma compreensão do que eles fizeram ao longo de suas vidas. Ele levaria em conta circunstâncias da época, o que outros países e culturas estavam fazendo naquele momento, e muito, muito mais.

Claramente, Hannah-Jones e seus colegas não tinham desejo de fazer isso e não seriam qualificados para a tarefa, mesmo que tivessem aspirado a ela. Por exemplo, em seu ensaio introdutório, Hannah-Jones afirmou que uma das principais razões pelas quais os colonos queriam a independência da Grã-Bretanha era que "eles desejavam proteger a instituição da escravidão". Ela cita duas evidências (de 1772 e 1775) para justificar essa afirmação. A primeira delas foi o caso jurídico

HISTÓRIA

britânico *Somerset vs. Stewart*. Entretanto, é bastante bizarro fingir que um caso legal britânico, que não afetou os Estados Unidos, foi uma das principais razões para a independência dos Estados Unidos. Ainda mais estranho era fazê-lo presumindo que as razões para a independência, conforme expressas na Declaração de Independência, não eram importantes. Até hoje, os motivos para a independência apresentados nesse documento haviam sido considerados, no mínimo, sugestivos. Para o Projeto 1619, eles não eram. Assim, seu time de craques decidiu ignorar o registro histórico e vasculhar o território em busca de qualquer coisa que pudesse estar de acordo com sua própria teoria predeterminada.

Pior ainda entre os ensaios de abertura do projeto do jornal foi um trabalho do sociólogo Matthew Desmond. Talvez fosse inevitável que um sociólogo, tentando escrever história, cometesse tantos erros históricos quanto Desmond. Porém, ainda mais inevitável era ele ter usado sua contribuição para atacar o capitalismo. Como dizia a manchete: "Para entender a brutalidade do capitalismo americano você tem que começar a criticar o *plantation*".[111] O trabalho que se seguiu tentou, ineptamente, manchar o capitalismo como um todo, alegando que suas fontes estavam na escravidão. Por exemplo, a certa altura, Desmond tentou traçar uma linha clara de associação entre as corporações modernas e as fazendas escravagistas. Vou explicar como ele fez isso.

Tudo nas corporações modernas, escreveu Desmond, é "rastreado, registrado e analisado por meio de sistemas de notificação vertical, manutenção de registros de dupla entrada e quantificação precisa". De acordo com Desmond: "(...) muitas dessas técnicas, que agora damos como certas, foram desenvolvidas por, e para, grandes *plantations*". Para dizer de forma educada, esse é um argumento descontroladamente ignorante. Desmond não oferece nenhuma evidência de ter sido nas plantações que essas técnicas se originaram, e isso é porque não há tal evidência. Se o anticapitalista contratado pelo *The New York Times* tivesse um alcance histórico mais amplo e um ponto de vista anticapitalista menos dogmático, ele poderia ter notado algo mais: muitas empresas de sucesso ao longo da história compartilham os atributos descritos por ele.

Afinal, é possível que haja uma razão pela qual um sistema em que as coisas são "rastreadas, registradas e analisadas" possa funcionar melhor do que um sistema em que as coisas são (por exemplo) "perdidas, ignoradas e esquecidas"?

Até então, o vento estava a favor de Desmond. Sua crítica anticapitalista continuou: "Quando um gerente de nível médio passa uma tarde preenchendo linhas e colunas em uma planilha de Excel, está repetindo procedimentos de negócios cujas raízes remontam aos campos de trabalho escravo". De fato, tal caminho precisaria ser muito longo e muito sinuoso. Pode-se dizer que o gerente de nível médio também

A GUERRA CONTRA O OCIDENTE

está fazendo algo que guarda-livros cuidadosos fizeram ao longo da história, desde o Egito faraônico e os sumérios da Mesopotâmia (nenhum deles branco). Vez ou outra, o autor de 1619 tenta convocar alguém que apoie suas afirmações. Praticamente a única pessoa que ele conseguiu localizar foi Caitlin Rosenthal, autora de um livro de 2018 sobre escravidão. Desmond a cita em sua defesa, mas não nota o que sua própria fonte diz: "Não encontrei um caminho simples indicando que as planilhas de papel dos senhores de escravos evoluíram para o Microsoft Excel".[112] Ou seja, Desmond cita uma fonte que afirma o oposto do que ele argumenta para justificar seu caso. Em outros lugares, ele interpreta mal suas fontes, cita erroneamente as estatísticas e deixa de notar um fato central: o sistema de *plantation* não era um sistema capitalista. Era feudal.[113] Entretanto, aqueles que odeiam o Ocidente sempre odeiam o capitalismo ocidental. Além disso, sempre estão dispostos a elogiar qualquer outro sistema econômico ou fechar os olhos para as suas falhas desde que possam retratar o capitalismo de livre mercado como, simplesmente, mais um braço do colonialismo e da opressão ocidentais.

Parece que a tarefa de Desmond era simples: manchar o sistema capitalista. Hannah-Jones e o *The New York Times* desejavam retratar tudo na vida norte-americana como tendo nascido no pecado original da escravidão, e Matthew Desmond foi contratado tão somente para fazer o trabalho de atacar o capitalismo. Entretanto, todo o resto do projeto era do mesmo modo assertivo e igualmente mal-informado. De acordo com Hannah-Jones, os Estados Unidos não eram nem mesmo uma democracia "até que os negros americanos os tornassem uma".[114] Esse é o tipo de afirmação que se pode fazer em um comício, mas que não costuma aparecer associado a um projeto histórico – mesmo um projeto historicamente revisionista publicado por um jornal.

Compreensivelmente, tudo isso acabou se tornando demais para alguns historiadores reais nos campos relevantes. Vários dos principais estudiosos da história norte-americana (Sean Wilentz, James McPherson, Gordon Wood, Victoria Bynum e James Oakes) escreveram ao *The New York Times* para se opor ao projeto. Embora aplaudissem todos os esforços para examinar a história, eles reclamaram que, em "questões de fato verificáveis", que "não podem ser descritas como interpretação, ou 'enquadramento'", o projeto errara severamente em sua história. Os historiadores disseram que o Projeto 1619 refletia "uma substituição da compreensão histórica pela ideologia".[115]

As correções ao Projeto 1619 começaram a surgir de todos os lados políticos. Em entrevista a um site socialista, James Oakes, da Universidade da Cidade de Nova York, fez uma reclamação interessante a respeito do projeto da esquerda política. Ele reclamou que o pior da propaganda do projeto era que levava à paralisia política:

HISTÓRIA

"Sempre esteve aqui. Não há nada que possamos fazer para sair disso. Se estiver no DNA, não há nada que se possa fazer. O que você faz? Altera seu DNA?".[116]

Assim como objeções morais, erros e resumos desonestos no Projeto 1619 continuaram sendo identificados. Ainda assim, o *The New York Times* o manteve. Muito havia sido investido nisso. O jornal de referência decidira que iria mudar os registros, independentemente da concordância dos historiadores e do respaldo dos fatos.

Isso não era jornalismo, nem história, mas uma campanha política.

Incapaz de responder a qualquer das críticas às falhas históricas básicas de seu projeto, Hannah-Jones recuou usando duas táticas. Uma delas foi atacar. No Twitter, ela ridicularizou "historiadores brancos" e deu um "rindo muito" para a ideia de que eles produzem "história verdadeiramente objetiva". Quando alguém descreveu McPherson como um historiador "proeminente" da Guerra Civil, ela respondeu: "Quem o considera proeminente? Eu, não".[117] Depois disso, ela optou pela manobra "estou magoada": reclamou que não fora contatada por nenhum dos acadêmicos em particular e insistiu que, caso tivesse sido, teria levado suas "preocupações muito a sério". Em vez disso, disse ela, foi feita "uma espécie de campanha" para que as pessoas assinassem "uma carta que tentava realmente desacreditar todo o projeto sem ter havido uma conversa".[118] Por essa lógica, é claro, pode-se dizer que todos os norte-americanos deveriam se sentir magoados, porque Nikole Hannah-Jones reescrevera a data de nascimento de seu país e vinha tentando reescrever toda a história da nação, e o fizera sem realmente entrar em contato com ninguém antes. Muito menos qualquer um que soubesse do que estava falando.

Entretanto, o mais interessante que aconteceu com o Projeto 1619 foi quando ele passou da página para a rua. Em junho de 2020, quando protestos e tumultos se seguiram ao assassinato de George Floyd, o *The New York Post* publicou um artigo de opinião, dizendo: "Os Estados Unidos estão em chamas". Ele descreveu como os desordeiros já haviam incendiado delegacias de polícia e restaurantes, saqueado lojas em todo o país, e agora estavam indo atrás de estátuas, incluindo a de George Washington, que acabara de ser demolida no Oregon. "Chame-os de motins de 1619", escreveu o autor.[119] Ao ver isso, Hannah-Jones foi às redes sociais para aceitar o elogio. Chamá-los de motins de 1619? "Seria uma honra", ela afirmou, enquanto o país queimava. "Obrigada."[120]

OS MOTINS DE 1619

Assim como é impressionante a rapidez com que ideias obscuras podem sair da academia, também é impressionante a rapidez com que ideias fomentadas pela mídia podem chegar às ruas. Na época do surgimento do Projeto 1619, os Estados Unidos estavam claramente maduros para uma reformulação feita por aqueles que se opunham a quase todos os aspectos de sua fundação. Em 2020, uma pesquisa mostrou que naquele ano 70% dos autoidentificados "liberais" queriam reescrever a Constituição dos Estados Unidos: "(…) [transformando-a em uma] que refletisse melhor nossa diversidade como povo".[121] Princípios básicos da história norte-americana com os quais a direita e a esquerda haviam concordado até então e que durante gerações uniram norte-americanos de todas as origens de repente passaram a ser assuntos de desacordo fundamental. Em nenhum lugar isso ficou mais claro ou foi mais visceral do que na onda de derrubada de estátuas que explodiu a partir da metade de 2020. Pois em pouco tempo esse movimento mudou o foco de sua atenção de figuras contestadas da história norte-americana para todas as grandes figuras no coração do experimento norte-americano, dos fundadores em diante.

Começou nas fronteiras disputadas com os confederados. Nos dias que se seguiram à morte de George Floyd, a cidade de Birmingham, Alabama, removeu um monumento confederado erguido 115 anos antes. Em Alexandria, Virgínia, as autoridades removeram a estátua de Appomattox, erguida pelas Filhas Unidas da Confederação em 1889. Em todo o país, ações semelhantes ocorreram. A Universidade do Alabama anunciou que removeria várias placas dedicadas aos soldados confederados que haviam frequentado a instituição. Em Jacksonville, Flórida, depois que uma estátua confederada que celebrava a Infantaria Ligeira de Jacksonville foi vandalizada, uma equipe com guindastes apareceu durante as primeiras horas da manhã e a desmontou. Não houve muitas objeções a tudo isso. Poucas pessoas desejavam defender a manutenção das estátuas confederadas. E menos ainda desejavam fazê-lo logo após um assassinato horrível, aparentemente racista. Entretanto, as autoridades e multidões que começaram nas estátuas confederadas logo tiveram muita dificuldade em saber em que ponto sua iconoclastia deveria parar.

As estátuas de Cristóvão Colombo foram o principal foco de sua ira. Porém, não foi a primeira vez que o explorador esteve na mira de ativistas antiocidentais. No decorrer das décadas de 1990 e 2000, houve irrupções de sentimentos contra Colombo nos Estados Unidos. Entretanto, tudo isso aumentou em 2020, com estátuas de Colombo sendo danificadas e derrubadas em todo o país. Durante a grande fúria iconoclasta daquele ano, estátuas de Colombo foram derrubadas por multidões ou removidas preventivamente pelas autoridades em Chicago, Pittsburgh, Boston, Minnesota, Virgínia e dezenas de outros lugares nos Estados Unidos.

HISTÓRIA

À medida que os dias passavam e as multidões procuravam mais e mais vítimas de pedra, elas se aproximavam cada vez mais dos lugares sagrados da história americana. Menos de um mês após a morte de George Floyd, uma multidão no nordeste de Portland derrubou uma estátua de George Washington e a grafitou com as palavras "Você está em terra nativa" e "Colono genocida". Essas pessoas também a marcaram com as letras "BLM", além da data "1619". Naquela ocasião, o bando também incendiou a cabeça da estátua, cobriu-a com uma bandeira americana, depois ateou fogo nela também. Durante o mesmo período, uma turba derrubou uma estátua de Thomas Jefferson do lado de fora de uma escola com seu nome, registrou nela as palavras "dono de escravos" com spray e escreveu o nome de George Floyd.

Logo foi a vez de George Washington de novo, com uma estátua dele sendo coberta de tinta vermelha e em seguida demolida, no centro de Los Angeles. Em San Francisco, o alvo foi Ulysses S. Grant – um agrupamento atacou o monumento ao presidente que liderou os exércitos da União na derrota da Confederação. Nessa fase, parecia que toda a história norte-americana estava na mira. A estátua do padre Junípero Serra, missionário espanhol, logo foi derrubada em Los Angeles, assim como a de Francis Scott Key, o letrista de *The Star-Spangled Banner*, o hino nacional dos Estados Unidos.

A destruição em algumas cidades foi tão abrangente que as autoridades iam freneticamente removendo estátuas para tentar se antecipar às multidões. Após ataques a estátuas de Abraham Lincoln em outras partes do país, as autoridades de Boston anunciaram que iriam desmontar e remover a estátua dele com um escravo liberto que ficava na Park Square. Ao passo que na Universidade Hofstra, em Nova York, as autoridades da universidade deslocaram no *campus* uma estátua de Thomas Jefferson em resposta a um movimento "Fora, Jefferson". Em 2018, as autoridades da universidade rejeitaram os pedidos dos estudantes para que Jefferson fosse removido. Entretanto, pouco mais de um mês após a morte de George Floyd, as autoridades o tiraram de lá por vontade própria.

Um dos estudantes por trás da campanha para remover Jefferson disse que a remoção e a realocação da estátua não eram suficientes. Porém, pelo menos impediria que seus pais passassem "noites em claro com a preocupação de que sua filha mais velha viesse a ser linchada por grupos de brancos supremacistas validados pela decisão de Hofstra de não remover a escultura".[122]

Parecia, naquele momento, que a história norte-americana vinha sendo completamente apagada. Estátuas de confederados estavam caindo, mas também as de líderes da União. Pessoas que possuíam escravos estavam caindo, assim como aqueles que nunca haviam tido um escravo. As estátuas daqueles que eram a favor da escravidão estavam caindo, mas também as de homens como George Washington, que veio a se opor à escravidão e libertou seus escravos. E não foram apenas os fundadores: quase todos que vieram depois deles receberam idêntico tratamento. Em Princeton, a Woodrow Wilson School of Public and International Affairs anunciou que retiraria Woodrow Wilson de seu nome. Até então, Wilson era mais conhecido por seu plano de paz para a Europa no final da Primeira Guerra Mundial e por ser o instigador por trás da criação da Liga das Nações. Todavia, agora, como todo mundo, ele era acusado de "pensamento racista". Então, a universidade onde ele estudara e fora reitor antes de chegar a um cargo superior decidiu que não havia mais uso para seu nome. A morte de George Floyd foi oferecida como explicação para acelerar um exercício consultivo que vinha acontecendo fazia alguns anos.

Uma nova maneira de pensar e olhar para os Estados Unidos se espalhara pelo país. Tanto que o então presidente decidiu fazer um discurso no Monte Rushmore tentando restabelecer a narrativa norte-americana. E sem dúvida aproximá-la de si mesmo antes de uma eleição. Porém, de certa forma, o que mais chamou a atenção no discurso do presidente Trump no Monte Rushmore no fim de semana do Dia da Independência de 2020 não foi nada que ele mesmo tenha dito ao discorrer sobre as realizações de Washington, Jefferson, Lincoln e Theodore Roosevelt, que estavam no rochedo atrás dele.

O mais impressionante foi o que a correspondente da CNN disse quando a rede foi ao vivo para o Monte Rushmore, antes do discurso. Aqui está como Leyla Santiago descreveu os eventos que se seguiram: "Abrindo o fim de semana do Dia da Independência, o presidente Trump virá ao Monte Rushmore, onde estará em frente a um monumento de dois proprietários de escravos e em terras roubadas dos nativos americanos". Ela passou a relatar que o presidente deveria se concentrar nos esforços para "destruir a história de nosso país". Santiago parecia não perceber que suas próprias palavras eram, no mínimo, tão sugestivas quanto qualquer coisa que o presidente Trump tivesse a dizer.

Mesmo alguns anos antes, teria sido inconcebível que um âncora de uma das principais emissoras usasse uma linguagem inteiramente inspirada nas figuras mais radicais e revisionistas dos Estados Unidos. Se o Monte Rushmore é "roubado", então o que é o resto do país? Antes da era moderna, toda a história de nossa espécie foi de ocupação e conquista. Um grupo de povos originários era substituído por outro grupo de outros povos. E alguém fora do continente americano sempre iria "descobrir" a América.

O que exatamente Colombo e os europeus subsequentes deveriam ter feito após a descoberta deles? Voltado para casa e dito que não havia nada para ver? Eles deveriam ter guardado sua conquista para si mesmos, esperado que outros a encontrassem ou declarado a América um lugar sem potencial? A conclusão inelutável

HISTÓRIA

dessa narrativa é que teria sido melhor se Colombo nunca houvesse descoberto a América. Ou que teria sido melhor se ela tivesse sido descoberta e colonizada por alguma civilização mais adequada. Como os chineses ou os japoneses. Todavia, essas noções não são apenas anti-históricas. Nesta fase, elas também são completamente autodestrutivas. Pois se a terra em que você está é simplesmente roubada, os pais fundadores não passavam de "proprietários de escravos", a constituição precisa ser reescrita e nenhuma figura em sua história merece respeito algum, então o que, exatamente, mantém esse grande projeto de um quarto de milênio que são os Estados Unidos?

NADA DISSO É NOVIDADE

Em um período de iconoclastia tão intensa, é fácil pensar que o atual momento antiocidental surgiu do nada. Na verdade, ele vem borbulhando há décadas. Para ser exato, desde o período pós-colonial, quando as potências europeias estavam em retirada e os Estados Unidos lidavam com o problema de como ser uma superpotência sem adquirir um império.

Ao longo desse período, talvez fosse inevitável que uma certa atitude antiocidental avançasse. O período pós-colonial teve vários começos. Em alguns lugares, a retirada foi tranquila; em outros, abria vácuos que consumiam tudo nas redondezas. Entretanto, onde quer que fosse, à medida que o Ocidente recuava, o antiocidentalismo avançava. Uma correção era devida. Porém, em pouco tempo essa correção se tornou uma supercorreção. Aqueles nas ex-colônias que elogiavam ou imitavam aspectos da era colonial de repente se tornaram párias. E no próprio Ocidente o pêndulo também balançou. Antes, muitos pensavam que o Ocidente não podia fazer nada de errado; e então o Ocidente entrou em outra era, na qual se tornou perigoso admitir que ele já havia feito algo certo.

Para a surpresa de ninguém, isso foi estimulado e encorajado por intelectuais. Especificamente por aqueles que, embora não estivessem dispostos a perder uma gota do próprio sangue, pareciam interessados em derramar uma quantidade de sangue considerável de outras pessoas.

Uma dessas figuras foi Jean-Paul Sartre, que no início de 1963 escreveu o prefácio de uma obra póstuma de Frantz Fanon, anticolonialista nascido na Martinica. Desde a primeira página, Sartre zombou das potências ocidentais por seus esforços para criar uma elite nativa nos países que já haviam governado. Sartre afirmou que o Ocidente imbuíra essas pessoas com "os princípios da cultura ocidental", incluindo "grandes palavras pegajosas que grudavam nos dentes", levando os nativos a serem "mandados para casa, caiados de branco". Segundo Sartre, essas pessoas haviam se tornado "mentiras ambulantes".[123]

Para Sartre, Fanon, ao contrário, oferecia outro caminho – "socialismo revolucionário, todos juntos, em todos os lugares".

Assim, Sartre afirmou, corretamente, que Fanon coloca seus leitores "em alerta" contra a "cultura ocidental". E tudo isso era admirável aos olhos de Sartre, pois ele afirmava acreditar que "a única cultura verdadeira é a da revolução".[124]

Sartre fala sobre pessoas "que são muito ocidentalizadas" e absorveram a "feitiçaria" da cultura ocidental.[125] E ele parece quase ofegante de ansiedade com a perspectiva de conflito que está por vir. "No passado, fizemos história", escreve ele, "e, agora, ela está sendo feita de nós. A relação de forças foi invertida; a descolonização começou; tudo o que nossos soldados contratados podem fazer é atrasar sua conclusão."[126]

O homem para quem Sartre ergueu a cortina era igualmente vingativo. Fanon, que foi uma grande figura em sua época e continua sendo muito citado por autores anticolonialistas, afirmou que quando "o nativo" ouve sobre a cultura ocidental, "ele desembainha sua faca" e "ri zombeteiro quando os valores ocidentais são mencionados". Ele escreveu: "(...) no período da descolonização, as massas colonizadas zombam desses mesmos valores, insultam-nos e vomitam neles".[127] Ao ler Fanon agora, é de impressionar o quanto se construiu, ao longo das décadas seguintes, em cima de afirmações feitas por ele na década de 1960. Por exemplo, ele escreveu que "a riqueza dos países imperiais é também a nossa riqueza (...) a Europa é, literalmente, a criação do Terceiro Mundo". Segundo Fanon, as docas de Bordeaux e Liverpool devem sua fama apenas ao tráfico de escravos e, portanto, "quando ouvimos o chefe de um Estado europeu declarar, com a mão no coração, que deve ajudar os pobres povos subdesenvolvidos, não trememos de gratidão. Muito pelo contrário. Dizemos a nós mesmos: 'É uma reparação justa que nos será paga'". Para aqueles dos países subdesenvolvidos, todos esses pagamentos são "devidos". As "potências capitalistas (...) devem pagar".[128]

Da mesma forma, em argumentos que logo se tornariam conhecidos, Fanon condenou toda a burguesia ocidental como "fundamentalmente racista".[129] Entretanto, ele também temia a potência das ideias exportadas pelo Ocidente. Por causa da importação de filmes ocidentais, literatura e muito mais, Fanon se preocupava que "os jovens africanos estivessem à mercê dos vários ataques feitos contra eles pela própria natureza da cultura ocidental".[130] Fanon não sabia como lidar com isso a não ser dizendo às pessoas que, em vez de imitar a Europa, criassem "o

HISTÓRIA

homem inteiro" que ela "foi incapaz de fazer nascer triunfante". Em sua conclusão empolgante, ele afirma:

> Dois séculos atrás, uma ex-colônia europeia decidiu alcançar a Europa. Foi tão bem-sucedida que os Estados Unidos da América se tornaram um monstro, no qual as máculas, a doença e a desumanidade da Europa cresceram a dimensões terríveis.[131]

Há vários aspectos interessantes a respeito disso. Não menos importante é que Fanon, assim como muitos outros escritores pós-coloniais que se tornaram famosos no Ocidente, não está de fato interessado em restaurar as culturas dos países não ocidentais com os quais ele afirma se importar. Ele não tem interesse em devolver as nações africanas a uma era de costumes tribais ou a qualquer outra tradição indígena pré-colonial. O que lhe interessa é analisar essas culturas através de uma lente marxista, depois "salvá-las" aplicando a elas uma ideologia marxista. Naturalmente, há algo de perverso nisso: Marx era um pensador ocidental, com quase nenhum conhecimento – muito menos experiência – de culturas ou sociedades não ocidentais. Apenas uma das ironias dos pensadores pós-colonialistas é que muitos seguem o mesmo caminho de Fanon. Com a intenção de ignorar o legado do colonialismo ocidental, eles encontram uma resposta para cada sociedade não ocidental no marxismo ocidental.

Outros argumentos de Fanon também se tornaram conhecidos no Ocidente nas décadas seguintes. Há, por exemplo, o de que o Ocidente é especialmente voraz – e que, nesse sentido, é totalmente diferente de todas as outras culturas. Existe o argumento de que o Ocidente é totalmente sem virtude, mesmo quando é, estranhamente – na verdade, perigosamente –, sedutor. Além disso, há a insistência de que a vingança é necessária e que o Ocidente precisa pagar pelo que fez. Por fim, há o curioso fato de que a fúria contra as potências imperiais do século XIX não se limita às potências imperiais do século XIX, mas se estende a um país que nunca teve um império: os Estados Unidos. Uma verdade interessante pode ser discernida aqui. Talvez haja muitas razões para criticar as potências europeias por seus impérios. Entretanto, se isso é visto como um pecado fundamental e os países ocidentais que não tiveram impérios são agrupados com aqueles que os têm, então parece que, aos olhos de tais críticos, o império não é realmente o problema, mas o próprio Ocidente.

Fanon continuou sendo lido em razão da força e do estilo de sua escrita. Porém, seu apelo parece estar sobretudo em seu desejo de violência, especificamente de vingança, contra o Ocidente. Todavia, há outro pensador, posterior a Fanon, cuja ideia central era ainda mais abrangente e cujo interesse pelo Oriente Médio o levou

A GUERRA CONTRA O OCIDENTE

a escrever uma reformulação crucialmente hostil do Ocidente. Trata-se de Edward Said, cristão palestino nascido em 1935 que teve um impacto sem precedentes na maneira como porções significativas do Ocidente pensavam a respeito de si mesmas.

Como acontece com outros escritores pós-coloniais, a afirmação central de Said é singularmente antiocidental. Ele não está interessado em crimes cometidos por potências não ocidentais. E esse desinteresse o leva a acreditar que todos os aspectos do Ocidente – mesmo ou especialmente sua curiosidade intelectual e cultural – devem ser não apenas condenados, como ridicularizados. Seu trabalho central explicando essa tendência – *Orientalismo: O Oriente como Invenção do Ocidente*, publicado em 1978 – tornou-se um dos livros mais citados em todas as disciplinas na academia. A crítica central de Said é uma tentativa de provar que, ao encontrar outras sociedades, os ocidentais as enxergaram através das lentes das sociedades de onde vieram. Apesar da inteligência e do estilo que Said era capaz de imprimir à sua escrita e seus debates públicos, esse ponto central é totalmente banal. Afinal, através de que outras lentes os viajantes e estudiosos ocidentais deveriam olhar para o Oriente? Poder-se-ia esperar que eles olhassem para o Oriente Médio através de olhos chineses? Ou olhos do Oriente Médio? E por que os exploradores, linguistas e outros ocidentais deveriam seguir um padrão tão estranho? Seria realmente curioso esperar que os árabes olhassem para a Europa com olhos europeus. Ou que os chineses vissem o Oriente Médio com olhos aborígenes. Todos abordam uma cultura diferente através de referências que obtiveram em sua cultura de origem. Não há nada de tenebroso nisso. É inevitável.

No entanto, para Said, se as pessoas que olham são ocidentais e as culturas que estão sendo observadas não são, é realmente muito tenebroso. Tudo a respeito do Ocidente, até mesmo o aprendizado de seus estudiosos, é usado contra ele. Por exemplo, Said deseja culpar os ocidentais por sua visão de mundo supostamente estreita. Ele ignora o fato de que os orientalistas que ele despreza eram homens e mulheres notáveis: pessoas que aprenderam as línguas e os dialetos de sociedades distantes e estudaram essas culturas quase sempre porque eram fascinadas por elas e as admiravam.

Na verdade, uma estirpe significativa do orientalismo sempre se originou em ocidentais que admiravam a cultura não ocidental mais do que sua cultura de origem. De modo geral, era uma fuga de sua própria cultura. Na Alemanha do século XIX, existia uma corrente de pensamento importante que via o Oriente como um bálsamo para a alma. No entanto, Said descarta tudo isso e lança acusações sinistras contra o Ocidente por todas as suas interações com o Oriente. Ele constantemente lamenta a tendência ocidental de "estereotipar" o Oriente, isto é,

HISTÓRIA

não traçar delineamentos suficientemente precisos entre um grupo e outro – uma tendência a colocar um grupo díspar de pessoas sob o mesmo guarda-chuva.

De novo, não há nada de tão terrível nisso. Todas as descrições devem, necessariamente, incluir alguma generalização. Nem toda frase pode ter o comprimento de uma dissertação. Conceitos que resumem grandes áreas de povos – incluindo "o Ocidente" – são úteis, mesmo que não possam resumir tudo o que está contido neles. Entretanto, um aspecto interessante do julgamento de Said sobre isso é que, embora ele abomine a generalização nos outros, ele mesmo se entrega a essa prática, com frequência. Por exemplo, em um ponto de sua obra mais famosa, ele diz: "É, portanto, correto que todo europeu, no que ele poderia dizer sobre o Oriente, era consequentemente um racista, um imperialista e quase totalmente etnocêntrico".[132] Todo europeu? Todo mesmo? Onde está a evidência que dá respaldo a esse fato? Se você substituísse a palavra "europeu" nessa frase por "africano", "árabe" ou mesmo "cristão palestino", como você poderia ser chamado? Em outro lugar, Said se refere, de passagem, de maneira perfeitamente alegre, a um "europeu médio do século XIX".[133] Como assim?, você deve estar se perguntando. Isso generaliza uma enorme quantidade de pessoas. Porém, sempre houve em Said a tendência de destacar o homem e a mulher ocidentais para uma forma única de ataque. Isso incluiu ataques extraordinariamente hostis e mesquinhos a duas das grandes escritoras do século XIX: George Eliot e Jane Austen. O ataque de Said a Jane Austen em um de seus últimos livros é um clássico do antiocidentalismo. Nele, Said tenta difamar Austen como defensora do tráfico de escravos se valendo de uma referência solitária à escravidão que aparece em *Mansfield Park* durante uma conversa entre os personagens Edmund e Fanny. Em um diálogo que não ocupa mais do que algumas linhas de texto, a heroína de Austen e seu futuro marido discutem o fato de ter havido "um silêncio sepulcral" na noite anterior, quando o tio de Fanny (que acabara de voltar de um *plantation* em Antígua) fora questionado sobre o recentemente abolido comércio de escravos.[134]

Said acredita que essa única referência significa que Austen está elogiando o tráfico de escravos. Ele produz seu argumento usando dois recursos. Primeiro, ele ataca Austen referindo-se a romances posteriores de outros autores, incluindo *Coração das Trevas*, de Joseph Conrad. De acordo com Said, se lermos Austen à luz desses escritores, essa única referência "adquire uma densidade um pouco maior do que a aparição discreta e reticente que faz nas páginas de *Mansfield Park*". Sem dúvida é assim. Sob a mesma perspectiva, podemos tentar aplicar a literatura do Holocausto às páginas de *Orgulho e Preconceito* e nos maravilhar constatando que isso também assumiria uma "densidade"[135] semelhante. Contudo, ainda seria algo estranho de se fazer. Mais estranho ainda é Said ter escolhido usar uma declaração de um personagem em um romance – uma declaração que, por acaso, sugere que o personagem em questão é um abolicionista – para difamar não apenas esse personagem como sua criadora, Jane Austen, sugerindo que eles estariam envolvidos no grande pecado da escravidão.

Porém, por meio de truques intelectuais como esse, Said forneceu um manual para outros que desejassem criticar o Ocidente. Entre suas técnicas mais importantes estava interpretar tudo no Ocidente – inclusive as mais delicadas e perfeitas obras de arte – através de uma lente não apenas interrogativa e hostil como de generosidade incrivelmente limitada. Ao fazer isso, ele aplicou ao Ocidente padrões que não são esperados de nenhuma outra sociedade. Depois, castigou o Ocidente por não cumprir esses padrões. Said também ajudou a criar uma interpretação do mundo em que os povos não ocidentais eram pessoas a quem as coisas eram feitas, enquanto os ocidentais eram as pessoas que faziam coisas aos outros. E coisas terríveis.

Vindo do período pós-colonial, Said deu impulso adicional a um sentimento que já se encontrava em andamento. Um sentimento de que alguma justiça, ou melhor, vingança contra o Ocidente já deveria ter acontecido há algum tempo.

IMPÉRIO

Em abril de 2015, houve uma série de protestos na Universidade da Cidade do Cabo, na África do Sul. A universidade tinha em seu *campus* uma estátua de Cecil Rhodes, o famoso imperialista do século XIX. A estátua estava lá porque Rhodes havia doado o terreno para a universidade ser construída. Entretanto, durante alguns anos, estudantes e outros na instituição argumentaram que a estátua era um símbolo de agressão colonial e supremacia branca. Sendo assim, deveria ser derrubada. Por fim, um movimento "Rhodes deve cair" foi formado por estudantes e outros. O conselho universitário acabou votando pela remoção da estátua, e ela realmente saiu de lá.

Como sempre na era atual, o que acontece em um continente logo se espalha para outro. Nesse caso, transferiu-se rapidamente para a Universidade de Oxford, na Inglaterra. Uma das concessões de Cecil Rhodes previstas em seu testamento era a doação de uma bolsa de estudos para que estudantes dos Estados Unidos, da Alemanha e do então Império Britânico pudessem estudar em Oxford. Ele fez questão de estipular uma série de exigências para as bolsas de estudo. Uma delas era: "(...) nenhum aluno será qualificado ou desqualificado para a escolha (...) por

HISTÓRIA

causa de raça ou de opiniões religiosas".[136] Cinco anos após a morte de Rhodes, concedeu-se a primeira bolsa a um estudante negro. Desde então, estudantes de todo o mundo, principalmente da África do Sul, passaram a se beneficiar do projeto.

No entanto, nas últimas décadas, foi surgindo um crescente desconforto com o legado de um imperialista tão descarado. Em 2003, Nelson Mandela concordou em ter seu nome anexado ao esquema de bolsas. Naquele ano, as bolsas Rhodes se tornaram oficialmente conhecidas como bolsas Mandela Rhodes. Questionado sobre por que concordara em ter seu nome vinculado ao do grande imperialista, Mandela disse que a nova constituição da África do Sul "(...) [inclui uma liminar] para nos unirmos através das divisões históricas, para construir nosso país juntos, com um futuro igualmente compartilhado por todos".[137] Entretanto, mais de uma década depois que esse gesto de reconciliação foi acordado, ele parecia não ter produzido nenhum efeito no sentido de aplacar uma nova geração de estudantes. Sobretudo estudantes sul-africanos em Oxford, que pareciam interessados em usar a atenção internacional trazida pela questão para ficar famosos em seu próprio país.

O Oriel College, que faz parte da Universidade de Oxford, foi fundado em 1326, e Cecil Rhodes estudou lá na década de 1870. Antes de sua morte, em 1902, ele providenciou uma considerável doação financeira para a faculdade. Além do esquema de bolsas, seu testamento permitiu a construção de um novo prédio para a faculdade. Ele foi concluído em 1911 e adornado com várias estátuas, incluindo uma do próprio Rhodes. Lá, bem acima do nível da rua, sua estátua permaneceu intocada durante mais de um século.

No entanto, após o sucesso da campanha "Rhodes deve cair" na Cidade do Cabo, a mesma campanha foi efetivamente transplantada para Oxford. O principal impulso para isso veio primeiro de vários estudantes sul-africanos, um dos quais – Ntokozo Qwabe – desfrutava, na verdade, de uma bolsa de estudos Rhodes na época. Muitos estudantes bem-intencionados da Grã-Bretanha e de todo o mundo juntaram-se ao líder estudantil sul-africano, que afirmou que a estátua era um exemplo de "violência estrutural" e que essa violência não se limitava a uma estátua em um prédio. De acordo com Qwabe:

> A violência estrutural é como o currículo, a falta de professores negros. Essas coisas não são apenas exceções. Eles vão ao cerne de como a Universidade de Oxford está configurada e de como ela, como espaço, é racista, para ser franco. E é isso o que estamos dizendo – que essa violência descarada, agressão e racismo são inaceitáveis em uma universidade que pretende ser inclusiva.[138]

As reivindicações dos ativistas contra Rhodes cresceram num instante. A petição "Rhodes deve cair" em Oxford afirmou que, ao não remover a estátua, o Oriel College e a Universidade de Oxford como um todo "(...) continuam a se identificar tacitamente com os valores de Rhodes e a manter uma cultura tóxica de dominação e opressão". A petição atraiu um número considerável de assinaturas de toda a universidade. As manifestações subsequentes atraíram um grande número de estudantes. Em grande parte, esses estudantes, com tempo escasso, foram mobilizados por coisas que a campanha contra Rhodes alegava que o próprio Rhodes dissera. Essas citações foram imensamente úteis para o crescimento da campanha, pois eram curtas, concisas e abomináveis.

A petição às autoridades da Universidade de Oxford mencionou várias citações de Cecil Rhodes. Descrevendo-o como um "colonialista do *apartheid*", eles alegaram que suas declarações incluíam esta: "Prefiro a terra aos n*****s* (...) os nativos são como crianças. Eles estão apenas emergindo da barbárie (...) deve-se matar o máximo de n*****s possível". Essas citações foram então coletadas e usadas por outros meios de comunicação ao informar sobre a petição e os protestos.[139] De fato, são citações terríveis, pois mostram que Rhodes não era apenas um racista, mas também um defensor do genocídio contra os negros africanos. Nesses momentos, com um material tão condenável colocado na frente de todos, é difícil até mesmo examinar esse material. Entretanto, um pequeno número de pessoas em Oxford o fez, incluindo estudantes. Eles começaram a olhar as fontes das citações de que a campanha contra Rhodes vinha lançando mão e investigar suas alegações sobre sua vida. O que eles encontraram revelou uma profunda desonestidade.

A própria petição contra Rhodes não oferecia fontes para suas citações. Entretanto, a citação apareceu, com reticências e tudo, em uma resenha de livro no *The Times Literary Supplement* em 2006. Adekeye Adebajo, autor desse artigo e por acaso um antigo estudioso de Rhodes, estava resenhando um livro de Paul Maylam.[140] Esse livro deixa claro que as três frases foram ditas em momentos diferentes. Porém, todas as três partes da citação se mostraram instáveis em sua origem. Ela inclui uma obra de 1957 que não é acadêmica e na qual o autor admite na introdução que não deu referências em notas de rodapé "para não interromper a continuidade da história".[141] A primeira declaração, segundo Maylam, foi feita por Rhodes para Olive Schreiner em um jantar. Entretanto, a única fonte é a própria Schreiner, que usou a frase – que alegou ter vindo da boca de Rhodes durante um discurso ao parlamento cabo-verdiano – em um romance seu em 1897.[142] Foi demonstrado que

---

* A "palavra proibida" nos Estados Unidos é "nigger", que é extremamente ofensiva. Não há equivalente no Brasil.

HISTÓRIA

a própria Schreiner tinha uma memória falha sobre o assunto e quase certamente estava se referindo a um discurso dado por Rhodes ao parlamento cabo-verdiano em 1892 a respeito de tributação e governança, no qual ele disse: "Você quer anexar terras em vez de nativos. Até agora, anexamos nativos em vez de terras".

A segunda parte da alegada citação vem de um discurso de Rhodes ao parlamento da Cidade do Cabo em 1894. O parágrafo completo diz:

> Agora, digo que os nativos são crianças. Eles ainda estão emergindo do barbarismo. Eles têm mentes humanas, e eu gostaria que eles se dedicassem inteiramente aos assuntos locais que os cercam e os atraem. Eu deixaria que tributassem a si mesmos e lhes daria os fundos para gastar com esses assuntos – a construção de estradas e pontes, a construção de *plantations* e outras obras semelhantes. Proponho que a Câmara permita que essas pessoas se tributem e que os rendimentos de sua tributação sejam gastos por elas no desenvolvimento de si mesmas e de seus distritos.

Entretanto, a terceira parte da citação ("deve-se matar o máximo de n*****s possível") é sem dúvida a mais repreensível de todas. E mais uma vez a campanha "Rhodes deve cair" não fez nenhuma tentativa de informar de ela onde veio. De novo a fonte parece ser a resenha de Adebajo do trabalho de Maylam. E no entanto, Rhodes não é citado nessa obra como tendo dito isso. Rhodes teria dito: "Você deve matar o máximo possível". Não se usou a palavra que começa com "n". Essa palavra foi inserida pelos ativistas do "Rhodes deve cair". Quanto ao resto da citação, Maylam indica como fonte uma biografia de Rhodes de 1913. E se olharmos para essa fonte, o contexto da citação fica claro. A biografia de 1913 cita um oficial não identificado que ouviu Rhodes dizer, após uma batalha especialmente sangrenta com alguns rebeldes: "Bem, você não deve poupá-los. Deve matar o máximo possível deles, pois servirá de lição para eles ao jogar conversa fora ao redor de suas fogueiras, à noite".[143]

Ou seja, a declaração atribuída a ele pelos ativistas do "Rhodes deve cair" (e considerada verdadeira pela grande maioria das pessoas que a terão lido) foi uma deturpação total. Na verdade, foi mais do que uma deturpação. Foi uma mentira. Não se tratava de uma citação única de Rhodes, mas de um conglomerado de três supostas citações: a primeira era de um romance; a segunda, de um discurso em defesa do aumento da autonomia africana; e a terceira, uma completa fabricação.[144]

Por que esses detalhes importam? Sem dúvida, Rhodes era um colonialista. Certamente era um crente no Império Britânico. Uma crítica a isso não seria

A GUERRA CONTRA O OCIDENTE

suficiente? Por que alguém precisaria mentir e exagerar a ofensa? Claro que há pessoas que afirmam que existe um acerto de contas atrasado, ou um reequilíbrio necessário, para figuras históricas como Rhodes. Entretanto, por que elas decidiram basear tal avaliação não nos acertos ou erros do império, ou na ponderação de seus custos e benefícios humanos, mas em uma mentira descarada? Ou melhor, em um conjunto de mentiras? Por que um acerto de contas com o legado do império não seria suficiente? Por que é necessário inserir epítetos racistas para tornar o passado pior do que era e fazer figuras importantes dele parecerem monstros racistas?

Entre aqueles que começaram a fazer sua própria pesquisa estavam Nigel Biggar, *Regius Professor* de ética e também cônego da Christ Church Cathedral, em Oxford. Além de ser profundamente despretensioso e educado, ele também é um intelectual notoriamente rigoroso. Quando a campanha "Rhodes deve cair" foi iniciada, Biggar começou fazendo o que qualquer estudioso diligente faria: leu o ensaio sobre Rhodes no *Oxford Dictionary of National Biography*. A partir daí, ele desenvolveu um interesse crescente não apenas em Rhodes, mas em toda a maneira como o império vinha sendo abordado. Sem emitir nenhum pronunciamento político, Biggar sugeriu que a universidade poderia responder melhor às turbulências atuais fazendo o que as universidades deveriam fazer melhor: estudar.

Biggar propôs que a universidade montasse um projeto, no qual trabalhariam historiadores e outros profissionais, dedicado a investigar "a ética do império". Ele sugeriu que essa era uma área séria e pouco estudada. Isso era comprovável. Uma razão pela qual a campanha "Rhodes deve cair" foi tão longe em tão pouco tempo foi precisamente porque o estudo do império havia se tornado fora de moda, e assim – quaisquer que fossem as opiniões das pessoas sobre isso – o conhecimento institucional e individual do que acontecera e de quem dissera o que vinha desaparecendo havia mais de uma geração. Se a universidade e o país em geral tinham interesse em consertar suas atitudes em relação ao passado, então deveria estudar o passado. A ascensão dos estudos pós-coloniais fora uma correção necessária dentro da academia, mas esse período em si agora precisava ser questionado. Para avaliar o legado do império, é necessário avaliar o período em todos os seus aspectos. Assim como um período anterior fora incapaz de admitir quaisquer falhas no império, o período pós-colonial não conseguira reconhecer nada positivo que tivesse acontecido. Isso levou a alegações que eram não históricas e simplesmente erradas. Todavia, um segundo problema identificado por Biggar foi que essa visão exclusivamente negativa do império que levou a um sentimento de culpa entre as antigas potências coloniais havia, por sua vez, conduzido a uma relutância em lidar com qualquer dos problemas atuais do mundo. As antigas potências coloniais que se viram constantemente comparadas com os piores regimes do século XX podem

HISTÓRIA

facilmente se ver desprovidas da vontade ou da confiança de agir mesmo contra graves abusos de direitos que ocorrem em todo o mundo hoje. O resultado, em outras palavras, poderia ser a inércia ocidental. Algo sobre o qual outras potências podem alegremente buscar vantagem.

Uma observação semelhante havia sido feita recentemente por outro acadêmico – Bruce Gilley, que notavelmente trabalhava na Universidade Estadual de Portland. Em 2017, Gilley publicou um artigo no *Third World Quarterly* intitulado "The Case for Colonialism", que argumentava que tentativas recentes de transformar o termo "colonialismo" em um conceito totalmente negativo eram um erro. Segundo ele, "a noção de que o colonialismo é sempre, e em todos os lugares, uma coisa ruim tem de ser repensada à luz do grave custo humano de um século de regimes e políticas anticoloniais". Ele argumentou que havia uma necessidade de reavaliar com precisão o passado para melhorar o futuro. Em ambos os casos – Biggar e Gilley –, esse apelo por sensatez e justiça histórica não caiu bem.

No que se refere a Gilley, houve uma reação tão grande a seu artigo que quinze dos 34 membros do conselho editorial do periódico que o publicou renunciaram em protesto. Apesar de ter passado por todos os processos necessários de revisão por pares antes da publicação, petições e até ameaças de violência contra o editor da revista levaram à retirada do artigo e ao pedido de desculpas, por parte da publicação, por tê-lo publicado. O próprio Gilley também foi atacado, acusado de "supremacia branca" por colegas acadêmicos e alvo de ameaças de morte.[145]

Para Biggar, também não houve complacência. Depois que ele anunciou sua intenção de lançar um programa analisando a ética do império, um grupo de mais de cinquenta de seus colegas acadêmicos em Oxford escreveu uma carta conjunta ao *Times* condenando sua iniciativa. Eles disseram que não era possível criar um livro de saldos de lançamentos positivos para contrabalançar (por exemplo) o massacre de Amritsar. Esses colegas acusaram Biggar de ignorância, de deturpar o estado atual do debate e, na verdade, de falar "bobagem". Outros acadêmicos associados ao projeto foram pressionados a renunciar e o fizeram. De acordo com os estudiosos contrários a Biggar, "nenhum historiador (ou, tanto quanto sabemos, nenhum crítico cultural ou teórico pós-colonial) argumenta, simplesmente, que o imperialismo era 'perverso'".[146] Isso apenas sugeria que os signatários não haviam lido muito.

Essa carta foi então acompanhada por outra de mais de 170 acadêmicos de todo o mundo que escreveram condenando Oxford por sequer considerar dar espaço ao programa proposto por Biggar. Esses críticos acusaram Biggar de ser "um apologista de longa data do colonialismo" e de ter como objetivo fornecer "uma reabilitação do Império Britânico". Um grupo de estudantes, com o objetivo de desafiar "o racismo e o colonialismo", afirmou que o projeto de Biggar era mais uma evidência

A GUERRA CONTRA O OCIDENTE

do racismo de Oxford.[147] Um acadêmico de Cambridge se referiu a ele como um "velho racista retorcido" e, no anúncio do curso, declarou nas redes sociais, com grande rigor acadêmico: "AI, MEU DEUS, essa merda é coisa séria de verdade. Precisamos FECHAR ISSO". Em outros lugares, o estudo de Biggar foi descartado como "merda supremacista"; ele foi chamado de "racista" e "intolerante", e disseram que qualquer coisa saída de sua boca era "vômito".[148]

O tratamento dado a Biggar, assim como o dado a Gilley, indicava algo mais do que um desacordo acadêmico normal. A reação sugeria que esses estudiosos haviam ultrapassado algum limiar tácito. E eles haviam, de fato. Assim como no início do século XX o consenso padrão em uma universidade como Oxford teria sido de que o império era uma força para o bem, também no início do século XXI se tornara a posição padrão em tais lugares que o império era apenas uma força para o mal. O dogma simplesmente mudou. Portanto, agora não era possível nem tentar pesar as complexidades morais do império sem ser acusado de ser um apologista ou defensor do colonialismo. Inadvertidamente, esses críticos mostraram a fragilidade de seus argumentos.

Porque outras pessoas – sobretudo nos países que haviam sido colonizados – eram capazes de pensar com muito mais nuances. Por exemplo, Chinua Achebe, romancista nigeriano e herói do anticolonialismo, disse em 2012: "O legado do colonialismo não é simples, mas de grande complexidade, com contradições – coisas boas e ruins". E em seu último livro, *There Was a Country* (2012), Achebe escreveu:

> Aqui está um pedaço de heresia. Os britânicos governaram sua colônia da Nigéria com cuidado considerável. Havia um quadro muito competente de funcionários do governo imbuídos de um alto nível de conhecimento, de como administrar um país (...) as colônias britânicas eram, mais ou menos, administradas com habilidade. (...) Ninguém era consumido pelo medo de sequestro ou assalto à mão armada. Tinha-se muita confiança e fé nas instituições britânicas. Agora, tudo isso mudou.[149]

Achebe não está sozinho em sua avaliação. Estudiosos e escritores, como Nirad C. Chaudhuri e o dr. Zareer Masani, argumentaram eloquentemente, no caso da Índia, que o império deixou para trás não apenas as ferrovias e o serviço civil indiano, mas a erudição de homens como *sir* William Jones e James Prinsep, que desvendaram a linguagem clássica da Índia e devolveram essa civilização a si mesma.

Muitos outros fizeram uma defesa semelhante. Dom Michael Nazir-Ali, nascido no Paquistão em 1949, destacou que na Índia e em seu país de origem existe um reconhecimento comum desse complexo legado. Como ele disse, embora não haja

HISTÓRIA

dúvida de que os "nababos brancos" enriqueceram à custa da população local, houve também aqueles como *sir* Charles Napier, que aboliu a escravidão na província de Sindh durante seu mandato de governador na década de 1840 e que notoriamente proibiu a prática de *suttee* (a queima de uma viúva viva na pira funerária de seu marido). Os punjabis chamaram *sir* John Lawrence de "o salvador do Punjab", e o general John Jacob criou o sistema de irrigação ao redor da cidade de Jacobabad, o que tornou toda a área fértil.[150]

A esquisitice daqueles que argumentam contra a ponderação dos vários méritos e deméritos do império é dupla. Primeiro, eles dizem que isso não pode ser feito: não há como formar o cálculo moral necessário para resolver essas coisas. Então, eles insistem que, de qualquer forma, por causa de uma coisa terrível específica que aconteceu, quaisquer aspectos positivos devem ser desconsiderados. No caso dos acadêmicos de Oxford que se opunham ao estudo do império, toda a ideia de avaliar os méritos dele era obscena por causa do massacre de Amritsar em 1919. Entretanto, o exemplo que eles dão destaca o absurdo de sua posição. Afinal, há uma razão para o massacre de Amritsar ser tão conhecido a ponto de ainda ser lembrado mais de um século depois de ter acontecido.

O brutal tiroteio contra uma multidão que levou à morte de 379 pessoas não seria lembrado se tivesse ocorrido no século XX por iniciativa de tropas japonesas ou chinesas. Não seria lembrado se tivesse sido realizado por tropas russas, e dificilmente teria sido registrado se houvesse sido executado no século XX por tropas alemãs. É lembrado porque o massacre foi levado a cabo por tropas britânicas. Não se tratou apenas de uma exceção, mas uma que causou profunda raiva e vergonha à Grã-Bretanha, mesmo no momento em que aconteceu. O general Dyer, responsável por ordenar que os soldados atirassem contra os manifestantes desarmados, foi afastado de seu comando, forçado a se aposentar e despojado de sua pensão. Entre os muitos na Grã-Bretanha que expressaram horror a suas ações estava Winston Churchill. Eis o que ele disse à Câmara dos Comuns em um debate em 1920:

> (...) [o massacre em Amritsar] parece-me sem precedentes ou paralelo na história moderna do Império Britânico. É um evento de um tipo inteiramente diferente de qualquer uma dessas ocorrências trágicas que se dão quando as tropas são postas em colisão com a população civil. É um evento extraordinário, um evento monstruoso, um evento que permanece em isolamento singular e sinistro.[151]

A GUERRA CONTRA O OCIDENTE

Talvez não seja possível responder, mas não é interessante perguntar por que esse evento monstruoso – ou vários outros – não podia ser comparado a nenhum bem feito pelo Império Britânico? Será superado pela decisão do Império Britânico de não apenas abolir a escravidão em suas colônias como de policiar os mares para proibi-la em todo o mundo? Se não, então por que não? E se os pecados do Ocidente são inextirpáveis, isso quer dizer que os pecados de todos os outros povos também o são? Ou apenas os crimes ocidentais são julgados sob essa perspectiva? Ninguém parece saber a resposta para essas perguntas. Mais tenebroso é o fato de que ninguém deveria sequer perguntar.

Acontece que houve várias conclusões para a campanha "Rhodes deve cair". O Oriel College prometeu descartar a estátua de Rhodes, depois prometeu salvá-la. A faculdade então concordou em retirá-la, e também aceitou não fazer nada a respeito. É neste ponto que a situação se encontra atualmente. Desde que chegou à fama por seu ativismo no "Rhodes deve cair", Ntokozo Qwabe retornou à África do Sul, onde foi parar nas manchetes em maio de 2016 quando se gabou, em um *post* no Facebook, de um acontecimento "tão negro" e "maravilhoso" que ele não conseguia "parar de sorrir". O acontecimento maravilhoso foi que, em um restaurante, na presença de um amigo, ele intimidara uma garçonete branca, dizendo que lhe daria uma gorjeta "quando você devolver a terra". A garçonete começou a chorar, e ele riu e desprezou as lágrimas dela como "típicas lágrimas brancas".[152] Mais tarde, de volta à Universidade da Cidade do Cabo, após Rhodes ter caído, Qwabe se envolveu com a nova campanha "As mensalidades devem cair", e foi relatado que ele agrediu um estudante branco com um bastão enquanto o insultava racialmente. Qwabe foi ao Facebook para argumentar. Ele admitiu ter acertado o celular do aluno com um "bastão de protesto", que ele sempre carrega consigo para "fins culturais"; porém, garantiu que não atingira o aluno. No entanto, Qwabe acrescentou: "Eu gostaria de não ter sido um bom cidadão cumpridor da lei e arrancado do desgraçado o sentimento de privilégio do colono branco do *apartheid*". O estudante branco disse à mídia que não queria ser identificado. "Falta um mês para as provas. Só preciso passar", implorou ele.[153] Nesse ínterim, na Cidade do Cabo, a campanha "Rhodes deve cair" ganhava força, mesmo depois de Rhodes ter caído. No ano seguinte, ativistas da "Rhodes deve cair" queimaram obras de arte, incendiaram um ônibus e outros veículos e bombardearam com gasolina os escritórios do vice-reitor da universidade.[154]

ESCRAVIDÃO

HISTÓRIA

Nos últimos anos, os críticos do Ocidente se destacaram por meio de um conjunto de reivindicações extraordinárias. Sua técnica agora tem um padrão. É ampliar o comportamento ocidental, removê-lo do contexto da época, deixar de lado quaisquer paralelos não ocidentais e então exagerar o que o Ocidente realmente fez.

O caso da escravidão é pertinente. Pois a escravidão tem sido uma constante, em quase todas as sociedades, desde os primórdios da história registrada. Na antiguidade, os escravos vinham da Etiópia, e depois de mais longe. Quando os impérios muçulmanos surgiram, eles expandiram esse comércio. À medida que o império muçulmano se espalhou pela África Ocidental durante a Idade Média, tornou possível o comércio de escravos negros pelo Saara. Alguns acabaram na Espanha muçulmana e em Portugal. Porém, quando Fernando de Aragão e Carlos V concordaram em enviar duzentos escravos, depois 4 mil, para o Novo Mundo, eles podem não ter tido ideia da mudança que estavam provocando. De 1400 a 1800, algo entre 10 milhões e 12 milhões de africanos foram transportados pelo Atlântico para o Novo Mundo. Os escravos trazidos da África não apenas sofreram a indignidade de serem arrancados de sua terra natal e levados para o exterior sem sua permissão. Eles sofreram a indignidade adicional de terem sido vendidos por seus vizinhos e familiares. Houve momentos em que os portugueses, entre outros, apreenderam escravos após uma campanha militar na África. Entretanto, a esmagadora maioria dos escravos retirados da África durante esses séculos foi resultado do "roubo de homens" e da venda, nos quais vizinhos, inimigos e às vezes famílias de africanos vendiam outros africanos. Algumas das poucas autobiografias de escravos, como a de Olaudah Equiano, atestam essa realidade.

No entanto, esse fato, entre outros, é prova de que a história da escravidão é muito mais universalmente comprometedora do ponto de vista moral do que a discussão atual está remotamente disposta a admitir. Hoje, enquanto a atenção histórica está quase exclusivamente interessada em um sentido da escravidão, ao longo do último milênio (assim como ao longo da história) o horror aconteceu em todas as direções. E embora grande atenção tenha sido dada nos últimos anos ao comércio de escravos que foram para o oeste, muito pouca foi despendida no comércio que foi para o leste. Tão pouca, realmente, que os números estimados para o número de escravos africanos colocados no tráfico árabe de escravos são ainda menos precisos (assim como mais altos) do que os do comércio transatlântico. Os melhores números disponíveis, propostos por estudiosos como o professor Ralph Austen, da Universidade de Chicago, são algo entre 11 milhões e 17 milhões de africanos comercializados no leste no comércio de escravos administrado pelos árabes. Uma razão pela qual os números são tão difíceis de discernir é que, ao contrário do comércio transatlântico, os escravos comercializados pelos árabes

A GUERRA CONTRA O OCIDENTE

eram sistematicamente castrados depois de serem trazidos da África. Isso, é claro, garantiu que não houvesse uma segunda geração de escravos, nem quaisquer outros descendentes. Por que esse comércio recebe tão pouca atenção? O estudioso Tidiane N'Diaye é um dos que questionam isso, em *Le Génocide Voilé* [O Genocídio Velado] (2008). Ele propõe que os árabes têm um desejo óbvio: subestimar seus treze séculos de comércio ininterrupto de seres humanos da África subsaariana. O autor também sugere que eles ignoram isso porque as nações árabes preferem manter a pressão sobre o Ocidente, continuando a incentivar o foco no comércio transatlântico. É interessante que quase todos os estudos nessa área estejam agora sendo realizados por historiadores e antropólogos franceses ou francófonos. Os países de língua inglesa parecem desinteressados no assunto.

Outras áreas recebem quase a mesma atenção reduzida. Por exemplo, quando se trata do interesse moderno pela escravidão, quase não se fala do fato de que, entre os séculos XVI e XIX, piratas berberes (isto é, piratas muçulmanos, principalmente do norte da África) realizaram ataques constantes não apenas a navios europeus como também a vilas e cidades costeiras por toda a Europa. Durante esses anos, eles atacaram e roubaram habitantes dos países da região norte do Mediterrâneo, incluindo Itália, Espanha, Portugal e França. Porém, eles também roubaram pessoas de lugares tão distantes quanto a Grã-Bretanha e os Países Baixos. Os capturados – todos europeus brancos – seriam usados para resgate ou vendidos como escravos. Ao longo dos anos em que os piratas berberes operaram, acredita-se que levaram até 1,25 milhão de europeus de suas casas.

É claro que não há movimento de reparação para essas pessoas ou seus descendentes. Além disso, nenhum europeu sugeriu seriamente tentar descobrir para onde deve ser enviada qualquer conta para compensação. Na medida em que esse fato é conhecido hoje, ele é entendido como apenas uma das muitas coisas sangrentas e brutais que ocorreram nos séculos anteriores ao nosso. Para as pessoas que o sofreram, foi pior do que outras formas de escravidão; porém, não foi moralmente melhor ou pior por si próprio. Se for acordado que todos fizeram coisas ruins no passado, então é possível seguir em frente e até mesmo superá-lo. Quem quer litigar ou relitigar um passado no qual os ancestrais de ninguém eram santos?

Alguns o fazem, e decidiram que podem fazê-lo reformulando a história da escravidão através de suas próprias lentes, especificamente antiocidentais. Considere Ibram X. Kendi escrevendo sobre escravidão. Em sua obra mais famosa, ele reconhece, sucintamente, que outras sociedades além dos Estados Unidos e das nações europeias também se envolveram na escravidão. Porém, ele então estabelece uma nova estratificação de escravidão ruim e escravidão pior. Em *Como Ser Antirracista*, ele nos diz:

HISTÓRIA

> Os comerciantes de escravos islâmicos pré-modernos, como seus equivalentes cristãos na Itália pré-moderna, não estavam perseguindo políticas racistas – eles estavam escravizando o que agora consideramos ser africanos, árabes e europeus. No alvorecer do mundo moderno, os portugueses começaram a comercializar exclusivamente corpos africanos.[155]

Mesmo aqui, para Kendi, a questão da diversidade é da maior importância. Uma forma de escravidão que envolva a escravização de um grupo racial é a pior das formas de escravidão. Enquanto isso, uma forma de escravidão que tenha a diversidade em seu cerne é, de alguma forma, uma escravidão melhor.

Esse não é apenas um padrão estranho de se aplicar: é também uma adaptação moral. Kendi aplica uma atitude atual ao passado de maneira a encaixá-lo em uma narrativa de racismo ocidental constante universalmente incomum.

Outros exemplos de argumentos semelhantes de má-fé podem ser encontrados em toda parte no debate atual sobre escravidão e império. Por exemplo, agora é comum ouvir o comércio de escravos no Atlântico sendo descrito como se tivesse sido um ato de genocídio. Embora esse seja, em seus próprios termos, um argumento sem sentido. Por mais assustador que fosse, o comércio transatlântico de escravos era dedicado a levar o maior número possível de pessoas vivas da África para o Novo Mundo. Embora muitos tenham morrido no caminho, o objetivo da prática não era matar os escravos, mas levá-los vivos às Américas para que pudessem ser colocados para trabalhar. Isso é uma grande maldade em si. Porém, está longe de ser uma tentativa deliberada de exterminar um povo. Se os americanos ou europeus tivessem alguma vez pretendido fazer tal coisa, bastaria ter tirado uma folha da cartilha dos comerciantes árabes e castrado todos os seus escravos. Se tivessem feito isso, não haveria descendentes de escravos nos Estados Unidos, assim como não há hoje no Oriente Médio.

Um nível semelhante de exagero foi anexado a todos os aspectos do império e do colonialismo. Nas últimas décadas, tornou-se cada vez mais comum falar dos assentamentos europeus na Austrália, Nova Zelândia, Canadá e Estados Unidos como se envolvessem – intencionalmente – o genocídio das populações indígenas locais. Na maioria das vezes, isso inclui referência às populações indígenas que foram exterminadas ou significativamente diminuídas pela disseminação deliberada de doenças. Isso também depende de uma distorção dos eventos.

Todavia, em algum momento, outros povos do globo iriam descobrir o Novo Mundo. E quem o fizesse, como os europeus, provavelmente entraria com um nível de imunidade a doenças que as populações nativas (mais homogêneas e menos

A GUERRA CONTRA O OCIDENTE

expostas a povos de fora) não tinham. A propagação natural de doenças trazidas pelos europeus não poderia ter sido deliberada, porque os europeus não tinham conhecimento de imunologia, de quais doenças eles próprios carregavam ou de como essas doenças poderiam se espalhar. Ainda assim, nada disso impediu que propagandistas e acadêmicos chamassem o que aconteceu na América pós-Colombo, assim como na Austrália, Nova Zelândia e Canadá, não apenas de genocídio, mas de pior genocídio de todos os tempos. Aqui está um acadêmico com cargo estável em uma universidade britânica falando sobre o assunto:

> Qual é o primeiro ato da Europa nas Américas? É o maior genocídio que já existiu no planeta (...) na verdade, não entendo a ciência disso, mas, aparentemente, houve tantas pessoas mortas que a temperatura da Terra realmente subiu.

Alegando que o Holocausto não era incomum no Ocidente, ele continuou:

> Não é uma exceção, é a lógica completa do Ocidente. A única diferença é que ela foi aplicada na Europa com pessoas que consideraríamos brancas, certo? Se você de fato pensar sobre a mecânica do Holocausto – genocídio, matar milhões de pessoas porque eram consideradas racialmente inferiores –, já vimos isso antes. Isso não era novo. Isso não era uma coisa nova. Isso é meio que a base do Ocidente.[156]

Todos os aspectos da era colonial são agora rotineiramente discutidos sob a mesma perspectiva. Assim, alegou-se, por exemplo, que os britânicos deliberadamente mataram de fome a população indiana no subcontinente. Essa afirmação não apenas não possui provas documentais como contraria um fato mais óbvio: que a população indiana cresceu muito sob o período do domínio britânico. Ainda assim, esse argumento, como outros, não é suficiente para os detratores do Ocidente.

Na verdade, a história esquecida da escravidão, como a do colonialismo, não é a história do que o Ocidente fez de errado, mas a do que o Ocidente fez de certo. Enquanto a história da escravidão no Ocidente é obsessivamente examinada e as demandas por reparações fluem naturalmente dela, a história do resto do mundo é ignorada. O Brasil independente continuou a incentivar o tráfico de escravos até a década de 1880. O Império Otomano continuou por ainda mais tempo. Ainda hoje, na Arábia Saudita e em todo o Oriente Médio, os negros são chamados de *abid'* (plural *abeed'*), que significa literalmente "escravo". Ser "negro" e ser escravo ainda

HISTÓRIA

significa a mesma coisa para milhões de pessoas na região. Em outras partes do mundo, a escravidão ainda existe. Eu mesmo conheci escravos. Falei com eles e vi suas lágrimas. Entretanto, aqueles acadêmicos que, como Siddharth Kara, tentam destacar esse fato hoje recebem uma fração da atenção dada àqueles que querem falar apenas da escravidão ocidental de séculos atrás.

A escravidão persiste hoje em países como Mauritânia, Gana e Sudão do Sul. Nos últimos anos, o mundo assistiu ao Estado Islâmico escravizar milhares de mulheres e crianças iazidis. A organização matou os maridos e fez escambo com esposas e crianças em mercados de escravos. Em 2020, um chefe samoano na Nova Zelândia foi condenado a onze anos de prisão por escravidão. Ele foi pego atraindo pessoas de Samoa para a Nova Zelândia, onde as amarrava e escravizava, para enriquecer. No Ocidente, isso é incomum e punido quando descoberto. Porém, em grande parte do mundo, o tráfico de escravos moderno fica totalmente impune. Estima-se que existam mais de 40 milhões de pessoas vivendo em escravidão em todo o mundo atualmente. Em termos reais, isso significa que há mais escravos no mundo hoje do que havia no século XIX.[157] Portanto, não se trata de uma questão histórica de ficar culpando os outros. Isso levanta a questão do que poderia mudar de maneira prática para as pessoas de hoje se gastássemos uma parte do tempo que dedicamos à escravidão passada nos concentrando na escravidão atual. E do que podemos fazer a respeito desse horror moderno.

Qualquer um que esteja interessado em investigar os maus-tratos históricos aos seres humanos em qualquer século antes do nosso encontrará uma grande quantidade de material. Acontece que nossa época decidiu se aprofundar em algumas questões em particular. Entretanto, fazer isso significa que perdemos todo o contexto dentro do qual esses horrores ocorreram. Quando dizemos que um indivíduo era "de seu tempo", estamos nos referindo às crenças daquela época, mas também às dificuldades daquela época. O atual interesse pela escravidão ao lado da obsessão pelo "privilégio" (especialmente o "privilégio branco") exclui o fato de que os europeus brancos daquela época não viviam em um paraíso privilegiado. Por exemplo, durante o início do século XIX, quando a escravidão ainda existia, as classes trabalhadoras do Reino Unido não estavam em uma posição privilegiada. Quando você olha o registro de acusação atual contra o Ocidente e tudo em sua história, é impossível deixar de notar a completa falta de contexto, bem como a grotesca falta de equilíbrio.

Qual era a situação de um mineiro de carvão na Inglaterra em 1800? Quanta liberdade ele tinha para fazer escolhas de vida ou escapar das circunstâncias nas quais nascera? O que dizer daqueles forçados ao trabalho infantil em países como a Inglaterra, empurrados antes dos dez anos para perigosas fábricas têxteis ou

A GUERRA CONTRA O OCIDENTE

lavouras? Como um recente autor que escreve sobre escravidão admitiu, a expectativa de vida de escravos em Demerara era exatamente o dobro da expectativa de vida de um trabalhador industrial em Lancashire ou Yorkshire na mesma época. Há algo a aprender com isso? No caso desse historiador em particular, a única coisa a fazer era, mais uma vez, falar sobre a culpa dos "homens brancos" e emitir a confissão compulsória de que, como homem branco, ele precisa "fazer melhor".[158]

É estranho ainda ler sobre tais genuflexões, depois de todos esses anos, baseadas simplesmente na raça. Pois, se é esperado que uma raça de pessoas as faça, como qualquer raça poderia evitá-las? Não apenas os povos que comercializavam, mas os que vendiam. Que resposta pode haver, mesmo depois de todos esses séculos, ao desafio lançado por Voltaire em seu *Essai Sur Les Moeurs* [Ensaio sobre os Costumes e o Espírito das Nações], no qual ele observa que, enquanto os europeus brancos eram culpados de comprar escravos, muito mais repreensível era o comportamento daqueles africanos que estavam dispostos a vender seus irmãos, vizinhos e filhos ("*On nous reproche ce commerce: un peuple qui trafique de ses enfants est encore plus condamnable que l'acheteur*" [Eles censuram nosso comércio: uma nação que trafica seus filhos é ainda mais condenável do que o comprador]).[159] Isso absolve o Ocidente de sua responsabilidade? Claro que não. Porém, é um lembrete de como é estranho ver apenas um grupo de pessoas consistentemente no banco dos réus por um crime do qual todos participaram.

Há também a questão do equilíbrio. Afinal, se há exemplos de pecados históricos, há também exemplos de virtudes históricas, e mesmo quando um não elimina completamente o outro, pelo menos existe alguma mitigação, certo? Por exemplo, é verdade que a Grã-Bretanha se engajou no comércio de escravos e que participou de um terrível comércio de seres humanos. Contudo, como vimos, a Grã-Bretanha também liderou o mundo na abolição desse comércio. E a Grã-Bretanha não apenas aboliu esse comércio para si mesma como também usou sua marinha para tentar acabar com ele em todas as partes do mundo que pudesse alcançar. Se a decisão da Grã-Bretanha de abolir a escravidão em 1807 foi incomum, mais incomum, de longe, foi sua decisão de enviar a Marinha Real ao redor do mundo, estabelecer o Esquadrão da África Ocidental, com base em Freetown, e aumentar a frota até que um sexto dos navios da Marinha Real e seus marinheiros fossem empregados na luta contra o tráfico de escravos.

O custo dessa decisão extraordinária não foi apenas financeiro: também foi pago em vidas britânicas. Entre 1808 e 1860, o Esquadrão da África Ocidental capturou 1,6 mil navios negreiros e libertou 150 mil escravos africanos. Eles também perderam um grande número de funcionários. Mais de 1,5 mil homens da Marinha Real foram mortos em ação durante esse período; os atos de bravura e heroísmo

HISTÓRIA

altruísta desses homens são dignos de nota, não é? A obra recente de Anthony Sullivan sobre as operações do Esquadrão da África Ocidental da Marinha Real é um trabalho raro. Ela destaca a extraordinária bravura desses marinheiros britânicos perseguindo navios pelos oceanos, embarcando neles e lutando por suas próprias vidas e pelas dos escravos, que, invariavelmente, encontravam-se escondidos nos porões, com destino a uma grande variedade de países.[160] Era um jogo de gato e rato em alto-mar, com impasses e adivinhações sobre navios negreiros tentando se passar por outros navios. Até que os marinheiros britânicos embarcassem e procurassem por si mesmos, eles nunca tinham certeza de estarem na direção correta nessa estratégia de alto risco. É uma história de grande heroísmo, que durou seis décadas. Esses esforços contam? No jogo antiocidental retributivo que vem acontecendo atualmente, parece que não.

Em vez de identificarmos algum reconhecimento, só ouvimos falar de homens culpados. Vejamos, por exemplo, as alegações feitas por ativistas de que o almirante lorde Nelson, o maior herói marítimo da Grã-Bretanha, era um crente fervoroso no comércio de escravos. Argumentos semelhantes são usados, invariavelmente, para justificar a imposição de exigências – naquela ocasião, a remoção da Coluna de Nelson em Trafalgar Square, Londres. Na verdade, quando essa campanha eclodiu, em 2020, logo ficou evidente que a carta que "condenava" Nelson como traficante de escravos era uma falsificação. Especificamente, ela havia sido forjada pelo movimento contra a abolição quando o debate sobre a escravidão na Inglaterra ainda estava em andamento. Entretanto, quando isso veio a público, outro herói do Ocidente já havia sido atingido pelo tiroteio. Os ativistas do BLM usaram uma falsificação criada por gente contrária à abolição para reforçar sua própria causa, mais contemporânea. Foi um fracasso ético e acadêmico.[161] Entretanto, poucas pessoas permaneceram por perto para participar desse debate.

Ainda assim, para ver toda a injustiça do jogo antiocidental de nosso tempo, basta apenas observar como um indivíduo é agora julgado. E esse indivíduo é o maior de todos eles.

CHURCHILL

Uma das figuras históricas mais visadas nos últimos anos foi alguém que, à primeira vista, pode parecer um alvo surpreendente do "cancelamento". Até os últimos anos, *sir* Winston Churchill fora respeitado como um dos personagens mais bem-sucedidos

A GUERRA CONTRA O OCIDENTE

e admiráveis da história ocidental. Sua chegada ao cargo de primeiro-ministro do Reino Unido em maio de 1940, no exato momento em que Adolf Hitler começou a desencadear sua *blitzkrieg* no Ocidente, foi mais tarde descrita por lorde Hailsham como a única vez em que ele conseguiu vislumbrar a mão de Deus intervindo em assuntos humanos.

Churchill esteve certo em muitas coisas em sua longa carreira, como esteve errado em algumas. Porém, identificar a ameaça de Hitler no início da década de 1930, insistir no rearmamento e enfrentar os apaziguadores tornaram-no – mesmo antes de sua liderança na guerra – uma das grandes figuras de qualquer período da história. Muitos falam de fascismo e antifascismo; mas aqui, sem dúvida, estava o maior antifascista do século XX. Quando muito, sua reputação só cresceu nas décadas posteriores à sua morte. Em 2002, ele derrotou todos os concorrentes e foi votado pelo público britânico como "o maior britânico" de todos os tempos.

Entretanto, nos últimos anos, passou a ocorrer um ataque lento mas constante a Churchill. Enquanto filmes de Hollywood como *O Destino de uma Nação* (2017) continuavam a representar o heroico Churchill em cinemas lotados, uma variante mais vagarosa de sentimento anti-Churchill, mas igualmente virulenta, se espalhou. Muitas coisas distinguem esse movimento. Porém, entre as mais interessantes, está o tamanho da extraordinária ignorância histórica de seus proponentes.

Veja o caso do painel de discussão que ocorreu no Churchill College, em Cambridge, em fevereiro de 2021. Esse evento, realizado em uma faculdade com o nome de Winston Churchill (a única vez que uma pessoa viva recebeu tal homenagem), foi intitulado "As consequências raciais de Churchill". Os três palestrantes – o dr. Onyeka Nubia (Universidade de Nottingham), o professor Kehinde Andrews (Birmingham City University) e a dra. Madhusree Mukerjee – eram todos conhecidos primordialmente por seu ódio virulento a Churchill. A discussão foi presidida por Priyamvada Gopal, que por acaso é professora no Churchill College. Nos últimos anos, ela se destacou no Twitter por conta de sua provocação racial contra os brancos. Isso incluiu pérolas como "abolir a brancura", "vidas brancas não importam" e sua afirmação de que ela precisa "resistir aos impulsos de atirar nos joelhos dos homens brancos todos os dias".[162]

Nenhum dos participantes do evento do Churchill College é um historiador amplamente respeitado – e a dra. Mukerjee é física. Todavia, nada disso impediu que os participantes agissem como juízes supremos do líder britânico durante a guerra. Sua falta de experiência se mostrou no fato de que os palestrantes cometeram os erros históricos mais básicos. Por exemplo, a certa altura, o dr. Nubia cometeu um erro de colegial ao confundir Ernest Bevin com Aneurin Bevan, talvez acreditando que os dois homens fossem um só. Seja como for, Aneurin Bevan nem estava no

HISTÓRIA

cargo na época em que, de acordo com a dra. Mukerjee, ele era responsável pela política do governo britânico. Ainda assim, não foi nos detalhes, mas nas vastas e abrangentes argumentações, que esses não especialistas afirmaram que algo importante poderia ser discernido.

Por exemplo, durante todo o evento, os palestrantes fizeram afirmações como estas: o Império Britânico era "muito pior do que os nazistas"; a guerra teria sido vencida sem a Grã-Bretanha; a Grã-Bretanha teria vencido com quase qualquer outra pessoa na posição de primeiro-ministro; o Holocausto não era incomum na história recente; e, de qualquer forma, a vitória dos Aliados sobre o nazismo não foi especialmente significativa, porque "tudo o que realmente fizemos foi mudar de uma versão antiga de supremacia branca para uma nova".[163]

Não havia profundidades nas quais os participantes não afundassem. A certa altura, um deles começou a zombar de Churchill por ser um covarde: "Quero dizer, era Churchill lá fora, lutando na guerra? Porque tenho certeza de que não era; tenho certeza de que ele estava em casa".[164] É de se perguntar o quanto alguém deve ser hostil para questionar por que um primeiro-ministro que, quando jovem, participou de combates militares em quatro continentes e se ofereceu para lutar na Primeira Guerra Mundial deveria, aos sessenta anos, ter lutado na linha de frente do conflito, como um senhor da guerra medieval. Entre outras tentativas de denegrir o líder britânico durante a guerra, os participantes, estranhamente, também insultaram Churchill por perder a eleição geral de 1945.

Isso é consistente com críticas recentes a Churchill. Em 2021, um novo livro atacando Churchill usou todas as linhas de agressão possíveis, incluindo criticá-lo por beber demais. Em outro ponto, o autor do livro afirmou que Churchill "nunca foi de fato um homem viajado".[165] O que faz você se perguntar como seria um homem viajado se não fosse como Winston Churchill.

Embora todas essas alegações demonstrem uma profunda animosidade, a maioria é essencialmente frívola. Entretanto, as declarações mais graves feitas contra Churchill são acusações que vieram à tona nos últimos anos.

Quando o movimento BLM se espalhou dos Estados Unidos para a Grã-Bretanha em maio e junho de 2020, a estátua de Churchill na praça do Parlamento se tornou, imediatamente, um dos pontos focais dos manifestantes. A estátua foi repetidamente grafitada e desfigurada. A certa altura, um banner do BLM foi colado na cintura da estátua, e o nome do estadista foi riscado com tinta spray preta. Então, abaixo de "Churchill", as palavras "era racista" foram adicionadas, em mais tinta preta. Ao relatar esse protesto, a BBC publicou a manchete "27 policiais feridos durante protestos antirracismo amplamente pacíficos". Uma manchete melhorada em nosso tempo apenas pela CNN, um mês depois, com seu repórter em frente a uma cidade em chamas dizendo o *slogan*: "Protestos inflamados, mas, em sua maioria, pacíficos".

Tal era a sensibilidade em torno dos ataques do BLM à estátua do líder dos tempos da Segunda Guerra que ela logo foi cercada com tábuas e completamente envolta em uma caixa de metal para que os manifestantes não pudessem ter acesso a ela. Um porta-voz de Sadiq Khan, o prefeito de Londres, garantiu que a situação da estátua permaneceria "em análise" pela Autoridade da Grande Londres e pela polícia metropolitana. Durante uma visita de Emmanuel Macron a Londres, em junho, as envergonhadas autoridades britânicas retiraram as coberturas ao redor da estátua de Churchill. A visita do presidente francês foi para comemorar o octogésimo aniversário do apelo do general De Gaulle ao povo francês para resistir à ocupação nazista de seu país. Assim, as autoridades britânicas podem ter estado cientes da impressão que daria se, oitenta anos depois dessa ocasião, Londres não pudesse exibir uma estátua de seu próprio líder de guerra.

Entretanto, assim que removeram a proteção de Churchill, ele foi novamente desfigurado. Em setembro, as palavras "é racista" foram adicionadas à base de sua estátua, dessa vez em tinta amarela. E esses ataques também não se limitaram ao Reino Unido. No coração da Churchill Square, em Edmonton, Canadá, existe uma estátua em tamanho real de Churchill, inaugurada por sua filha na década de 1980. Em junho de 2021, essa estátua foi atacada. Os ativistas derramaram tinta vermelha sobre a figura para que ela pingasse do bronze e cobrisse tudo, desde o rosto da escultura até a base. Um ativista local, que já havia pedido a remoção da estátua, disse: "Aqui está uma ideia – talvez não para celebrar, comemorar e homenagear belicistas e maníacos genocidas. Coloque-o em um museu, no lugar ao qual ele pertence, com uma crônica adequada de suas visões e atrocidades".[166] O melhor que o prefeito local de Edmonton conseguiu fazer em resposta ao ataque foi dizer:

> Não sei a intenção por trás do vandalismo, mas sei que monumentos históricos e esculturas, aqui e em outros lugares, estão no centro de um debate emotivo sobre quais legados e histórias veneramos como sociedade. Acredito que existem maneiras mais produtivas de mover a sociedade em direção a um futuro mais inclusivo e edificante.

Um motivo pelo qual essas críticas desonestas se tornaram a norma foi o mesmo pelo qual sites como o da BBC começaram a insistir em fazer "o caso para a acusação" em qualquer artigo explicando tais ataques à reputação de Churchill. Os ataques tendiam a seguir a linha adotada pela revista *Foreign Policy* quando

HISTÓRIA

ela permitiu que um de seus autores descrevesse Churchill, de passagem, como um "racista declarado". Como se essa questão não fosse sequer discutível, como se estivesse simplesmente resolvida.[167] Ou como a CNN fez ao publicar um artigo justificando a desfiguração da estátua de Churchill em Londres com a manchete "Sim, Churchill era um racista. É hora de se libertar de sua visão da história de 'grandes homens brancos'". O artigo prosseguiu acusando Churchill de "supremacismo branco".[168]

As acusações contra Churchill sempre se resumem às mesmas poucas coisas. A primeira é que ele, ocasionalmente, expressava pontos de vista do século XIX em suas atitudes. Como produto da Inglaterra do século XIX, isso não é surpreendente. Entretanto, a tática contra Churchill é pegar algo em sua vida em que ele errou ou sobre o qual falou errado e usar isso para apagar todo o resto. Tal como acontece com Rhodes, muito disso depende de mentiras descaradas.

Por exemplo, Noam Chomsky, entre outros, afirmou que Churchill defendeu o uso de gás contra civis iraquianos em 1919. O que esses críticos não percebem é que Churchill estava defendendo o uso de gás lacrimogêneo, não de gás mostarda. Há também o exemplo da fome de Bengala de 1943-44. Essa fome terrível, durante a qual, segundo as estimativas oficiais, mais de 1,5 milhão de pessoas morreram, começou quando um ciclone atingiu Bengala e Orissa, destruindo a colheita de arroz. As autoridades locais não conseguiram lidar com o problema, assim como o vice-rei e outros. Os registros do gabinete em Londres mostram que Churchill insistiu que "fome e dificuldades alimentares" na área fossem "resolvidas". Críticos recentes de Churchill o acusam de não ter enviado grãos suficientes para a Índia para aliviar a fome, distorcem o registro histórico e deixam de observar a verdade: que mesmo no auge da Segunda Guerra Mundial, Churchill cuidou pessoalmente para que suprimentos emergenciais de grãos chegassem à Índia, vindos do Iraque e da Austrália.

Embora as alegações contra ele tenham sido feitas por figuras totalmente ineptas, figuras infinitamente mais qualificadas, incluindo Tirthankar Roy e Amartya Sen, provaram como essas alegações são falsas. Via de regra, a evidência de tais especialistas teria se mostrado conclusiva. Porém, nos últimos anos, mesmo sem nenhum fundamento de fato, as acusações contra Churchill cresceram. Ativistas se basearam no trabalho de escritores desleixados para afirmar que Churchill não se incomodava com a fome em Bengala, que ele queria que ela acontecesse e que até estaria feliz que as pessoas passassem fome desde que fossem indianas. Tais alegações são totalmente refutadas pelo registro histórico, mas ganharam alguma aceitação graças à ferocidade de sua repetição. Como escreveu o biógrafo mais recente de Churchill, Andrew Roberts, juntamente com Zewditu Gebreyohanes: "É irrealista imaginar que qualquer outra pessoa no lugar [de Churchill] pudesse

A GUERRA CONTRA O OCIDENTE

ter dado mais atenção à fome do que ele deu quando uma guerra mundial estava sendo travada em várias frentes".[169]

Às vezes, parece que não há nada que Churchill pudesse ter feito para agradar seus últimos críticos. Em 2019, John McDonnell, então chanceler sombra trabalhista, foi questionado sobre Churchill durante um evento público em Londres: "Winston Churchill: herói ou vilão?". McDonnell, um autodenominado marxista e socialista, respondeu simplesmente: "Tonypandy. Vilão". Foi uma referência a um incidente em Tonypandy, no sul de Gales, em 1910, quando Churchill, como secretário do Interior, enviou a polícia para lidar com distúrbios que eclodiram por causa de um piquete de mineiros. Um mineiro foi morto durante a violência que se seguiu. Certamente há algo de extraordinário nisso: uma total falta de capacidade de ponderar o bem e o mal. Os eventos em Tonypandy são controversos, e ninguém em sã consciência colocaria a morte daquele mineiro nas mãos de Winston Churchill. Mas e daí se o fizerem? Se aquele mineiro galês tiver morrido por causa da decisão direta de Winston Churchill, nada do que ele conseguiu nas décadas posteriores a 1910 teria compensado isso? Seu papel central na derrota do fascismo não conta nada contra tal infortúnio?

Decisões como essa sobre a história tendem a vir com complicações. A primeira é que elas são surpreendentemente unidirecionais. Em seu cargo de chanceler sombra, McDonnell teceu enfáticos elogios a Mao Tsé-Tung e chegou a brandir seu *Livro Vermelho* na Câmara dos Comuns, recomendando seu conteúdo. Durante sua vida e carreira, estima-se que o presidente Mao tenha sido responsável pela morte de cerca de 65 milhões de pessoas. No entanto, esse fato pode ser ignorado por políticos trabalhistas como McDonnell e Diane Abbott, ex-secretária sombra do Interior, que disse certa vez que "no final das contas, Mao fez mais bem do que mal" porque "tirou seu país do feudalismo". Parece certo perguntar exatamente qual sistema contábil está sendo aplicado aqui. Como é possível que um ditador de esquerda mate dezenas de milhões de pessoas e ainda possa ser elogiado por grandes avanços em questões agrícolas, enquanto Winston Churchill, que ajudou a salvar o mundo do fascismo, recebe perpétua condenação em razão da morte do mineiro galês três décadas antes? Há algo muito ultrajante nisso, que deve ser atribuído ao desejo de vencer alguma outra luta política.

Há algo mais acontecendo nos ataques a Churchill, que são uma tentativa possivelmente deliberada de causar enervação. É quase impossível olhar para pessoas que tentam pesar a balança da história dessa maneira e não suspirar de exaustão.

Se o que Churchill fez em sua vida não conta para nada, então é difícil ver como qualquer ação humana conta para qualquer coisa.

Se os pontos positivos de Churchill não conseguem superar os negativos, não há esperança para mais ninguém. Em outras palavras, se não conseguirmos entender

HISTÓRIA

Churchill corretamente e analisá-lo sob uma perspectiva adequada, parece haver pouco sentido em tentar fazê-lo com qualquer outra pessoa. Por fim, parece não haver muito sentido em nós mesmos tentarmos fazer algo de bom. Os ataques a Churchill fazem com que todo esforço humano pareça fútil: se derrotar o maior mal da história não significa nada, e você não será elogiado por isso em seu próprio país, mesmo meio século após sua morte, então que boa ação poderia contar para alguma coisa?

Ainda assim, isso não responde por que Churchill deveria atrair tanto opróbrio. Por que deveria ser o caso de, questão após questão, sua reputação ter sido manchada e maculada, e seus feitos, avaliados de forma tão desonesta? Para entender o que está acontecendo aqui, é necessário considerar isso não em um nível histórico, mas em um nível religioso. Desde a Segunda Guerra Mundial, Churchill tem sido reverenciado em todo o mundo ocidental. Talvez mais do que qualquer outra figura, ele foi visto como um exemplo de um grande homem – e um grande homem produzido pelo Ocidente. Ele é uma figura de quem as pessoas ainda sentem um enorme orgulho. Conhecê-lo e lembrar-se dele mexe com elas. Elas podem não acreditar em Deus, mas acreditam em Winston Churchill. É por isso que o público do cinema se levantou e aplaudiu no final de *O Destino de uma Nação*. É por isso que livros sobre Churchill e itens colecionáveis relacionados a ele ainda vendem tanto. Porque sua história é uma história heroica, que demonstra a grandeza à qual a humanidade pode aspirar e o heroísmo que os homens podem alcançar.

Essa, então, é a razão pela qual Churchill deve ser particularmente atacado. Porque, enquanto sua reputação resistir, o Ocidente ainda terá um herói. Enquanto sua reputação permanecer intacta, ainda teremos figuras para imitar. Mas e se Churchill puder ser derrubado? Então, um dos grandes deuses, talvez o maior do Ocidente, cairá. E aí? Bem, qualquer coisa pode ser imposta a um povo tão subjugado e desmoralizado. Os acadêmicos e outros que atacam Churchill sabem o ser sagrado que ele é. Sabem o quanto ele é reverenciado. E é justamente por isso que o atacam. Como querem chutar os "homens brancos", querem chutar a visão da história de grandes homens. Querem chutar os seres e lugares mais sagrados do Ocidente. Eles escolhem bem seus alvos.

ESTÁTUAS

Na Grã-Bretanha, como nos Estados Unidos, esse chute nos alicerces adquiriu uma fúria especial nos últimos anos. Assim como os protestos de Floyd na América começaram com figuras discutíveis e depois rugiram em direção ao centro da história da nação, na Grã-Bretanha ela queimou de fora para dentro em um ritmo recorde. Nos dias que imediatamente se seguiram à morte de George Floyd, uma multidão em Bristol atacou uma estátua de Edward Colston (1636-1721), comerciante e filantropo local envolvido no comércio de escravos. Sob o olhar da polícia, a multidão puxou a estátua de seu pedestal, a rolou pela rua e a arremessou sobre as docas no porto. Assim como nos Estados Unidos, havia uma clara euforia no ar, uma sensação de que ali – naquele vandalismo permissível – havia algo a ser feito. Uma maneira de corrigir algo.

Como seus colegas americanos, as autoridades britânicas também começaram a remover as estátuas preventivamente, esperando ficar um passo à frente da multidão. Uma estátua do comerciante Robert Milligan foi retirada de seu pedestal, nas Docklands de Londres, por causa de sua conexão com o comércio de escravos. Sadiq Khan, o prefeito de Londres, anunciou a criação de uma comissão para analisar quais estátuas e monumentos poderiam ter de ser removidos na capital. O título da comissão, digno de Robespierre, era "A Comissão para a Diversidade no Domínio Público". Era possível adivinhar com bastante facilidade as prováveis conclusões da comissão. Seus membros incluíam um "construtor de comunidade" que alegara que a supremacia branca era algo exclusivamente britânico e que o Reino Unido é "o denominador comum em atrocidades em todo o mundo".[170] Ela também contava com alguém que já havia expressado sua aprovação da remoção da estátua ao "estilo guerrilha".[171] Outro membro se distinguira no passado por comparecer a uma cerimônia na Abadia de Westminster na qual interpelou o arcebispo de Canterbury e a rainha antes de ameaçar socar um segurança negro enquanto ia sendo retirado.[172] Em outras palavras, um grupo finamente desequilibrado.

Assim como um veredicto de culpado já havia sido declarado sobre as estátuas que ainda estavam de pé, também já existia o veredicto sobre quais memoriais deveriam substituí-las. O prefeito, que formara a comissão, prometeu que, assim como as estátuas antigas seriam derrubadas, as novas seriam erguidas. Ele disse que novos monumentos para Londres incluiriam os da geração Windrush* e um para Stephen Lawrence, um adolescente negro que fora assassinado trinta anos antes, bem como um Museu Nacional da Escravidão.[173] Em outras palavras, mais uma vez, toda a história nacional seria virada de cabeça para baixo.

Assim como no Projeto 1619, uma história de conquistas deveria ser transformada, de maneira perfeitamente deliberada, em uma história de opressão. Uma

---

* Geração Windrush é o nome dado à primeira geração de trabalhadores negros originários das colônias inglesas no Caribe que aportou em Londres, em 1948, a bordo do navio Empire Windrush.

HISTÓRIA

história de heroísmo seria transformada em uma narrativa de fanatismo. E qualquer um que não concordasse em acompanhar essa mudança na narrativa poderia esperar ser criticado, por mais desconhecido que fosse.

Após os protestos em Washington, D. C., passou a circular um vídeo *on-line* com três mulheres, que por acaso eram brancas, tentando limpar o grafite feito pelo BLM no Lafayette Building. O vídeo mostrava as mulheres sendo repreendidas por uma motorista que passava. "Por que você quer que isso saia?", exigiu saber a motorista. "Porque este é um prédio federal", disse uma das mulheres. "Então você não se importa com vidas negras?", a motorista prosseguiu com o interrogatório. "Não é nada disso", afirmou uma das mulheres. "Claro que nos importamos com vidas negras." "Não o suficiente para deixar uma mensagem", disparou a motorista, transformando a remoção do grafite em mais um item na lista cada vez maior de atos racistas.

Da mesma forma, após um dos protestos do BLM em Londres, um grupo de jovens britânicos apareceu para limpar os grafites dos monumentos públicos em Whitehall com as próprias mãos. Os rapazes e as moças eram membros da Household Cavalry que retornaram após os protestos terem diminuído e começaram a esfregar o grafite da estátua do conde Haig. Isso foi pouco depois de pelo menos um outro manifestante ter sido fotografado escalando o Cenotáfio e desfigurando o memorial da Grã-Bretanha para os mortos das duas guerras mundiais.

Esses e outros monumentos de Whitehall haviam sido pintados com spray com "ACAB" [sigla em inglês para "todos os policiais são uns desgraçados"] e outros *slogans* do BLM. Uma jovem, apontando a câmera de seu celular, procurou "constranger" os rapazes e as moças por limparem os monumentos. Outros manifestantes insultaram os jovens soldados por seus atos. Primeiro, por retirar algumas das faixas de protesto que haviam sido deixadas espalhadas ao redor de Whitehall. Segundo, por ousar tentar limpar o grafite. "Não conseguiram esperar nem um dia", uma mulher os provocou. "Nem um dia sequer. Por causa de seu precioso memorial."

Claro, para qualquer britânico, esses memoriais são realmente preciosos. Eles representam os sacrifícios que todas as famílias da nação fizeram para manter seu país livre da tirania. Para a maioria dos britânicos, o sacrifício feito pelas gerações anteriores em seu nome não é uma coisa engraçada, ou superficial, ou algo a ser ridicularizado. É profundo e inegociável.

Entretanto, esse desejo de zombar dos lugares sagrados do Ocidente parece quase insaciável. E se espalhou por toda parte. No Canadá, durante o verão do BLM, multidões já haviam derrubado uma estátua de *sir* John Macdonald, o primeiro primeiro-ministro do Canadá e a coisa mais próxima que o país tem de um fundador. Em meados de 2021, houve um ressurgimento dessa iconoclastia antiocidental. Até 1982, o Canadá celebrara o Dia do Domínio em 1º de julho. Entretanto, o "Dia do Canadá" foi considerado mais

115

inclusivo, e esse acordo quase durou até 2021, quando o sentimento contra o Canadá, dentro do Canadá, vinha crescendo. Outra estátua de Macdonald foi derrubada e, no mesmo dia, multidões se reuniram no Parliament Hill para gritar, em coro, "Shame on Canada" [Que vergonha, Canadá!]. O primeiro-ministro Justin Trudeau ordenou o hasteamento da bandeira nacional a meio mastro. E em todo o país os manifestantes pareciam ansiosos para arrancar todo e qualquer monumento ao passado ocidental do país. Uma estátua do explorador *sir* James Cook foi derrubada e, em Winnipeg, grandes multidões armadas com cordas e ganchos puxaram a enorme estátua entronizada da rainha Vitória de seu pedestal. E então a turba realizou o mesmo ato ritual de vingança em uma estátua da atual monarca, a rainha Elizabeth. Em apenas alguns anos, um dia de celebração da confederação do Canadá como país se transformou em oportunidade para uma orgia de ataque a tudo o que é canadense.

Durante essa estranha debandada no Canadá, como em tantos outros casos, toda a história do país e de todo o Ocidente tornou-se estranhamente pervertida. Tanto as verdades quanto as mentiras eram exageradas, depois rodopiadas em um ciclo de indignação. Assunções de culpa óbvia foram feitas, seguidas de uma busca exaustiva de responsáveis para culpar. Sempre a força culpável é o Ocidente, bem como as instituições e ideias formadoras dele. A história se torna a história dos pecados ocidentais. E a ignorância reina, não apenas sobre qualquer coisa boa que o Ocidente já fez, mas sobre qualquer coisa ruim que qualquer outro já tenha feito.

O GRANDE DESPOJO

Fixa-se nessa narrativa uma debandada dentro do Ocidente para se livrar de sua própria história. E, há alguns anos, estranhos rompantes começaram a acontecer. Por exemplo, nos últimos anos, universidades e outras instituições públicas começaram a ordenar auditorias históricas de si mesmas para ver se – ou até que ponto – elas poderiam ter se beneficiado do comércio de escravos ou do império. O veredicto de culpado é sempre predeterminado. Todavia, exatamente o que deveria ser feito para executar reparações nunca fica claro.

Nesse ínterim, esses estranhos espasmos podem surgir em qualquer lugar. Em 2019, a Universidade de Cambridge anunciou que realizaria uma auditoria sobre se – ou como – poderia ter se beneficiado do tráfico de escravos. Uma consequência veio em maio daquele ano, quando foi anunciado que o St. Catharine's College removera um sino que estava em exibição. O sino em questão foi considerado

HISTÓRIA

suspeito por ter estado uma vez em um *plantation* de escravos. Portanto, ele foi "desligado" da vista do público enquanto mais investigações sobre o objeto inanimado seriam conduzidas. Nesses momentos, você pode começar a se perguntar se estamos entrando nos reinos da magia de Nárnia. Esses itens carregam consigo algum tipo de matéria escura? Os *plantations* voltarão se o sino tocar? Ainda não está claro. Um tutor sênior da St. Catharine's afirmou, simplesmente: "(...) [que a faculdade queria] refletir sobre nosso compromisso com a diversidade, a inclusão e a formulação de perguntas desafiadoras".[174]

Está claro que nenhuma instituição pode se dar ao luxo de ficar para trás no momento atual. Em Londres, o Museu Britânico foi novamente pressionado. Em agosto de 2020, ele cedeu à pressão para remover o busto do colecionador Hans Sloane, seu fundador. O busto de Sloane foi removido de seu pedestal e recolocado em um gabinete porque, segundo a explicação recebida, sua coleta "foi parcialmente financiada pelo trabalho de africanos escravizados nos *plantations* de açúcar da esposa dele".[175] Inevitavelmente isso levou a novos pedidos para que o museu devolvesse vários itens da coleção. Pela primeira vez, as demandas para devolver os mármores do Partenon a Atenas foram ofuscadas por demandas para devolver os bronzes do Benim ao país que hoje é a Nigéria, de onde eles vieram originalmente, na década de 1890. Seguiu-se um livro influente, alegando, erroneamente, que os bronzes foram "saqueados" por uma expedição de homens britânicos em um exemplo de "racismo", "capitalismo extrativista corporativo" e "protofascismo". Na verdade, os bronzes foram apreendidos como espólio de guerra depois que uma expedição de homens britânicos foi massacrada ("talvez tenham perdido suas vidas", diz o autor de *The Brutish Museums*). Aliás, os quatro britânicos foram sacrificados pelo obá do Benim, que ainda operava um mercado de escravos. As cabeças decepadas dos britânicos apareceram um dia depois, com mordaças na boca.[176]

Entretanto, como em tantas outras ocasiões no momento atual, quase todo o conhecimento real do que acontecera no caso em questão havia sido esquecido muito tempo antes. A história fora reescrita como uma melodia de uma nota só, como todo o resto: uma história de racistas ocidentais se aproveitando de nativos inocentes. Tal era a pressão sobre uma instituição que outra instituição logo cedeu. Em abril do ano seguinte, a Igreja da Inglaterra anunciou que estava enviando de volta à Nigéria dois bronzes do Benim que se encontravam em sua coleção. Constatou-se que esses dois bronzes, na verdade, haviam sido ofertados como presentes ao antigo arcebispo de Canterbury, Robert Runcie, em 1982, pela Universidade da Nigéria. Então, agora, em um ataque de culpa, a Igreja da Inglaterra anunciava a devolução de alguns presentes recentes como se quisesse tirar uma propriedade roubada de suas mãos.

INTERLÚDIO

REPARAÇÕES

O que o Ocidente pode fazer com tal catálogo de pecados sendo direcionado a ele? O que alguém poderia fazer? Como esses erros podem ser corrigidos sem punir os inocentes e recompensar os indignos? É um quebra-cabeça que paira sobre toda e qualquer injustiça histórica. É necessária uma quantidade considerável de cuidado para manejar esse bisturi moral, e mais ainda para empunhá-lo sem matar o paciente durante a cirurgia.

Antes de tudo, o que se deve fazer é descobrir se o erro de fato ocorreu e qual pode ser sua extensão. Em seguida, é necessário descobrir quem foi prejudicado e quem fez a coisa errada. Se o perdão ou o pedido de desculpas é necessário, então quem pode oferecê-lo e quem pode aceitá-lo? Se a situação demandar algum tipo de compensação ou restituição, de onde virá e para quem irá?

Essas são apenas algumas das questões que perduram no debate sobre a história do Ocidente. E esse processo de questionamento não é, em si, incomum. Toda a história e a geografia são reivindicações e contra-alegações sobre quem prejudicou quem e qual grupo de pessoas ainda deve a outro grupo de pessoas por um erro histórico. Às vezes essas lutas acabam sendo territoriais, como em Chipre ou no Saara Ocidental. Às vezes elas são sobre qual grupo é visto como tendo se destacado na mesma sociedade. Ao longo da história, tais conflitos se extinguiram e puderam ser reiniciados com extraordinária facilidade. Não é difícil provocar animosidade contra um determinado grupo retratando-o como aquele que se beneficiou injustamente em detrimento de outros. A história está repleta de versões de como isso se dá. Portanto, uma quantidade extraordinária de cuidado será necessária se você fizer alegações de irregularidades contra grupos inteiros de pessoas, mais ainda sobre grupos étnicos inteiros.

Pode não ser surpresa que nenhum dos refinamentos morais demandados seja posto em prática nos dias atuais quando se trata do Ocidente ou do grupo étnico que compôs a maioria da população dele. Muito pelo contrário, na verdade. Os oponentes e competidores do Ocidente parecem entusiasmados não apenas por poderem dizer o que quiserem sobre ele, mas também por lhe fazerem exigências extraordinárias. Quanto mais ultrajantes, melhor.

REPARAÇÕES

Repito: nada disso é especialmente novo, mas foi muito acelerado nas últimas décadas. A demonização do Ocidente e dos povos ocidentais é agora a única forma aceitável de intolerância em fóruns internacionais como os das Nações Unidas. Se a demonização das nações africanas fosse a norma, isso seria facilmente identificado. O mesmo aconteceria com qualquer outra cultura. Exceto com o Ocidente.

Qualquer um que duvide disso deveria se lembrar de um evento de apenas duas décadas atrás na cidade costeira de Durban, na África do Sul. A Conferência Mundial contra o Racismo, Discriminação Racial, Xenofobia e Intolerância Relacionada ocorreu entre 31 de agosto e 8 de setembro de 2001. Como era de se esperar, dados tais auspícios, a conferência foi menos sobre combater o racismo e a intolerância do que sobre mostrá-los. O Estado de Israel foi alvo de um ataque particularmente virulento. Chegou a tal ponto que alguns dos países ocidentais começaram a se sentir tão desconfortáveis com a quantidade de abusos sendo cometidos em uma reunião destinada a combater a discriminação que os representantes dos Estados Unidos e de Israel abandonaram o local. Outros países ocidentais ameaçaram sair, mas permaneceram. Os ultrajes dessa conferência – patrocinada pela ONU – logo foram ofuscados pelos ultrajes maiores que aconteceram em Nova York, Washington, D. C. e em um campo na Pensilvânia apenas três dias após o término da convenção. Porém, tudo o que aconteceu em Durban deveria ter sido mais bem compreendido. Porque cada detalhe disso demonstrava a orgia de oposição ao Ocidente que não apenas preparou o cenário para o 11 de Setembro como que já havia se tornado a posição padrão aceitável dos antiocidentais em todo o mundo.

A presunçosa "declaração" publicada no final da conferência preencheu todos os requisitos para as várias potências antiocidentais que lideraram a maior parte do evento. Embora o antissemitismo que atravessara a conferência tenha sido minimizado no documento final, foi considerado provado que não havia nada de errado no mundo que não pudesse ser colocado na conta do Ocidente. Cada crime infinitamente ensaiado do Ocidente foi usado como única explicação para o racismo e a discriminação globais. Todos e quaisquer aspectos negativos da vida na África, no Oriente Médio, no Extremo Oriente e em outros lugares foram ignorados ou considerados culpa do Ocidente, independentemente de outros fatores.

Por exemplo, de acordo com a declaração final em Durban, "reconhecemos que o colonialismo levou ao racismo, à discriminação racial, à xenofobia e à intolerância relacionada". Ela alegou que o povo africano ainda sofre suas consequências e que não apenas o colonialismo deveria ser "condenado", mas sua recorrência deveria ser "impedida". Algo que os líderes africanos não conseguiram fazer nas duas décadas seguintes, quando venderam seus países para a Iniciativa do Cinturão e Rota da China. Em outros trechos, a declaração condenava "o comércio transatlântico de escravos" (o único comércio de

A GUERRA CONTRA O OCIDENTE

escravos que foi destacado e nomeado). Também pedia reparações a serem feitas pelos países responsáveis por essas atrocidades.[177] De certa forma, essas conclusões foram leves, dada a natureza da conferência que levou ao documento final.

Porque houve muitos destaques nesse frenesi antiocidental que foi a conferência de Durban. Por exemplo, viu-se o governo de Robert Mugabe (então aterrorizando e assassinando fazendeiros brancos no Zimbábue) pedindo à Grã-Bretanha e aos Estados Unidos que "se desculpassem de forma sincera por seus crimes contra a humanidade". Alguém chamado Matthew Coon Come, chefe das "Primeiras Nações" do Canadá, disse aos delegados da ONU que ele e seus companheiros nativos foram vítimas de "uma síndrome racista e colonial de espoliação e discriminação". Isso foi muito bem recebido pelos delegados. Quando Coon Come afirmou que o governo em Ottawa tinha, apenas um ano antes, ordenado que "turbas brancas" atacassem o povo das Primeiras Nações (uma invenção da imaginação de Coon Come), os delegados aplaudiram ruidosamente. É claro que o governo acusado desses crimes pagou a passagem aérea de Coon Come para ir a Durban e fazer essas acusações contra as autoridades canadenses. Entretanto, essa ironia precisou se juntar a uma longa fila em Durban.

O ministro das Relações Exteriores sírio estava entre os outros progressistas que usaram a conferência para fazer seu discurso contra o Ocidente por sua xenofobia e seu preconceito. O termo "tecnorracismo" foi inventado na conferência para tentar afirmar que o capitalismo era, em sua essência, um empreendimento racista. A maior ovação de todas foi reservada a Fidel Castro, apresentado à conferência como o líder do "país mais democrático do mundo". Em 2001, Fidel havia negligenciado a realização de eleições livres e democráticas em Cuba durante quatro décadas. Entretanto, isso não importava para os participantes em Durban. Na verdade, nada importava para eles a não ser atacar as democracias ocidentais, culpá-las por todos os males do mundo e elogiar qualquer um que fosse visto como inimigo ou antagonista do Ocidente. Talvez o único desacordo significativo em Durban tenha sido sobre a quem as reparações deveriam ser pagas. Para vários participantes afro-americanos, as reparações deveriam ser pagas aos indivíduos, ao passo que, como Mark Steyn observou na época, os presidentes africanos presentes pareciam acreditar que "seria mais conveniente se o Ocidente apenas deixasse um grande cheque no palácio presidencial".[178]

Houve até um momento em que a Organização da Unidade Africana declarou que as reparações pelo massacre em 1994 da tribo tútsi pela tribo hutu em Ruanda – que conquistou sua independência da Bélgica em 1962 – deveriam ser pagas pelo governo norte-americano.

Qualquer pessoa familiarizada com o funcionamento do Conselho de Direitos Humanos da ONU, em Genebra, estará familiarizada com esse sistema de valores.

Lá, Israel, os Estados Unidos e as potências europeias são constantemente repreendidos por crimes históricos por luminares dos direitos humanos, como Irã, Síria e Venezuela. A maior parte desse processo pode ser atribuído a técnicas para enganar e distrair. Como aconteceu em 2020, quando a Coreia do Norte chamou os Estados Unidos de "terra arrasada de direitos humanos" e de país de "racistas extremos", citando os protestos do BLM e a morte de George Floyd como justificativa.[179] É difícil imaginar um país, em qualquer lugar do mundo, em que o racismo seja tão instilado na população em geral quanto a Coreia do Norte. Como vi pessoalmente em uma visita ao país alguns anos atrás, a ideia da supremacia racial do povo norte-coreano é incutida desde o nascimento. Assim como um desprezo de viés racial pelos norte-americanos, ocidentais em geral, japoneses e muitos outros. A Coreia do Norte é um país que teme ativamente a miscigenação e tem feito esforços extraordinários para garantir que o sangue norte-coreano não seja "diluído".[180]

Órgãos internacionais como o Conselho de Direitos Humanos são lugares perfeitos para estados opressores desviarem a atenção de seus crimes em andamento e se concentrarem nos pecados históricos do Ocidente. A maioria dos países totalitários e até mesmo muitos não alinhados entre si acham útil cobrir os abusos uns dos outros dessa maneira. Entretanto, só porque alguns pedidos de reparação são cínicos e oportunistas não significa que todos eles sejam. Nos últimos anos, nos Estados Unidos em particular, tem havido um apelo, sério e crescente, para que alguma forma de reparação seja paga, e isso deve ser seriamente considerado. Ele inclui pedidos de reparações para os descendentes das vítimas do império e para os descendentes daqueles que sofreram com o tráfico transatlântico de escravos.

Durante muitos anos, essas ideias ficaram nos cantos "Fanonistas" da extrema-esquerda. Elas eram consideradas inviáveis, e dificilmente valia a pena discuti-las a sério. Então, em 2014, Ta-Nehisi Coates escreveu um artigo de capa para a revista *The Atlantic* intitulado "The Case for Reparations" [Argumentos Pró-Reparações] que propôs um argumento genuíno para uma transferência histórica de riqueza de um conjunto de grupos raciais na sociedade para outro.[181] Em seu ensaio de 15 mil palavras, Coates afirmou: "Algo além da pressão moral chama os Estados Unidos a reparações. Não podemos escapar de nossa história". A história que particularmente exigia reparações era a existência da escravidão e das leis de Jim Crow*. A alegação de Coates era que, como os norte-americanos negros ainda têm um desempenho

---

* As *leis de Jim Crow* e as disposições constitucionais estaduais de *Jim Crow* exigiam a segregação de escolas públicas, locais públicos e transporte público, assim como a segregação de banheiros, restaurantes e bebedouros para brancos e negros. As Forças Armadas dos Estados Unidos também foram segregadas.

inferior ao dos americanos brancos na renda familiar, essa desigualdade poderia ser atribuída ao legado do racismo nos Estados Unidos.

Sobre o ponto que ele levantou, Coates foi extremamente impreciso a respeito de como exatamente essa transação de reparação poderia ser realizada. Ele até alegou que achava que as reparações não pudessem ser alcançadas. Entretanto, o ensaio mudou o clima em torno da discussão. Na verdade, cinco anos depois, a revista *The New Yorker* disse que o artigo havia "mudado o mundo". Sobretudo tornando as reparações um importante assunto de debate entre os candidatos presidenciais democratas.[182]

Em todo o Ocidente, partes da esquerda também abraçaram o assunto. Em pouco tempo, o tema das reparações passou de politicamente inviável para politicamente crível. Na Grã-Bretanha, o manifesto do Partido Trabalhista de 2019 comprometeu a oposição à Sua Majestade a "conduzir uma auditoria do impacto do legado colonial britânico". A investigação resultante de 234 páginas sobre o Estado britânico publicada pelo Partido Trabalhista em 2021 declarou que a Grã-Bretanha "deveria fazer um pedido de desculpas sinceras a todos os países do mundo que o império invadiu e impactou negativamente" e que "o Estado britânico deveria criar um fundo de reparações (...) para comunidades em todo o mundo que podem apresentar perdas e prejuízos como resultado das ações do Estado britânico".[183]

Nos Estados Unidos, a questão se aproximou ainda mais do centro político e faz as demandas do Partido Trabalhista Britânico parecerem simples. Pois é nos Estados Unidos que se fala em transferência de riqueza – não uma transferência internacional de dinheiro, mas uma transferência de riqueza dentro do país de um conjunto de grupos raciais para outro. Os candidatos democratas à indicação presidencial em 2020 falaram sobre isso. E um dos primeiros atos do presidente Biden no cargo, em fevereiro de 2021, foi dar seu apoio a legisladores democratas que tentavam aprovar uma lei que criasse uma comissão para examinar a escravidão nos Estados Unidos e seus efeitos contínuos e investigar possíveis soluções. As possíveis soluções listadas incluíam pagamentos financeiros do governo aos descendentes de escravos para indenizá-los pelo trabalho não remunerado realizado por seus ancestrais.[184]

Intencionalmente ou não, essas pessoas e as autoridades norte-americanas estão lidando com uma questão mais profunda do que imaginam. Em seu artigo na *The Atlantic* sobre reparações, Ta-Nehisi Coates falou sobre as reparações alemãs a Israel como um tipo de modelo para o que as reparações poderiam ser nos Estados Unidos. Como ele também optou por fazer um paralelo com a Segunda Guerra Mundial, talvez uma história do mesmo período possa ser usada para exemplificar a profundidade do problema com o qual qualquer discussão sobre reparações deve lidar.

REPARAÇÕES

Em 1969, Simon Wiesenthal, sobrevivente do Holocausto e célebre caçador de nazistas do pós-guerra, publicou uma obra chamada *The Sunflower: On the Possibilities and Limits of Forgiveness*. Trata-se de um relato de algo que Wiesenthal diz ter acontecido com ele no campo de concentração de Lemberg. Em 1943, Wiesenthal fazia parte de um grupo que executava trabalhos forçados. Um dia, ele foi arrancado do trabalho e levado para o lado da cama de um soldado nazista moribundo. O homem, chamado no livro de Karl S., acabara se juntando à Juventude Hitlerista; de lá, subiu na hierarquia nazista até a SS — e durante esse tempo, ele participou de uma atrocidade em particular. Ele confessa ao homem judeu ao lado de sua cama que, em um dado momento da guerra, sua unidade destruíra uma casa na qual havia cerca de trezentos judeus. A unidade da SS incendiara a casa e, enquanto os judeus lá dentro tentavam escapar da construção em chamas, pulando das janelas, Karl S. e seus companheiros atiraram e mataram todos eles.

Essa passagem é descrita em um nível de detalhe considerável. Se o *Sunflower* fosse apenas isso, essa seria apenas mais uma das incontáveis histórias de atrocidades nazistas perpetradas contra judeus durante a Segunda Guerra Mundial. Entretanto, o livro de Wiesenthal não é sobre isso. É sobre o que se deu a seguir. Porque é claro que Karl pediu que um judeu fosse trazido a sua cabeceira por querer confessar esse crime em particular, e a um judeu em particular, porque ele quer tirar essa atrocidade particular de seu peito antes de sua morte iminente. É algo parecido com uma confissão no leito de morte. E é o que acontece a seguir que torna o livro de Wiesenthal tão memorável. Pois assim que o soldado da SS termina sua história, com o leitor talvez esperando algum tipo de reconciliação, Wiesenthal se levanta e sai do cômodo sem dizer uma palavra.

Mais tarde, Wiesenthal medita sobre se fez a coisa certa. A segunda metade do livro trata de um simpósio envolvendo uma série de pensadores e líderes religiosos que contribuíram com seus pensamentos sobre os eventos descritos por Wiesenthal. Notavelmente, muitos cristãos que contribuíram para esse simpósio acreditavam que Wiesenthal deveria ter oferecido algum tipo de perdão ao soldado. Entretanto, o consenso mais amplo que emerge dos colaboradores é que Wiesenthal fez a coisa certa. E se há uma razão para isso, é esta: que Wiesenthal, embora fosse judeu, como as vítimas do soldado, não tinha o direito nem a capacidade de perdoar o soldado pelo que ele fizera.

Para que o verdadeiro perdão ocorra, as partes envolvidas devem ser não apenas aquele que fez o mal, mas também aquele a quem o mal foi feito.

Wiesenthal podia ser judeu, como as vítimas. Entretanto, ele não tinha o direito de perdoar em nome de seus companheiros judeus mortos a tiros pelo soldado ao pularem de uma casa em chamas. Wiesenthal não era esses homens, mulheres e

A GUERRA CONTRA O OCIDENTE

crianças. Ele não era nem um parente próximo deles. Essas vítimas podem nunca ter desejado perdoar seus assassinos. Talvez elas odiassem seus assassinos para sempre e não quisessem que eles morressem em paz. O soldado da SS participara de um fim tão terrível para eles, então que direito tinha Wiesenthal de dizer, em nome de todas essas pessoas, que o soldado da SS estava perdoado? Por que o soldado da SS deveria morrer com uma parte sequer de sua consciência limpa, uma vez que não se importou com a consciência de tantos outros seres humanos?

Nessa história existe um ponto, muito poderoso e importante, quase totalmente perdido no debate sobre o perdão no mundo moderno. Nos últimos anos, os primeiros-ministros de países como Austrália, Canadá, Estados Unidos e Grã-Bretanha pediram desculpas por erros históricos. No caso, por exemplo, de as vítimas diretas desses males ainda estarem vivas, isso pode amenizar seu sofrimento e oferecer a elas uma sensação de encerramento. Todavia, quando falamos de desculpas por coisas feitas há séculos, entramos em um território ético diferente. Nessas situações, nem aqueles que se dizem vítimas nem os que assumem o manto de perpetradores o são. Quando se trata de desculpas pelo tráfico de escravos ou pelo colonialismo, estamos falando de líderes políticos e outros se desculpando com aqueles que não sofreram esses erros – embora alguns talvez apontem alguma desvantagem que possam alegar ter sofrido como resultado dessas ações históricas – por coisas que aconteceram antes de eles próprios terem nascido.

Qualquer pedido de desculpas começa com pessoas que podem ou não ser descendentes de pessoas que podem ter cometido algum erro histórico se desculpando com pessoas que podem ou não ser descendentes de pessoas que sofreram algum mal. No campo das reparações, isso se torna ainda mais confuso. Pois, nessa fase, a divisão entre vítimas e perpetradores no Ocidente não é, de forma alguma, clara. Enquanto os governos em quase todos os países não ocidentais são surpreendentemente homogêneos do ponto de vista étnico (considere a liderança política na Índia, China ou África do Sul), os governos em todos os países ocidentais são, hoje, compostos por pessoas de uma ampla variedade de origens étnicas. Nenhum gabinete ocidental seria capaz de discernir a diferença entre vítima e opressor, mesmo na mesa em torno da qual os decisores se sentam. Nem qualquer partido político. Basta considerar a dificuldade de se saber o que a senadora americana pelo Partido Democrata Elizabeth Warren considera que pode ou não ser devido.

Hoje, a questão das reparações não se resume a descendentes de um grupo pagando em dinheiro a descendentes de outro grupo. Ao contrário, tudo se resume a pessoas que se parecem com aquelas a quem um mal foi feito na história recebendo dinheiro de pessoas que se parecem com aquelas que podem ter feito esse mal.

124

REPARAÇÕES

É difícil imaginar algo mais capaz de destruir uma sociedade do que tentar uma transferência de riqueza com base nesse princípio.

Talvez seja por isso que as questões difíceis a respeito desse assunto sejam ignoradas por todos que defenderam a ocorrência de reparações. Por exemplo, se qualquer esquema desse tipo operasse nos Estados Unidos, o país teria que determinar cuidadosamente quais grupos raciais dentro dele foram mais prejudicados pela história norte-americana. Ele pode optar por limitar o alcance de suas atenções apenas à questão dos descendentes de escravos, embora não haja razão para tal. Entretanto, se isso acontecesse, então o prelúdio para as reparações precisaria ser o desenvolvimento de um banco de dados genético social. Talvez só fosse preciso criar isso para a população negra dos Estados Unidos. Nesse caso, seria necessário determinar como repartir os fundos disponíveis. Qualquer indivíduo que acredite que as leis de identificação eleitoral ou de vacinas são invasivas deve se preparar para as perguntas que seguirão esse processo.

Por exemplo, depois que o banco de dados genético for criado, terá que ser decidido se os únicos destinatários devem ou não ser aqueles que são cem por cento descendentes de escravos – se tais pessoas puderem ser identificadas. Apenas esses indivíduos devem receber uma bolsa integral? Alguém que é descendente de escravos apenas por parte de mãe deve receber cinquenta por cento da mesma quantia? O processo de restituição tentará aplicar a regra de uma gota, segundo a qual uma pessoa com um único ascendente originário da África Subsaariana (portanto, com "uma gota" de sangue negro) deve ser considerada negra? Em caso afirmativo, como garantirá que ninguém esteja aproveitando as torneiras financeiras resultantes? E, é claro, tudo isso se baseria na ideia de que uma vasta transferência de riqueza nos Estados Unidos de um grupo racial para outro na década de 2020 trará harmonia racial e não causaria nenhuma inflamação ou ressurgimento de mal-estar racial. Alguém pode ter certeza de que esse é o resultado mais provável?

Apenas cerca de 14% da população dos Estados Unidos é negra. Em 2019, mais da metade dessa população (59%) era da geração do milênio ou mais jovem (ou seja, com menos de 38 anos).[185] Durante toda sua vida, foi ilegal tratar as pessoas de maneira diferente por causa da cor da pele. As leis de Jim Crow estavam no passado, décadas antes de esse grupo nascer. A proibição oficial da importação de escravos para os Estados Unidos havia sido assinada dois séculos antes do nascimento desse grupo. Começar a aplicar reparações a essa comunidade exigiria uma clara diferenciação entre negros norte-americanos descendentes de africanos trazidos à força para os Estados Unidos e negros norte-americanos cujos ancestrais vieram voluntariamente para os Estados Unidos nos séculos seguintes à abolição da escravidão.

A GUERRA CONTRA O OCIDENTE

E as pessoas que pagam? Haverá muitas que vieram para as costas dos Estados Unidos após o fim da escravidão – a maioria das populações judaicas, asiáticas e indianas, por exemplo – que podem fazer uma objeção nesse momento. Por que aqueles cujos ancestrais não desempenharam nenhum papel em um erro deveriam ceder uma parte de seus impostos para pagar por algo que aconteceu gerações antes de sua família vir para os Estados Unidos? Aqueles cujos ancestrais morreram na Guerra Civil lutando pelo Norte devem receber alguma dispensa especial? Aqueles cujos ancestrais lutaram pelo Sul deveriam pagar desproporcionalmente mais?

Existem razões muito óbvias pelas quais as pessoas podem pedir reparações: por conveniência política ou na tentativa genuína de corrigir um erro histórico. Contudo, há uma razão igualmente óbvia pela qual elas quase nunca podem ser levadas a fornecer detalhes de como o processo poderia ser. Porque é um pesadelo organizacional e ético.

Sabemos também que, por mais que se faça para resolver o problema, nunca será suficiente. Sabemos disso sobretudo porque a tentativa da Grã-Bretanha de compensar o tráfico de escravos está no passado há mais de dois séculos e a questão de outras reparações ainda é levantada. Na verdade, o assunto é discutido como se os críticos não soubessem ou soubessem e ignorassem a quantidade de recursos que a Grã-Bretanha investiu na abolição da escravidão no século XIX. O contribuinte britânico pagou um alto preço pela abolição do tráfico de escravos durante quase meio século. E ficou provado que os contribuintes britânicos gastaram quase tanto na supressão do tráfico de escravos durante 47 anos quanto o país lucrou com isso no meio século anterior à abolição da escravidão. O que significa que os custos da abolição no século XIX foram quase certamente maiores para o contribuinte do que os benefícios obtidos no século XVIII.

O governo britânico da época gastou quarenta por cento de todo o orçamento nacional para comprar liberdade para aqueles que haviam sido escravizados.

Na época, a única maneira de o governo britânico conseguir o consenso necessário para abolir o comércio era compensar as empresas que haviam perdido receita por causa dessa medida. Essa quantia era tão grande que só foi totalmente quitada em 2015. E embora alguns ativistas tenham usado esse dado para mostrar o quão recente era o comércio de seres humanos, na verdade ele exemplifica os esforços sem precedentes que o governo estava disposto a empreender para acabar com esse comércio vil.

Dois estudiosos que fizeram alguns dos cálculos complexos necessários aqui estimaram que o custo da abolição para a sociedade britânica foi de pouco menos de 2% da renda nacional. E assim foi durante sessenta anos (de 1808 a 1867). Considerando os custos principais e os custos secundários (por exemplo, os preços

REPARAÇÕES

mais altos dos bens que os britânicos precisaram pagar ao longo desse período), alegou-se que a supressão do comércio de escravos no Atlântico por parte da Grã-Bretanha constituiu "o mais caro exemplo" de ação moral internacional "registrado na história moderna".[186]

Várias coisas poderiam ser aprendidas com esse processo. Entretanto, vale a pena notar que tais ações parecem ser quase totalmente desconhecidas na era atual. Além do mais, elas não parecem comprar absolutamente nenhuma folga no purgatório do presente para a Grã-Bretanha e o Ocidente em geral. Os britânicos podem ter pagado a mais em compensação por seu envolvimento no comércio de escravos; porém, isso parece não contar nada. Demandas por reparações internacionais e domésticas continuam existindo.

Existe um ponto final nessa questão? Existe sequer algum meio para chegar a esse ponto final? O precedente britânico sugere que não. Se os Estados Unidos encontrassem uma maneira de pagar reparações hoje, por que as mesmas demandas não surgiriam dois séculos depois, como aconteceu com a Grã-Bretanha? Se a grande máquina de reparações fosse derramar dinheiro, por que deveria ser uma oportunidade única na vida? Essa não é uma questão exclusiva dos exemplos britânicos ou norte-americanos.

Sempre que um país como a Grécia tem problemas financeiros, é possível encontrar políticos dispostos a dizer que a Alemanha deve pagar à Grécia por sua ocupação do país durante a Segunda Guerra Mundial. De fato, o primeiro-ministro Alexis Tsipras fez exatamente essa demanda, mais uma vez, em 2015. Não há como prever uma forma de pôr fim a essa demanda. A única certeza é que a Grécia nunca mais teria dificuldades financeiras.

O mesmo se aplica ao pagamento de reparações por império ou escravidão. Sempre haverá políticos africanos alegando que os problemas de seu país não têm a ver com nenhuma má gestão própria, mas com o colonialismo. O falecido Robert Mugabe foi um belo exemplo desse gênero. A única maneira de pôr fim a essas demandas seria todas as ex-colônias serem prósperas e bem administradas até o fim dos tempos, com governos que são, sempre e em todos os lugares, estranhos à corrupção.

Da mesma forma, como seria se as reparações fossem pagas no contexto norte-americano? Até mesmo escritores que defendem reparações, como Coates, brincam sobre as prováveis consequências de distribuir grandes somas de dinheiro a negros norte-americanos. Dave Chappelle fez uma esquete sobre a questão, mostrando negros gastando seus pagamentos de reparações em carros e rodas de luxo, roupas e muito mais. Seria um bom momento para comprar ações da Nike. Contudo, o fato sério é que só se poderia considerar que as reparações funcionaram se os negros

A GUERRA CONTRA O OCIDENTE

norte-americanos tivessem um desempenho igual ao de todos os outros grupos raciais ou realmente o superassem. E não apenas imediatamente após os pagamentos, mas em todos os anos num futuro próximo. Se os negros norte-americanos tivessem um desempenho inferior, então sempre se poderia argumentar que as reparações não haviam ocorrido adequadamente porque as desigualdades ainda existiam. Para que as demandas por reparações cessem, toda e qualquer disparidade de riqueza precisaria desaparecer não apenas uma vez, mas para sempre. Até isso acontecer, é difícil ver como os pedidos de compensação financeira poderão parar.

Nesse ínterim, é impossível não notar o quanto esse debate se tornou fantasticamente unilateral, mal-informado e hostil. Nenhum fórum mundial se concentra seriamente em nenhuma forma de reparação que não envolva o Ocidente. E há uma razão óbvia pela qual não há pedidos de reparação para os africanos sequestrados no comércio de escravos para o Leste: os árabes mataram, deliberadamente, os milhões de africanos que compraram. Porém, há pouca explicação sobre por que, hoje, são apenas as antigas potências coloniais ocidentais ou os antigos países escravistas que devem pagar qualquer tipo de compensação pelos pecados de dois séculos atrás. Não se espera que a Turquia moderna deva pagar dinheiro pelas atividades do Império Otomano. Um império que, aliás, durou o dobro do tempo dos impérios da Europa. Depois de todos esses anos, ainda são apenas os pecados do Ocidente que o mundo – incluindo grande parte do Ocidente – deseja permanecer olhando. É como se, ao olhar para os muitos e multivariados problemas existentes no mundo, uma única camada de respostas fosse fornecida para explicar todas as questões e fornecer todas as respostas.

Em 2021, durante uma discussão envolvendo, entre outros, um cineasta negro norte-americano e uma proeminente acadêmica e consultora de mídia negra da África do Sul, esta última me disse que "nós" vivemos em uma "sociedade patriarcal e supremacista branca". Perguntei a Asanda Ngoasheng (cujo trabalho foi descrito como focado na descolonização do currículo e em tentativas de "ampliar a conversa sobre raça, poder e gênero") o que "nós" queria dizer dentro desse contexto. Minha colega morava na África do Sul e falava de lá. A história desse país sem dúvida já esteve singularmente mergulhada na ignorância. Se alguém tivesse dito que a África do Sul sob o *apartheid* era uma sociedade de supremacia branca, estaria correto. Porém, perguntei à minha colega se ela quis dizer com toda a sinceridade que o mundo inteiro, incluindo a África do Sul de hoje, é uma sociedade de supremacia branca. "Sim", ela afirmou, "é isso o que estou dizendo." E acrescentou: "Não apenas na África do Sul, mas globalmente". E fiz a mim mesmo a pergunta: em que sentido se pode dizer que a África do Sul de hoje – um país cujo gabinete é inteiramente composto por sul-africanos negros – é uma "sociedade de supremacia branca"?

128

REPARAÇÕES

Óbvio que o país tem sua própria gama de problemas. Todavia, a supremacia branca me parece não estar entre eles. Foi-me dito que, como um branco não sul-africano, eu não tinha o direito de dizer que a África do Sul de hoje não é uma sociedade de supremacia branca. Minutos antes, a mesma pessoa se sentira à vontade para me dizer que a Grã-Bretanha é "o lar do racismo".[187] Não pela primeira vez, fiquei admirado com o fato de as generalizações sobre o Ocidente continuarem sendo as únicas que se permite que se façam. Enquanto isso, questões específicas sobre alegações específicas feitas sobre países não ocidentais são repelidas como se não pudessem conter nenhum mérito, e considera-se presunçoso até mesmo levantar esses pontos.

O que alguém do Ocidente – que dirá uma pessoa branca do Ocidente – pode fazer em tal situação? Até o momento, apenas algumas opções foram disponibilizadas.

Uma delas é criar a próxima geração de pessoas do Ocidente incutindo-lhes a sensação de que são herdeiras de uma fortuna ilegítima e ilícita. E todos e quaisquer eventuais benefícios que elas possam ter em suas vidas foram acumulados de forma desonesta e singularmente perversa. Essa parece ser a opção empregada por um número crescente de instituições, especialmente na Austrália, no Canadá e nos Estados Unidos.

Em meados de 2020, quando a crise da covid ainda estava em andamento e a educação universitária continuava sendo interrompida, os alunos do primeiro ano de todos os lugares começaram seu processo de intenso endividamento estudantil. A maioria vinha fazendo isso virtualmente. Na Universidade de Connecticut, os alunos do primeiro ano foram recebidos com um conjunto de eventos *on-line*. Em um deles, os alunos foram instruídos a baixar um aplicativo em seus celulares solicitando que digitassem seu endereço residencial. Então, o aplicativo os informou de qual tribo nativa norte-americana sua casa havia sido "roubada".[188] Portanto, essa é uma maneira de fazer a coisa: imbuir as pessoas de um sentimento infinito de culpa e vergonha atenuáveis.

Outra opção é tentar aliviar ou pagar parcelado essa culpa. Porém, como fazer isso? Em seu livro sobre privilégio branco, June Sarpong, radialista e escritora negra britânica (ela própria uma pessoa profundamente privilegiada), sugeriu uma série de ações que os brancos podem pôr em prática. Uma delas é "se educar sobre o passado".

O mês da história negra não é suficiente, de acordo com Sarpong. Ela diz que a história negra deveria ser ensinada nos 365 dias do ano.

O que mais os brancos podem fazer? Sarpong escreve: "Primeiro, você pode procurar preencher as lacunas deixadas em sua própria educação por um ensino incompleto da história negra", como o Império Britânico, ela sugere. Mais

A GUERRA CONTRA O OCIDENTE

importante, Sarpong diz que se pode dar apoio e fazer doações em dinheiro para vários grupos negros escolhidos por ela. Por fim, os brancos devem pressionar seus políticos para remover estátuas e monumentos de pessoas "que não deveriam ser veneradas no século XXI". Entretanto, mesmo isso é apenas enquanto "você se lembra de que existem batalhas maiores do que monumentos que precisam ser travadas e vencidas se quisermos derrotar o racismo sistêmico de uma vez por todas".[189]

Por outro lado, pode ser possível chegar à igualdade dando aos "não ocidentais" um passe livre e executando atos de vingança contra os "ocidentais". Parisa Dehghani-Tafti, a advogada do condado de Arlington, disse recentemente que planeja "encontrar maneiras de reduzir o encarceramento de negros" levando explicitamente a raça em consideração na tomada de decisões do Ministério Público. O ex-procurador-geral condenou a ideia, dizendo que "zomba da justiça cega e corrói a confiança no sistema de justiça criminal".[190] E, de fato, os faz.

Parisa Dehghani-Tafti parece estar interessada em garantir que quaisquer erros do passado sejam corrigidos criando novos erros.

Outros também veem isso como um caminho para a justiça. Em 2020, San Francisco aprovou a Lei CAREN – o nome vem do termo pejorativo "Karen", que nos últimos anos passou a significar mulher branca com postura autoritária –, que tornou crime de ódio fazer uma ligação "racialmente motivada" para o 911 contra um indivíduo negro "sem suspeita razoável de crime".[191] A lei torna um crime potencial chamar a polícia por causa de uma pessoa negra e faz com que os brancos se perguntem se serão eles que a polícia levará para interrogatório. Também é digno de nota que, no momento atual, insultos raciais são muito bacanas e podem ser transformados em lei desde que depreciem mulheres brancas.

Ambas as ações, em Arlington e em San Francisco, são desvios explícitos da garantia da Décima Quarta Emenda de "igual proteção pelas leis". Ambos assumem a forma de tratamento explicitamente desigual com base na raça. Lógico que levar isso adiante seria uma forma de vingança ou até de reparação. Entretanto, uma forma de vingança maior e mais comum é o que está acontecendo agora e se espalhando pela cultura.

Esse processo leva adiante uma das reivindicações centrais daqueles que atacaram os cursos de Civilização Ocidental nos Estados Unidos durante a década de 1980: que o melhor e mais fácil jeito de se vingar é destruindo todo o cânone e a tradição ocidentais. Existem várias maneiras de fazer isso. Porém, a que se tornou popular nas últimas décadas é criticar a tradição ocidental pelo fato de ela não levar em consideração ou integrar as experiências de vozes externas, tornando-a, efetivamente, inútil. Esse movimento afirma que grupos marginalizados nunca foram permitidos no panteão ocidental, que sempre foi hermeticamente fechado por razões preconceituosas. Alega que uma tradição iniciada com Platão e Sócrates não poderia compreender a atração pelo mesmo sexo. Que uma história que incluía Helena de Troia, Safo, Nossa Senhora, Jane Austen e Marie Curie não tinha lugar para mulheres. Mais importante ainda, afirma que a história ocidental, em vez de ser quase incomparavelmente diversa e voltada ao que lhe é externo, é, na verdade, uma tradição historicamente isolada e excludente.

A partir desse ataque indiscriminado à história ocidental, pode-se ver que todas as conquistas do Ocidente, seja a descoberta de novas terras ou o desenvolvimento da bomba atômica, podem ser usadas contra ele. Como se fosse óbvio que, se qualquer outro grupo de indivíduos houvesse chegado primeiro, os resultados teriam sido mais pacíficos, igualitários e socialmente justos. Não há nenhuma evidência disso. Na verdade, há uma grande quantidade de evidências de que as coisas teriam sido muito piores e mais sangrentas caso o Ocidente não tivesse sido o primeiro em toda uma série de descobertas.

Ainda assim, parece que não basta atacar o Ocidente apenas atacando todos os aspectos de sua história. Também é necessário atacar todos os outros aspectos de sua herança. Isso inclui seus pilares religiosos e filosóficos, em um esforço para fingir que uma das tradições mais ricas da Terra não merece nada além de destruição. As ferramentas usadas para levar a cabo esse ato de vingança já serão muito familiares.

CAPÍTULO 3

RELIGIÃO

Em 2012, alguns anos antes de ser atacado em Londres por ser branco, o general John Allen estava no Afeganistão, apelando ao "nobre povo afegão" nas televisões de todo o país ao qual tinha sido destacado. Um grave incidente ocorrera. Havia rumores – não confirmados, apenas rumores – de que alguns livros sagrados muçulmanos, incluindo o Alcorão, tinham sido descartados indevidamente em uma base aérea norte-americana ao norte de Cabul. Até então, ninguém sabia exatamente o que ocorrera. Entretanto, os tumultos já estavam começando, os clérigos extremistas calçavam suas botas e a imprensa mundial se preparava para uma grande história de profanação do Alcorão, ou organizava suas defesas.

"Estamos investigando o incidente em detalhes e tomando medidas para garantir que isso nunca mais aconteça", prometeu o general Allen, com um inconfundível tom de súplica. Jurando não haver nada intencional nessas ações, ele garantiu que "(...) [assim que as forças aliadas] tiveram conhecimento delas, imediatamente interviemos e as interrompemos". Ele anunciou que "(...) as autoridades religiosas apropriadas vão lidar devidamente com os materiais recuperados".

Pode-se criticar o general ou elogiá-lo por esse discurso, que pode ter tido um tom de súplica ou de diplomacia. O que ninguém poderia dizer era que a época seria capaz de ignorar o relato de uma queima do Alcorão. Em qualquer lugar do mundo onde o Alcorão tenha sido desrespeitado, tumultos e muito mais sempre se seguiram. Em 2010, quando um pastor maluco da Flórida ameaçou queimar um Alcorão, houve uma intervenção do próprio general David Petraeus. Em outras palavras, não havia nada exagerado no medo do general Allen.[192]

Por outro lado, em agosto de 2020, pelo menos uma Bíblia – possivelmente mais – foi queimada em frente às câmeras, em Portland, Oregon. A princípio, a mídia norte-americana decidiu que isso não era um evento importante. Então, alguns alegaram que as reportagens eram, na verdade, desinformação russa. Os detalhes do que aconteceu no Oregon depois da meia-noite de 1º de agosto são muito contestados. Pelo menos uma Bíblia foi vista sendo queimada em imagens transmitidas ao vivo em um *feed* na plataforma Ruptly. A história imediatamente correu

RELIGIÃO

o mundo. A ideia de que uma queima de Bíblias teria sido uma das características dos protestos noturnos do Antifa nos Estados Unidos era, no mínimo, sugestiva para muitos comentaristas nacionais e internacionais. Certamente, e inevitavelmente, alguns sites de megafonia russos assumiram a causa. Foi apenas nessa fase que o *The New York Times* e outros veículos começaram a escrever sobre a história, para destacar como os sites de notícias apoiados pela Rússia visam "alimentar queixas e aprofundar as divisões políticas". Vários republicanos proeminentes tuitaram sobre a história, pelo menos um deles alegando que uma pilha de Bíblias fora queimada. Porém, como escreveu o *The New York Times*, "a verdade era muito mais banal. Alguns manifestantes, entre os muitos milhares, parecem ter queimado uma única Bíblia – e possivelmente uma segunda – para acender um fogo maior".[193] Portanto, nada realmente importante aconteceu.

É um grande contraste. Por um lado, se houver um boato em qualquer lugar do globo sobre o manuseio incorreto de um livro sagrado islâmico, o alto escalão das forças armadas norte-americanas imediatamente anuncia uma situação de DEF-CON 1, equivalente à máxima prontidão das forças de defesa. Entretanto, se uma Bíblia é queimada em uma cidade norte-americana, um jornal do país diz que nada realmente importante aconteceu, porque eram só algumas Bíblias; além disso, elas estavam apenas sendo usadas como gravetos. Claro, é verdade que as comunidades muçulmanas ao redor do mundo podem ser mais inflamáveis em torno dessas questões do que as sociedades cristãs ou pós-cristãs médias.

Essa história serve como um lembrete de que o Ocidente, hoje, está disposto a proteger e reverenciar quase todos os lugares sagrados, desde que não sejam os seus.

Em parte, isso se deve à queda histórica na afiliação às igrejas cristãs na última geração. No Reino Unido, a frequência de idas à igreja caiu mais da metade nos últimos quarenta anos. Paralelo a isso, o número de americanos que se identificaram como cristãos caiu mais de doze por cento apenas na última década. A mesma tendência pode ser vista em todos os países do mundo ocidental, e onde há quaisquer aumentos anômalos ou mesmo platôs da crença cristã, essa manutenção é, quase sempre, resultado de comunidades imigrantes. O abandono do cristianismo é um dos casos mais significativos do século passado no Ocidente e afetou quase todas as suas principais instituições e populações. Você pode lamentar ou comemorar isso. De todo modo, o fato é inegável.

Ainda assim, não é o caso de a lacuna resultante ser deixada vazia. Essa lacuna foi inundada por muitas religiões e pseudorreligiões. À medida que o cristianismo foi abandonado, uma nova religião em particular encontrou seu caminho no *mainstream* cultural, começando nos Estados Unidos e inundando o mundo ocidental a partir de lá. É o que John McWhorter, professor de linguística da Universidade de

A GUERRA CONTRA O OCIDENTE

Columbia, chamou de nova religião do antirracismo. Esse novo sistema de crenças tem muito em comum com o de outras religiões da história e é, como escreveu McWhorter, "um movimento profundamente religioso em tudo, menos na terminologia". Tem um pecado original ("privilégio branco"), tem um dia de julgamento ("chegar a um acordo com a raça") e tem "a excomunhão do herege" (envergonhar as pessoas na mídia social e muito mais).[194]

Assim como os seguidores de todas as novas fés, aqueles da religião do antirracismo olham com desprezo para o principal sistema de crenças que existia em sua sociedade antes deles. Eles o consideram bárbaro e ignorante. Eles desprezam aqueles que não se juntaram a seu grupo de eleitos, sobretudo os que acreditam ter visto o que viram e, ainda assim, chegaram a conclusões diferentes. Crucialmente, essa nova religião constitui *algo a se fazer*. Com todas e quaisquer outras grandes narrativas destruídas, a religião do antirracismo enche os indivíduos de propósito e de senso de significado. Isso lhes dá motivação e permite que vejam para onde estão indo. Permite-lhes imaginar um planalto perfectível em busca do qual eles e todos os outros no mundo podem lutar. Isso os imbui de confiança e consolo, dividindo a sociedade em que estão entre santos e pecadores de uma maneira que lhes dá a ilusão de grande percepção. Talvez mais crucialmente, também lhes permite guerrear contra suas próprias origens. O apelo desse conflito não deve ser subestimado. É um instinto muito arraigado o de destruir, queimar e cuspir em tudo o que o produziu. E, claro, há um último apelo: a oportunidade de tratar mal outras pessoas sob o pretexto de fazer o bem.

Ainda assim, é notável que a nova religião acredite não apenas que não deve nada a suas origens, mas que suas origens são, de fato, parte do problema. Há uma leitura da teoria da justiça social e do antirracismo que pode surgir das tradições ocidentais – principalmente do cristianismo ocidental. Um verdadeiro movimento de justiça social poderia reconhecer essas tradições como tendo lhe dado origem e continuar olhando para as tradições de antirracismo, anticolonialismo e antiescravidão dentro da herança cristã. Seria possível até olhar para essas tradições para proporcionar saídas de quaisquer situações nas quais as pessoas se encontrem atualmente – vendo-as como detentoras de um estoque de sabedoria e conhecimento que poderia valer a pena usar agora, assim como se recorreu a elas no passado.

No entanto, é exatamente isso que os seguidores da nova religião não fazem. As fontes do Ocidente – as tradições de Atenas e de Jerusalém – são, na verdade, o último lugar que o novo devoto procuraria em busca de orientação ou consolo. E isso não é totalmente uma surpresa. Um padrão estranho reaparece aqui: algo que é, em si mesmo, um elemento de longa data da mente ocidental.

RELIGIÃO

Essa é uma disposição para celebrar e santificar qualquer coisa, desde que não faça parte da tradição ocidental, e venerar qualquer outra coisa no mundo, desde que não faça parte de sua própria herança. Essa é a tendência que leva os jovens norte-americanos e europeus a viajar pelo mundo para encontrar os templos do Extremo Oriente, ao passo que não despendem nenhum instante às portas de suas catedrais. Às vezes, isso se manifesta como uma simples admiração pelo exótico. Às vezes, parece uma forma de ódio pela própria sociedade ocidental.

Certamente, tem uma longa e distinta tradição. Em seu "Sermão dos Cinquenta" (1762), Voltaire atacou magistralmente o que ele via como as contradições, o absurdo e a evidente inverdade da religião cristã. No entanto, ele teve uma visão diferente de outras religiões. Em seu *Essai Sur Les Moeurs* [Ensaio sobre os Costumes e o Espírito das Nações] (1756), Voltaire reflete sobre a religião do Islã e considera seus ensinamentos belos e admiráveis em sua simplicidade. Uma trilha semelhante passou pelo pensamento ocidental durante séculos. Ela existe não apenas na exaltação de outras tradições religiosas. Na maioria das vezes, ela se exerce usando-se outros povos e culturas como forma de mostrar como somos carentes de traços admiráveis no Ocidente.

Como mostrou Edward Said, não é apenas fácil, mas também recompensador examinar cinco séculos de pensamento ocidental e afirmar que ele sempre foi dominado apenas por um sentimento de superioridade ou arrogância em relação a outras culturas. Entretanto, pelo menos tão óbvia quanto isso tem sido a tradição ocidental de venerar – na verdade, idealizar – qualquer cultura desde que não seja ocidental. Embora, naturalmente, isso crie um ideal que ninguém poderia atingir.

Era comum os primeiros exploradores que estudaram as culturas dos países que encontraram verem os nativos exatamente sob essa perspectiva. Na verdade, eles consideravam esses povos tão invejáveis que muitas vezes os enxergavam como se vivessem em algo como o Éden. O próprio Cristóvão Colombo descreveu as tribos que conheceu no Caribe dessa exata maneira – vivendo como Adão e Eva. Essas tribos pareciam estar no paraíso, e os europeus eram tão propensos a vê-las com admiração e inveja quanto com qualquer outra coisa. Esse foi decerto o caso de Louis Antoine de Bougainville quando deparou com os homens e as mulheres da Polinésia no século XVIII. Tudo isso contribuiu para o que é, claramente, uma necessidade profunda dos seres humanos: pensar em um local intocado. Acreditar que existe um lugar onde tudo é paz e onde as aflições e lutas da civilização podem ser evitadas.

Entretanto, a mente ocidental não apenas idealizou tais sociedades: ela as usava, de maneira consistente, para criticar as sociedades ocidentais por seus fracassos. Às vezes, isso tomava uma forma quase cômica. Por exemplo, em sua obra *De orbe novo*,

A GUERRA CONTRA O OCIDENTE

de 1516, Peter Martyr d'Anghiera, humanista e prelado, comparou com uma negatividade extraordinária os conquistadores espanhóis às pessoas que eles encontraram no Novo Mundo. D'Anghiera criticou os espanhóis por sua ganância, por sua crueldade e por sua intolerância. Em comparação, os nativos deveriam ser admirados e, de muitas maneiras, invejados. D'Anghiera afirmou, entre outras coisas:

> Eles andam nus, não conhecem pesos, nem medidas, nem aquela fonte de todos os infortúnios, o dinheiro; vivendo em uma era de ouro, sem leis, sem juízes mentirosos, sem livros, satisfeitos com sua vida e de modo algum preocupados com o futuro.

Eles viviam, pensou ele, "na era de ouro".[195]

Com o passar do tempo, ficou claro que os escritores ocidentais nem precisavam viajar para outros lugares para compará-los favoravelmente com os seus. Em seu famoso ensaio *Dos Canibais* (ca. 1580), Michel de Montaigne, um dos homens mais educados e cultos da história, transmitiu o que lhe havia sido dito a respeito de pessoas além do litoral da Europa. Especificamente sobre tribos acusadas de canibalismo:

> Acho (pelo que me disseram) que não há nada de selvagem ou bárbaro nesses povos, mas que todo homem chama de bárbaro tudo a que não está acostumado; a questão é que não temos outro critério de verdade ou de justa razão senão o exemplo e a forma das opiniões e dos costumes de nosso próprio país. Lá, sempre encontramos a religião perfeita, a política perfeita, a maneira mais desenvolvida e perfeita de fazer qualquer coisa![196]

Isso pode ter sido verdade na época de Montaigne. Porém, não foi verdade por muito mais tempo no Ocidente. Com o passar dos séculos, uma tendência diferente emergiu. Quaisquer que fossem as opiniões e os costumes do Ocidente, eles eram os piores. Qualquer que fosse a religião de sua própria sociedade, ela era a pior. O que Montaigne afirmou se tornou exatamente o inverso nos séculos que se seguiram à sua morte. E foi em parte por causa de uma esquisitice que ele expressou naquele mesmo ensaio. A certa altura, Montaigne afirmou o seguinte sobre as tribos canibais:

> "(...) [nós] os superamos em todo tipo de barbárie. Sua guerra é inteiramente nobre e magnânima; tem tanta justificação e beleza

RELIGIÃO

quanto permite a aflição humana (...). Eles ainda estão naquele estado abençoado de não desejar nada além do que é ordenado por suas necessidades naturais: para eles, qualquer coisa além disso é meramente supérflua.[197]

Essa é uma grande afirmação a se fazer: de que até mesmo a guerra de outras pessoas é "inteiramente nobre e magnânima". No entanto, repetidamente, os filósofos do Ocidente – algumas das pessoas mais cultivadas e culturalmente esclarecidas de sua época – fizeram afirmações semelhantes sempre que tiveram a chance. Outras sociedades forneciam uma lousa em branco na qual poderiam ser escritos todos os hábitos, maneiras e virtudes tidos como ausentes no Ocidente.

Ninguém se destacou tanto nesse costume quanto Jean-Jacques Rousseau, homem de extraordinária erudição e habilidade. Não havia nada sobre o que ele não pudesse desenvolver uma teoria, ainda mais quando ele não tinha conhecimento direto do assunto em questão.

Por exemplo, embora o próprio Rousseau nunca tenha viajado para países distantes, ele desenvolveu muitas teorias sobre as pessoas que neles viviam. Em específico, Rousseau acreditava que elas viviam em um estado de natureza em que todos os homens eram essencialmente iguais. Esse é um dos temas mais importantes em seu influente *Discurso sobre a Origem e os Fundamentos da Desigualdade entre os Homens* (1755). No estado de natureza, as pessoas não têm os problemas que têm em lugares como as sociedades de origem de Rousseau, a Suíça e a França. Ao mesmo tempo, Rousseau era sábio o suficiente para saber que se entregava a um sonho. A certa altura, ele diz que o estado sobre o qual escreve "não existe mais (...) talvez nunca tenha existido (...) [e] provavelmente nunca existirá".[198] Ainda assim, ele deixou uma maneira de sonhar de que outros lançaram mão nos séculos vindouros.

Claude Lévi-Strauss, o grande antropólogo francês do século XX, foi apenas um dos que veneraram e protegeram a chama de Rousseau. Lévi-Strauss certa vez o descreveu como "nosso mestre e nosso irmão" e demonstrou várias vezes seu sentimento de que aqueles que vieram depois de Rousseau não eram dignos dele e não o haviam honrado o suficiente.[199] Entretanto, como apontaram vários críticos astutos de Rousseau e Lévi-Strauss, Rousseau não glorificou o estado de natureza como um fim em si mesmo. Ele o fez porque queria compará-lo com a Paris de sua época – e em detrimento de Paris. Para Rousseau, os nobres selvagens eram admiráveis, mas o mais importante é que eram úteis. Eles eram um florete de esgrima para seus embates contra a sociedade que ele habitava.

No entanto, muitos acreditaram em sua palavra. Entre eles, também houve alguns que vieram a se arrepender. Em 1772, o explorador francês Marc-Joseph

A GUERRA CONTRA O OCIDENTE

Marion du Fresne e seus homens, entre os quais se destacava Julien-Marie Crozet, um de seus oficiais, se encontravam em uma expedição à Nova Zelândia. Esses homens, ainda embriagados em níveis variados pelas teorias de Rousseau, acreditavam na inocência do estado de natureza. Eles precisaram aprender da maneira mais difícil o que Rousseau imaginara da maneira mais fácil. Marion du Fresne e muitos dos tripulantes foram massacrados em um ataque maori aparentemente não provocado. A reverência dos sobreviventes pelas teorias de Rousseau não sobreviveu a esse encontro inicial com o povo maori, que não se comportara da maneira como Rousseau esperava.

Todavia, a tendência de exaltar todos os não ocidentais sobreviveu a Rousseau e Marion du Fresne. No século XX, a moda de usar nativos não ocidentais como meio de criticar o Ocidente permaneceu. A bem da verdade, ela foi acelerada, com a estranheza adicional de que então muito do que havia sido afirmado nos séculos anteriores não apenas estava comprovadamente errado, mas também podia ser visto como ofensivamente ingênuo.

Foi inevitável, talvez, que a tendência tenha prosperado, sobretudo na academia. Por exemplo, no final da década de 1980, um professor da Universidade do Kansas ainda podia ser visto falando com entusiasmo sobre povos nativos não ocidentais. Escrevendo sobre o povo maori, Allan Hanson não resistiu a compará-los com os brancos. Especificamente, pessoas brancas "ocidentais" na Nova Zelândia. Em um artigo na *American Anthropologist* (que inevitavelmente citava o *Orientalismo* de Said), Hanson escreveu que os brancos "perderam o apreço pela magia e a capacidade de admiração". Além disso, afirmou, a "cultura branca" está "fora de sintonia com a natureza", "polui o meio ambiente" e carece de "vinculação estreita com a terra".[200]

Em um trabalho de 2001, Roger Sandall, acadêmico australiano dissidente, apresentou essa linha de pensamento, identificando-a, de maneira correta, como tendo uma influência especialmente forte em seu próprio país, pois resistiu aos debates sobre sua própria história. Na abertura de seu livro de 2001, *The Culture Cult: Designer Tribalism and Other Essays*, Sandall contou a história da atriz e ex-modelo Lauren Hutton, que alguns anos antes levara seus dois filhos pequenos para visitar os massais, na África. Entre suas aventuras, ela levou as crianças para ver um feiticeiro. Lauren provou as poções dele; então, a família viu uma vaca sendo abatida e observou os guerreiros massais vestidos de vermelho bebendo o sangue de sua carcaça. A própria Hutton ficou encantada com a coisa toda, aparentemente acompanhando esses rituais com gritos de "uau". As crianças, por outro lado, pareciam ter ficado traumatizadas pelo resto da vida. Nenhuma delas sorriu, e uma começou a chorar.

RELIGIÃO

Hutton defendeu sua decisão, dizendo que queria que seus filhos ocidentalizados aprendessem uma forma de iluminação com sua visita ao "buscador de visão" massai. Naturalmente, essas coisas são mais atraentes quando consumidas em pequenas doses do que quando vivenciadas. Porém, essa lição não foi aprendida por muitos ocidentais antiocidentais, e a tendência ainda persiste. É uma tendência que, como escreve Sandall, "anseia pela simplicidade romântica" e por uma "simplificação radical da vida moderna". Essa perspectiva assume "uma visão amarga da modernidade" e, no processo, esquece os benefícios que a civilização ocidental moderna concebeu, criou e exportou. Pode ser incrível visitar os massais, mas quantas pessoas querem criar gado com eles na Tanzânia? Quantos imigrantes se dirigem voluntariamente para sua tribo? Eles seriam sequer permitidos? Como disse Sandall, as conquistas da civilização ocidental moderna estão longe de ser insignificantes. Elas incluem, mas não se limitam a, um sistema que "permite mudanças de governo sem derramamento de sangue, direitos civis, benefícios econômicos, tolerância religiosa e liberdade política e artística". As alternativas para a sociedade civil ocidental não desfrutam nem perpetuam nenhuma dessas coisas de maneira significativa. Como escreveu Sandall: "A maioria das culturas tradicionais apresenta repressão doméstica, atraso econômico, doenças endêmicas, fanatismo religioso e severas restrições artísticas".[201] Apenas para começar.

No entanto, o apelo de todos os lugares exceto o lar não vai desaparecer. Na última década, tornou-se tão comum que virou clichê: sempre que um escritor ocidental está em busca de uma resposta pronta para sua crítica a tudo no Ocidente, há uma tribo em algum lugar apenas esperando para transmitir alguma sabedoria caseira que pode ser reembalada, transformada em *commodity* e vendida por algum anticapitalista astuto. Tais escritores apresentam o bem nativo como sendo extraordinariamente profundo, não importa o quanto ele seja superficial. Filmes e séries de televisão populares caem o tempo todo na mesma armadilha: mostrar a sociedade branca e ocidental em todas as suas falhas e algumas mais. Enquanto isso, a vida dos povos nativos fora do Ocidente é apresentada como um mundo paradisíaco, cheio de verdades com as quais os ocidentais só podem sonhar. A popular série *The White Lotus* (2021) ofereceu um exemplo característico disso. Todos os ricos ocidentais brancos do seriado da HBO são infelizes e vazios. O mundo dos havaianos nativos, por sua vez, é apresentado como uma visão de veracidade edênica com cujo acesso os ocidentais só podem sonhar.

Outro belo exemplo recente dessa tendência foi apresentado por Naomi Klein em seu livro *Não Basta Dizer Não*, de 2017. Nele, Klein apresentou uma visão de um Ocidente em crise total, provocada sobretudo pelo domínio do capitalismo e pela ausência do socialismo. Todavia, Klein não é apenas geral; ela também pode ser específica. Por exemplo, depois de 250 páginas de crítica causticante ao capitalismo ocidental, Klein tem várias respostas sobre como consertar o que ela chama de "golpe corporativo descrito nestas páginas, em todas as suas dimensões", uma "crise com consequências globais que podem ecoar através do tempo geológico". Ao contrário de qualquer outro tipo de tempo. Klein, contudo, também tem respostas. "Precisamos fazer mais para criar cidades liberadas para migrantes e refugiados",[202] diz ela a certa altura. Porém, enquanto ela luta por ideias ou conclusões práticas, o leitor pode apenas sentir aonde ela vai para encontrar as respostas de que precisa.

Neste ponto, inevitavelmente, tomamos conhecimento de Brave Bull Allard, historiadora oficial de Standing Rock, que é parte da Reserva Sioux. Klein a chama de "lendária anciã lakota LaDonna Brave Bull Allard", que abriu um acampamento em sua terra chamado "Acampamento da Pedra Sagrada". Klein está maravilhada. O próprio Rousseau poderia ter se sentido inclinado a rejeitar as descrições dela. "Olhos ainda brilhando, sem deixar transparecer o menor sinal de cansaço, apesar de bancar a mãe para milhares de pessoas que vieram de todo o mundo para fazer parte desse movimento histórico." O acampamento é para jovens indígenas, mas também para "pessoas não indígenas que perceberam que o movimento exigia habilidades e conhecimentos que a maioria de nós não tem". E o que as pessoas podem aprender no acampamento enquanto escapam do Ocidente capitalista nesse local de sabedoria sagrada?

"Meus netos não conseguem acreditar no quão pouco algumas pessoas brancas sabem", Brave Bull Allard diz a Klein, que descreve que ela disse isso "rindo, mas sem julgamento". Então, presumivelmente ainda rindo sem julgamento, Brave Bull Allard fala para uma Klein encantada: "Eles vêm correndo: 'Vovó! Os brancos não sabem cortar lenha! Podemos ensiná-los?' Digo: 'Sim, ensinem a eles'". A própria Brave Bull Allard ensinou pacientemente a centenas de visitantes o que ela considera habilidades básicas de sobrevivência, incluindo como se manter aquecido no inverno.[203] O termostato não participa.

Mas não é apenas Brave Bull Allard que tem muita sabedoria para ensinar ao homem branco. Outros membros do conselho tribal de Standing Rock também fizeram sua parte, inclusive ajudando a impedir um oleoduto local de funcionar. Cody Two Bears, membro do conselho, conta a Klein sobre "os primeiros dias da presença europeia nestas terras", quando seus ancestrais instruíram os visitantes a respeito de como sobreviver em um clima severo e pouco familiar. "Nós os ensinamos a cultivar alimentos, se aquecer, construir malocas." Porém, a tomada nunca terminou, nem da terra e nem dos povos indígenas. Two Bears afirma:

> "(…) [agora] as coisas estão piorando. Então, as primeiras pessoas desta terra precisam ensinar este país a viver novamente. Tornando-se verde, tornando-se renovável, usando as bênçãos que o Criador nos deu: o sol e o vento. Vamos começar no país nativo. E vamos mostrar ao resto do país como viver.[204]

Talvez seja uma sabedoria como essa o que leva Klein ao grande resumo de seu livro, no qual ela tropeça na revelação de que não é suficiente dizer "não" e que devemos aprender a dizer "sim".

TODOS OS FILÓSOFOS SÃO RACISTAS

Pode ser que seja bom ainda haver alguma sabedoria nativa norte-americana em que se basear. Porque, dado o curso dos últimos anos, parece bastante provável que a filosofia dos nativos norte-americanos venha a ser a única que as pessoas no Ocidente ou em qualquer outro lugar ainda poderão acessar. Vinda não apenas de um lugar mais puro e simples, mas também não molestado pelo sistema de cancelamento que afligiu absolutamente todo o restante até agora.

Tomei conhecimento da exclusão de quase todos os filósofos ocidentais depois de uma palestra, há alguns anos, em uma universidade nos Estados Unidos. Durante minhas observações, mencionei, de passagem, Immanuel Kant, provavelmente como um exemplo de um filósofo que – além do imperativo categórico – é excepcionalmente difícil de entender. No final de minha palestra, um dos alunos que faziam fila para tirar dúvidas levantou o fato de que eu mencionara Kant. "Você sabia que ele usou a palavra que começa com 'n'?", perguntou o aluno. Preciso admitir que isso me deixou perplexo de início. A palavra que começa com "n" existia em alemão nos dias de Kant? Decerto, não. "Negro", ou uma variante alemã do século XVIII, talvez. Porém, o uso da palavra que começa com "n" teria me surpreendido. Acho que expressei minha dúvida ao aluno enquanto lutava para tentar descobrir a importância da pergunta. De repente, me ocorreu. Claro. Se Kant usou a palavra que começa com "n", então você não precisa lê-lo. Foi-se a necessidade de semanas gastas abrindo caminho através da *Crítica da Razão Pura* ou de *A Fundamentação da Metafísica dos Costumes*. Em vez disso, você pode pular toda essa parte, rotular Kant de racista e seguir em frente com rapidez. É necessário trabalhar para conhecer Kant, mas pode-se saber que ele era racista de graça.

Acontece que Kant de fato usou alguns termos na Prússia do século XVIII que não seriam usados em uma universidade progressista no Ocidente na década de 2020. Em dezembro de 2020, o dr. Andrew Cooper, acadêmico da Universidade de Warwick, denunciou Kant, dizendo que "em vários de seus ensaios sobre história natural ele faz algumas observações racistas chocantes e parece endossar textos pró-escravidão". Em outras partes da mesma universidade, decidiu-se, após recomendação de "um grupo de trabalho de igualdade", que as visões racistas de Kant deveriam ser ensinadas aos alunos "como um exemplo de como as pessoas podem sucumbir ao racismo".[205]

Não foi uma crítica original. Na verdade, foi a mesma afirmação feita nos últimos anos contra quase todos os pilares da tradição filosófica ocidental, remontando aos antigos gregos. Em 2018, por exemplo, o *The Washington Post* publicou um artigo de sucesso sobre Aristóteles, acusando-o de ser o "pai do racismo científico". Mais adiante no artigo, ele foi transformado em "avô de todos os teóricos raciais". As várias acusações feitas contra Aristóteles incluíam o fato tenebroso ("digno de nota") de que Aristóteles foi nomeado por Charles Murray (coautor de *The Bell Curve*) como seu filósofo favorito. Kant poderia ser condenado por causa de textos que endossou em sua própria época. Entretanto, Aristóteles poderia ser condenado por causa de alguém que o admirava quase dois milênios e meio depois de sua morte. Era o suficiente. Dessa e de outras maneiras, o autor do artigo do *The Washington Post* afirmou que Aristóteles lançara as bases para a "ciência racial". Além disso, no primeiro livro de sua obra *A Política*, Aristóteles é acusado de ter usado "taxonomias para justificar a exclusão de certas pessoas da vida cívica". Um fato verdadeiramente chocante em uma obra escrita por volta do ano 300 a.C. Como resultado, Aristóteles estava ligado à "direita alternativa" e a seu abraço "arrepiante" da "civilização ocidental".[206]

Se o pilar jerusalemita da civilização ocidental tem sido as tradições judaico-cristãs, então o pilar ateniense dela tem sido a tradição da filosofia obtida dos antigos mundos grego e romano. Qualquer tentativa séria de menosprezar a tradição ocidental exige que ambos os pilares sejam atacados simultaneamente. Criticar os antigos gregos bem como a tradição cristã. Atacar Aristóteles bem como a Bíblia. Assim, cada fio sucessivo da tradição ocidental foi destruído, um após o outro.

Considere o ataque à tradição do Iluminismo nos últimos anos. Este foi o movimento, ou conjunto de movimentos, ocorrido em toda a Europa por volta do século XVIII que presenciou alguns dos maiores saltos na história humana. Ele forneceu, entre outras coisas, as bases filosóficas para os princípios da tolerância, a utilidade da razão e a separação entre Igreja e Estado. O valor desse movimento costumava ser reconhecido nas várias vertentes políticas. Ao escrever na *New Left*

RELIGIÃO

Review, em 1994, o falecido Eric Hobsbawm já alertava para uma interpretação do Iluminismo como "uma conspiração de homens brancos mortos, usando perucas, para fornecer a base intelectual para o imperialismo ocidental". Hobsbawm – que durante toda a vida foi um apologista dos crimes do comunismo – compreendeu a importância de proteger o Iluminismo. Porque, ele advertiu seus leitores, apesar de suas desvantagens, o Iluminismo fornece "o único fundamento para *todas* as aspirações de construir sociedades adequadas para todos os seres humanos viverem em qualquer lugar da terra".[207] Desde que escreveu isso, Hobsbawm se tornou um homem branco morto. Então, ele sabe como é. Porém, é impressionante que em um passado muito recente quanto a década de 1990 foi possível para uma figura importante da esquerda internacional defender o Iluminismo de forma tão efusiva. Aqueles que vieram depois dele não têm a mesma reverência pelos fundamentos da razão que Hobsbawm ainda possuía. Em vez disso, eles estão passando por um processo de iconoclastia do tipo mais alegre e voraz.

Um por um, eles têm procurado depreciar os filósofos do Iluminismo. Em junho de 2020, uma estátua de Voltaire foi removida da frente da Académie Fran-çaise, em Paris, depois de ter sido repetidamente vandalizada, inclusive coberta de tinta vermelha. Naquela ocasião, a acusação contra a grande figura do Iluminismo francês era que ele havia investido pessoalmente na Companhia Francesa das Índias Orientais. Outros apontaram que ele fizera um comentário racista sobre os africanos em sua obra de 1769, *Les Lettres d'Amabed*. Um crítico alegou uma ligação direta entre os comentários das discussões de Voltaire com Frederico, o Grande, e com os planos de Adolf Hitler para o Terceiro Reich. Escrevendo na *Foreign Policy*, Nabila Ramdani afirmou que Voltaire "espalhou a escuridão, não a iluminação".[208] Ramdani e outros críticos de Voltaire ignoraram inteiramente os ataques devastadores dele à imoralidade da escravidão, sobretudo em *Cândido*. Assim se vai Voltaire, seu *Tratado sobre a Tolerância* de 1763 e tudo o mais para o monte de lixo, junto com todas as outras coisas.

Do mesmo modo como Voltaire é atacado na França, todas as figuras do Iluminismo britânico foram atacadas na Grã-Bretanha. John Locke possuía ações de empresas ligadas ao tráfico de escravos. E assim, *Carta sobre a Tolerância* (1689) passou de um dos grandes avanços do pensamento humanista à hipocrisia sem sentido de um homem culpado. Uma a uma, as mesmas técnicas foram usadas. Caso não se descubra que uma pessoa investiu inadequadamente nas empresas de seus dias, seu trabalho pode ser vasculhado em busca de qualquer pormenor que não se encaixe nos costumes do mundo moderno que elas ajudaram a criar.

Em *Como Ser Antirracista*, Ibram X. Kendi ataca o "filósofo iluminista David Hume". Ele cita Hume dizendo:

A GUERRA CONTRA O OCIDENTE

> Estou propenso a suspeitar que os negros e todas as outras espécies de homens em geral (pois há quatro ou cinco tipos diferentes) são naturalmente inferiores aos brancos. Nunca houve uma nação civilizada de outra cor que não a branca (...). Tal diferença uniforme e constante não poderia ocorrer, em tantos países e épocas, se a natureza não tivesse feito uma distinção original entre essas raças de homens.

Fica claro, mesmo pela própria nota de rodapé de Kendi, que ele não tropeçou nessa citação durante uma leitura rotineira das obras completas de Hume. Ele considera sua origem como um capítulo intitulado "'A Lousy Empirical Scientist': Reconsidering Hume's Racism", presente no livro *Race and Racism in Modern Philosophy*.[209] Essa obra, descrita por seus próprios editores como "uma intervenção inovadora e substancial em teoria crítica da raça", pretende responder à pergunta "A filosofia moderna é racista?". Talvez seja possível adivinhar a resposta.

Esses detalhes são importantes por vários motivos. Um deles é que Kendi cita o escrito acima como se fosse um princípio central do trabalho de Hume. Na verdade, o comentário está contido em uma única nota de rodapé em seu ensaio "Of National Characters". Encontra-se em todas as edições da obra e é notório entre os estudiosos de Hume – nenhum dos quais jamais o defendeu.

Se houvesse uma tentativa de defesa, ela poderia mencionar que Hume, obviamente, não era um sociólogo e não tinha conhecimento das culturas africanas. Acima de tudo, o sentimento é totalmente contrário ao de tantas outras partes de sua obra, inclusive ao de sua denúncia da escravidão em "Of the Populousness of Ancient Nations". Além disso, como argumentou de maneira persuasiva a estudiosa Jane O'Grady, pensadores como Hume e Kant estabeleceram em suas obras as bases para os argumentos que tornariam o racismo insustentável. Eles ajudaram a expor suas falhas fundamentais. Por exemplo, Hume argumentou "que a moralidade é baseada na sintonia natural dos humanos com os sentimentos uns dos outros, e um desconforto ao sentir o desconforto dos outros que pode ser elevado a uma justiça mais imparcial".[210] Até muito pouco tempo atrás, Hume era reverenciado – mais comumente no país de seu nascimento – por seu empirismo radical, ceticismo e aplicação da razão em obras como *Investigação Sobre o Entendimento Humano* (1758).

O que hoje parece óbvio para o mundo inteiro, sobretudo para os críticos desses filósofos, não era óbvio antes de Kant e de Hume. Nem no Ocidente, nem em nenhum outro lugar.

Nada disso serve de defesa, e uma solitária nota de rodapé é suficiente para apagar as conquistas e os avanços de um dos pensadores mais importantes do século

RELIGIÃO

XVIII. Após o inevitável veredicto de culpado, vem a sentença igualmente inevitável. Em meados de 2020, uma petição foi iniciada para persuadir as autoridades da Universidade de Edimburgo a renomear a Torre David Hume no *campus* por causa dos "comentários sobre questões de raça" do filósofo. O organizador da petição insistiu que "não devemos promover um homem que defendeu a supremacia branca". Um antigo titular da The David Hume Fellowship na universidade denunciou Hume como "um desavergonhado racista". E assim, a torre, que por acaso era o edifício mais alto e também um dos mais feios do *campus* da década de 1960, foi prontamente renomeada. O "comitê de igualdade e diversidade" da universidade e o "subcomitê de igualdade racial e antirracista" fizeram o anúncio, dizendo que os comentários de Hume sobre raça "justificadamente causam angústia hoje" e que sua obra havia sido "energizada" desde a morte de George Floyd e do movimento BLM. O edifício passaria a ser conhecido pelo poético apelido "40 George Square".[211] Mais tarde, a universidade anunciou uma revisão de todos os seus edifícios e a possível conexão deles com o tráfico de escravos para que pudesse tomar "medidas práticas" que refletissem a "diversidade".[212] Imediatamente, a pressão para remover a estátua de Hume na Royal Mile aumentou. Nesse meio-tempo, vários ativistas penduraram um trecho da famosa nota de rodapé de Hume em volta do pescoço para que os transeuntes pudessem saber que a reputação dele estava manchada.

É claro que tais renomeações e reavaliações podem ser consideradas simplesmente uma parte do curso normal das coisas. Os tempos mudam e, com o passar dos séculos, as coisas sempre surgem sob uma perspectiva diferente. Porém, uma das estranhezas do ataque a muitas das figuras proeminentes do pensamento ocidental é que as mesmas acusações são dirigidas a elas quaisquer que sejam seus pontos de vista. Assim, por exemplo, tornou-se tão comum ler denúncias contra John Stuart Mill quanto ler denúncias contra Hume. Isso apesar do fato de que, em sua obra, Mill argumentou, de maneira explícita e vociferante, exatamente o oposto do que Hume mencionou em sua nota de rodapé fatal. O caso aberto contra Mill nos últimos anos foi baseado em acusações de que ele era a favor do império. Esses críticos não levam em conta os esforços de Mill ao longo de sua carreira para desacreditar as teorias raciais de sua época nem sua crença de que a educação alteraria tudo o que se dizia serem características herdadas.[213]

Os oponentes de Mill também não obtêm êxito ao abordar a atitude dele em relação à questão da Guerra Civil Americana *enquanto ela estava acontecendo*. Os críticos levantaram muitas acusações contra Mill.[214] No entanto, quase todas elas foram amplamente respondidas na literatura crítica, e nenhuma delas deveria prejudicar sua defesa consistente, e baseada em princípios, da igualdade racial para os "negros" norte-americanos durante a guerra e seus desdobramentos.[215] Não

A GUERRA CONTRA O OCIDENTE

é fácil entender as coisas enquanto elas estão acontecendo. Ainda mais quando estão acontecendo no século XIX, em outro continente. Todavia, Mill entendeu a Guerra Civil Americana da maneira mais correta possível, preocupado com o que aconteceria se o Sul conquistasse a independência, preocupado com o fato de que o comércio de escravos africanos, com cuja abolição a Grã-Bretanha gastara tanto de sua riqueza, pudesse ser retomado. Além disso, ele temia que as consequências "bárbaras" de uma vitória do Sul justificassem a intervenção da Europa. Com isso, Mill fez mais do que defender as ações do Norte. Ele não era um pacifista. Como ele escreveu: "Não posso me juntar aos que clamam 'Paz, paz!'. Não posso desejar que esta guerra não tenha sido travada pelo Norte".

Mill "não estava cego para a possibilidade de que pode ser necessária uma longa guerra para diminuir a arrogância e domar a ambição agressiva dos proprietários de escravos". Porém, ele disse:

> A guerra por uma boa causa não é o maior mal que uma nação pode sofrer. A guerra é uma coisa feia, mas não a mais feia das coisas: o estado decadente e degradado do sentimento moral e patriótico que acha que nada vale uma guerra é pior.[216]

É interessante, aliás, que as figuras mais agredidas nos últimos anos sejam tão manifestamente aquelas ligadas ao Iluminismo europeu. Realmente, é tão gritante que deve haver uma razão. Na verdade, existem várias razões.

É possível que os críticos do Ocidente presumam que os costumes e a moral de Platão ou de Aristóteles sejam antigos demais para valer a pena atacar com as mesmas ferramentas. O argumento "Mas isso foi há mais de 2 mil anos" ainda pode ser válido, ao passo que o argumento "Isso foi há apenas 250 anos" talvez não. Entretanto, também é possível – sem dúvida parece possível – que várias coisas estejam acontecendo aqui.

A primeira é a possibilidade de que haja, genuinamente, um acerto de contas contra os pensadores do Iluminismo nunca antes realizado. Essa afirmação poderia ser feita, mas também seria inepta. Por exemplo, ninguém que tenha lido Locke ignora que seu conceito de tolerância não se estendia a católicos e ateus. Assim como ninguém poderia ler vários pensadores alemães dos séculos XVIII e XIX e imaginar que todos eles seriam filossemitas. Nenhum estudioso de Hume ignora a tal nota de rodapé. Parece certo supor que há algo mais acontecendo.

Uma possibilidade é que todos esses pensadores estivessem vivendo e escrevendo em uma época em que os dois grandes pecados do Ocidente – escravidão e império – se desenrolavam e que um acerto de contas sobre isso esteja atrasado.

RELIGIÃO

Entretanto, o fato de estar vivo na mesma época em que outros eventos acontecem não torna alguém a peça central dos aspectos mais sombrios dessas ocorrências. Porém, isso é o que afirmam os novos agressores do Iluminismo. Por exemplo, em 2011, Kehinde Andrews, escritor e acadêmico britânico, afirmou em um debate público que:

> "(...) defender o liberalismo é a pior coisa que se pode fazer. Porque o liberalismo é o problema. São os valores do Iluminismo que de fato cimentam o preconceito racial. Se você realmente pensar em todos os estudiosos do Iluminismo (...) todos eles tinham uma teoria racial, com os brancos no topo e os negros na base. Foi universal em todos os diferentes países. Foi uma parte importantíssima do Iluminismo. Entretanto, fica embutido na forma como pensamos de um jeito que nem vemos isso como racista. Aí, pegamos os valores universais de direitos humanos de alguém como Immanuel Kant – que é profundamente racista – e nos perguntamos por que o mundo ainda é racista.[217]

Além do ataque de Andrews ao Iluminismo e ao liberalismo, o aspecto mais interessante dessa análise é o quanto ela é notavelmente não histórica. Como observou o historiador Jeremy Black, entre outros, um debate muito significativo se desenvolveu ao longo do mesmo período do Iluminismo – no qual as pessoas não precisavam se envolver, mas que, mesmo assim, estava acontecendo de forma disfarçada. Trata-se do debate entre monogênese e poligênese.

Aqueles que defendiam a monogênese acreditavam que os seres humanos, apesar de suas diferenças raciais, vinham todos do mesmo material genético. Para os seguidores da poligênese, ao contrário, as diferentes raças não eram racialmente conectadas. E esse debate prosseguiu ao longo do século XVIII e além. Os fundadores dos Estados Unidos se envolveram nele; porém, mesmo os maiores entre eles não tinham opiniões estabelecidas sobre o assunto. Após atacar David Hume, Kendi ressalta que Thomas Jefferson "parecia" acreditar que "todos os homens são criados iguais". Mas ele passa a culpar Jefferson, porque:

> Thomas Jefferson nunca fez a declaração antirracista: todos os grupos raciais são iguais. Enquanto as ideias segregacionistas sugerem que um grupo racial é permanentemente inferior, as ideias de assimilação sugerem que um grupo racial é temporariamente inferior. 'Seria arriscado afirmar que, cultivado igualmente durante algumas

A GUERRA CONTRA O OCIDENTE

gerações', o negro 'não se tornaria' igual, escreveu Jefferson certa vez, à maneira assimilacionista.[218]

Esse ataque a Jefferson é emblemático das abordagens pouco caridosas e ignorantes que os críticos adotam. A fonte da citação é uma carta particular de Jefferson ao marquês de Chastellux escrita em junho de 1785. Não é uma cláusula de uma constituição ou parte de uma declaração. Não é algo que Jefferson tenha pregado para as pessoas percorrendo o país. Ele está simplesmente revirando em sua mente, em uma carta a um colega filósofo e general militar, uma das perguntas não respondidas de seus dias. Kendi não se preocupa em citar o que Jefferson escreve na mesma carta, talvez pelo fato de essa parte do texto não se encaixar em seu esforço de retratar Jefferson da maneira mais antipática possível. Todavia, é interessante. Vejamos:

Acredito que o índio então seja, em corpo e mente, igual ao homem branco. Suponho que o negro, em seu estado atual, possa não ser assim. Porém, seria arriscado afirmar que, igualmente cultivado por algumas gerações, ele não se tornaria assim.[219]

Em vez de uma afirmação racista, Thomas Jefferson escreveu o que um defensor dos negros diria a um cético. Ele está recomendando não pensar no que Kendi o acusa. É desonesto em uma multiplicidade de maneiras alegar que, em razão desse fato, figuras como Jefferson devam, essencialmente, ser destronadas e descartadas.

Teria sido uma figura incomum alguém que viveu em séculos passados e viu cada parte deles com todas as variedades de *insights* que o espelho retrovisor oferece. Teria sido uma figura incomum, na década de 1770, alguém que, sem tornar o assunto sua área especial de estudo – ou mesmo se o tivesse feito –, pudesse ter chegado à conclusão de que povos que raramente ou nunca se encontraram, ou sequer leram a respeito um do outro, seriam, sem dúvida, feitos do mesmo material genético. Também seria necessário supor que as questões que nos mobilizam hoje teriam sido, de fato, as mesmas a preocupar não apenas algumas pessoas, mas todas, em épocas anteriores à nossa.

Talvez os pensadores do Iluminismo devessem se ocupar exclusivamente das questões que nos preocupam hoje. Mas eles estavam ocupados com outras coisas. Grande parte da energia de Voltaire foram gastas contra o clero de sua época. Grande parte da energia de Hume foi gasta (como a de outros pensadores de seu tempo) criando maneiras para a sociedade emergir de um período de superstição e corrupção. A energia de Kant foi gasta tentando adivinhar e delinear uma ética universal. Eles poderiam ter passado mais tempo se dedicando ao que estava acontecendo

RELIGIÃO

em continentes que nunca visitaram? Talvez. Eles poderiam ter se empenhado em questões de direitos entre povos que nunca chegaram a conhecer? Possivelmente. Entretanto, essa é uma exigência exagerada e presunçosa.

Mesmo os defensores atuais da postura de falar abertamente não falaram sobre todas as injustiças. O número de violações de direitos humanos de que a apresentadora de televisão norte-americana Joy Reid, por exemplo, deixou de falar deve ser literalmente imensurável.

Além disso, em nossa época, o Ocidente desenvolvido considera errado falar de pessoas superiores ou inferiores. Entretanto, no século XVIII, não era incomum comparar uma civilização com outra e categorizá-las como superiores ou inferiores entre si. Se hoje temos uma aversão especial a essas tendências, é porque vivemos depois do século XX. Um filósofo do século XVIII em Königsberg não sabia tudo o que sabemos agora. Ao mesmo tempo, não é verdade que não sabia nada. Isso não significa que temos o direito de condená-lo, de ensinar os alunos apenas sobre seus erros ou nos enganar – em nome da facilidade – pensando que não temos nada a aprender com ele.

Há uma outra possibilidade para explicar a esquisitice de os pensadores iluministas terem terminado na linha de fogo de nossa era de maneira tão proeminente: o Iluminismo europeu foi o maior salto para o conceito de verdade objetiva. O projeto em que Hume e outros trabalharam foi fundamentar a compreensão do mundo em fatos verificáveis. Milagres e outros fenômenos que eram uma parte normal do mundo das ideias antes de seu tempo de repente perderam todos os seus pontos de apoio. A era da razão não produziu a era de Aquário; porém, colocou em segundo plano as alegações que não eram fundamentadas em fato durante quase dois séculos.

Em contraste, o que foi trabalhado nos últimos anos foi um projeto no qual a verdade verificável é descartada. Em seu lugar vem aquele grande "oprahismo*": "minha verdade". A ideia de que eu tenho a "minha verdade" e você tem a sua torna redundante a própria ideia de verdade objetiva. Diz que uma coisa se torna assim porque eu sinto ou digo que é assim. Em seu extremo, é uma reversão a uma forma de pensamento mágico. Precisamente o pensamento perseguido pelos pensadores do Iluminismo. E talvez seja por isso que eles se tornaram um foco de ataque. Porque o sistema estabelecido por eles é antitético àquele que vem sendo

---

*   Referência à apresentadora norte-americana Oprah Winfrey. Em 2002, o periódico *Christianity Today* publicou um artigo intitulado "A Igreja de O" (em inglês, *The Church of O*) falando sobre a influência espiritual que Oprah tinha sobre seus fãs. A série animada *Futurama* fez alusão à influência espiritual de Oprah, sugerindo que ela fundou uma religião denominada oprahismo.

A GUERRA CONTRA O OCIDENTE

construído hoje: um sistema totalmente oposto à ideia de racionalismo e verdade objetiva; um sistema dedicado a varrer todos, do passado e do presente, que não se curvam ao grande deus do presente: "eu".

POR QUE OS DEUSES DELES NÃO SUCUMBEM?

Contudo, há muitas esquisitices em tudo isso. Kant, Hume, Jefferson, Mill, Voltaire e todos os outros ligados ao racismo, ao império ou à escravidão devem perecer. E, no entanto, uma estranha seleção de figuras históricas não cai. E, com esse fato, chegamos às raízes de algo que está acontecendo no momento antiocidental.

Em Highgate, um cemitério em Londres, um dos maiores monumentos é um grande busto em cima de um enorme pilar de pedra. Na parte frontal estão citações do *Manifesto Comunista* ("Trabalhadores do mundo, uni-vos") e das *Teses sobre Feuerbach* ("Tudo o que os filósofos fizeram foi interpretar o mundo de várias maneiras. A questão, porém, é mudá-lo"). O homem a quem pertence esse túmulo – pago pelo Partido Comunista da Grã-Bretanha na década de 1960 –, naturalmente, é Karl Marx. Até hoje, esse continua sendo um local de peregrinação para aqueles que pensam que Marx mudou o mundo de uma maneira boa. Todos têm sua própria interpretação para lidar com o fato de cerca de 100 milhões de pessoas terem sido mortas na tentativa de mudar o mundo do jeito de Marx.

Entretanto, o monumento ainda está lá, e não houve esforços sérios para derrubá-lo ou destruí-lo. Vez ou outra, ele foi pintado de vermelho – com tal vandalismo sempre condenado por figuras culturais e políticas afins. Contudo, ao longo dos eventos dos últimos anos, não houve petições *on-line* nem esforços da multidão para derrubá-lo e chutá-lo para um rio próximo. É evidente que pode haver uma razão para isso, que é o fato de ser uma lápide: mesmo as pessoas mais doutrinárias podem achar desagradável profanar uma sepultura. No entanto, o monumento em Highgate não é o único memorial a Marx, ou ao marxismo, que continua resistindo. Ainda em 2016, a Universidade de Salford revelou um novo memorial em seu *campus*. O enorme busto de Friedrich Engels – coautor do *Manifesto Comunista* – se tornou uma característica da vida no *campus*. Em parte para celebrar o fato de que Marx e Engels costumavam beber em um *pub* próximo quando moravam na área, na década de 1840. As autoridades da universidade pagaram pela grande escultura de cinco metros de altura como uma homenagem aos dois.

RELIGIÃO

Ainda em 2018, nos 200 anos de seu nascimento, uma nova e enorme estátua de Marx foi inaugurada na cidade de Tréveris, no sudoeste da Alemanha, perto das fronteiras com Luxemburgo, Bélgica e França. A estátua de bronze de quatro metros de altura foi doada por autoridades da China, e as centenas de convidados na inauguração incluíam uma delegação do Partido Comunista Chinês. Parece que uma conexão com Marx ou com o marxismo não é um problema ético, mas talvez até uma vantagem. Em abril de 2021, quando estudantes da Universidade de Liverpool forçaram as autoridades da instituição a renomear um prédio que levava o nome do primeiro-ministro do século XIX William Gladstone (por causa dos vínculos de seu pai com a escravidão), elas renomearam o átrio em homenagem a Dorothy Kuya, uma defensora dos direitos civis e membro do Partido Comunista durante toda a vida.

Não há nenhum esforço especial para erradicar, problematizar, descolonizar ou agir de maneira "antirracista" contra o legado de Karl Marx e de seu círculo. E isso é estranho, porque, como qualquer um que tenha lido a obra de Marx saberá – especialmente qualquer um que tenha lido suas cartas a Engels –, a reputação de Marx, pelo ponto de vista de nossa época, já deveria estar manchada.

Considere o racismo nas cartas de Marx a Engels, nas quais os dois grandes comunistas conversam, em particular, sobre as questões de seu tempo. Aqui está uma carta de Marx a Engels, escrita em julho de 1862:

> O *nigger* judeu Lassalle, que, alegro-me em dizer, está partindo no final desta semana, felizmente perdeu outros 5 mil táleres em uma especulação mal julgada (…). Agora, está bem claro para mim – como a forma de sua cabeça e o modo como seu cabelo cresce também testemunham – que ele descende dos pretos que acompanharam a fuga de Moisés do Egito (a menos que sua mãe ou avó paterna tenha cruzado com um *nigger*). Agora, essa mistura de judaísmo e germanidade de um lado e genética negroide básica de outro deve, inevitavelmente, dar origem a um produto peculiar. A impertinência do sujeito também se parece com a de um *nigger*.[220]

Claro, essa não é uma maneira gentil de falar sobre ninguém. Entretanto, uma interpretação caridosa, como a que foi negada a David Hume, poderia dizer que se trata apenas de uma coisa feia dita por Marx em uma carta particular e que não devemos julgá-lo duramente por isso. No entanto, essa não foi a única ocasião em que tal sentimento veio da caneta de Marx. Aqui está outra carta a Engels, escrita quatro anos depois (em 1866), na qual Marx descreve uma obra recente da qual acredita que Engels poderia se beneficiar. A essa altura, ambos estão cientes das descobertas de Charles Darwin, cujo trabalho sobre as origens das espécies, seleção natural e muito mais não estava, obviamente, disponível para os filósofos do Iluminismo. Marx está interessado em Pierre Trémaux e seu *Origine et Transformations de l'Homme et des Autres Êtres* (Paris, 1865). A essa altura, o argumento da monogênese (ou seja, de que os seres humanos estão todos relacionados e não são espécies diferentes) vinha ganhando a guerra intelectual. Frederick Douglass e outros fizeram intervenções altamente persuasivas no debate e, em última análise, bem-sucedidas. E, no entanto, ainda agora Marx está brincando com o argumento da poligênese. Como ele conta a Engels sobre a obra de Trémaux: "Apesar de todas as deficiências que observei, representa um avanço *muito significativo* em relação a Darwin. (...) E.g., (...) (ele passou muito tempo na África) mostra que o tipo negro comum é apenas uma degeneração de um tipo muito superior".[221]

Isso teria sido, talvez, apenas um assunto do qual Marx entendia pouco? Teria ele, quem sabe, um problema com os negros, mas não com outros grupos?

Aqui está Marx, em outra carta a Engels, na qual ele consegue entrar no assunto dos judeus: "A expulsão de um povo leproso do Egito à frente do qual estava um sacerdote egípcio chamado Moisés. Lázaro, o leproso, é também o tipo básico do judeu".[222]

Claro, há outra maneira pela qual essa conduta também poderia ser defendida. Poderia ser dito que Marx não estava escrevendo essas cartas para consumo público. Suas reflexões sobre a natureza "degenerativa" do "negro comum" e a natureza "leprosa" do povo judeu decerto são feias. Porém, são reflexões particulares em uma carta particular escrita a um amigo. Como a carta que Thomas Jefferson enviou ao marquês de Chastellux. Contudo, o problema é que Marx não manteve seu racismo restrito à sua correspondência privada com o coautor de seu *Manifesto Comunista*.

Em 1853, em um de seus artigos para o *New York Tribune*, Marx escreveu a respeito dos Bálcãs: "(...) [que tiveram] a infelicidade de ser habitados por um conglomerado de diferentes raças e nacionalidades, das quais é difícil dizer qual é a menos adequada para o progresso e a civilização".[223] Em 1856, no mesmo jornal, ele escreveu que "encontramos cada tirano apoiado por um judeu" e alegou que sempre existe "um punhado de judeus para saquear bolsos". A partir da época de Jesus e da expulsão dos vendilhões do Templo, Marx diz a seus leitores:

> (...) os judeus mercadores de empréstimos da Europa fazem em uma escala maior e mais desagradável o que muitos outros fazem em uma escala menor e menos significativa. Porém, é apenas

RELIGIÃO

porque os judeus são fortes assim que é oportuno e conveniente expor e estigmatizar sua organização.[224]

E essas visões "proto-hitleristas" não são de um único período da vida de Marx. Na verdade, elas são consistentes por toda ela. Mais de uma década antes, em 1843, Marx escreve em "Sobre a Questão Judaica": "Qual é a religião mundana do judeu? *Ser mascate*. Qual é seu Deus mundano? *Dinheiro*. (...) O dinheiro é o deus ciumento de Israel, diante do qual nenhum outro deus pode existir".[225]

Bem, você pode dizer, talvez Marx simplesmente não gostasse muito de judeus. Acontece que ele também não parecia gostar muito de outras raças e tinha tão pouco respeito por suas grandes histórias quanto pela dos judeus. Em 1853, ele diz a seu público nos Estados Unidos: "A sociedade indiana não tem história alguma, pelo menos nenhuma história conhecida". E enquanto Marx é ao mesmo tempo condenatório e totalmente ignorante a respeito da civilização indiana, ele parece favorecer o domínio britânico na Índia. "A questão", Marx afirma, "não é se os ingleses tinham o direito de conquistar a Índia, mas se devemos preferir a Índia conquistada pelos turcos, pelos persas, pelos russos à Índia conquistada pelos britânicos." Um papel da Grã-Bretanha na Índia, afirma Marx, é estabelecer "as bases materiais da sociedade ocidental na Ásia". Ele está inclinado a pensar que os britânicos podem fazê-lo. Pois, embora Marx observe que outras civilizações haviam invadido a Índia, esses primeiros "conquistadores bárbaros" não estavam à altura da tarefa. Em contraste, "os britânicos foram os primeiros conquistadores superiores e, portanto, inacessíveis à civilização hindu".[226]

Ainda assim, Marx pode ter sido antinegro, antissemita, anti-indiano, pró-colonialista e racista tanto em público quanto em privado. Mas tudo o que ele não pode é estar relacionado com o outro grande pecado do Ocidente. Infelizmente, como que para provar para a posteridade que Marx podia entender errado todas as questões, aqui está ele escrevendo sobre a escravidão em 1847, antes da Guerra Civil Americana, e já muito do lado errado desse conflito: "A escravidão é uma categoria econômica como qualquer outra".

Marx pesou o lado ruim e o que chamou de "o lado bom da escravidão". E achou muita coisa boa para dizer sobre ela:

> Sem a escravidão, os Estados Unidos, o mais progressista dos países, se transformariam em um país patriarcal. Tire os Estados Unidos do mapa do mundo e o resultado será a anarquia – a completa decadência do comércio e da civilização modernos. Faça com que a escravidão desapareça e você terá tirado os Estados Unidos do mapa das nações.[227]

153

A GUERRA CONTRA O OCIDENTE

Por que vale a pena desenrolar essa lista incompleta do que é – em nossa época – uma compilação quase exaustiva de ofensas? Não simplesmente porque ela demonstra que a figura mais significativa na história do pensamento de esquerda, na verdade sua figura de gênese e profeta, talvez até mesmo seu deus, era culpada de todos os vícios dos quais todos os não marxistas no Ocidente foram acusados. Entretanto, em qualquer análise, Marx foi muito pior do que qualquer um daqueles que os ativistas, em grande parte esquerdistas, passaram os últimos anos criticando. O antissemitismo de Marx é mais nocivo que o de Immanuel Kant. Seu histórico de racismo ao longo de toda a sua carreira faz com que uma única nota de rodapé na obra de David Hume pareça muito leve. Seu uso de termos como raças superiores e inferiores era de um tipo que pensadores progressistas como John Stuart Mill já abominavam e pior do que qualquer coisa em que Thomas Jefferson se envolveu.

A única defesa que pode ser feita por seus apoiadores e discípulos é que ele era um homem de seu tempo. Que Marx viveu no século XIX e, portanto, manteve vários dos atributos mais desagradáveis da época. E, no entanto, essa defesa está repleta de dinamite esperando para explodir na cara de quem espera usá-la. Primeiro, porque quem não é um homem de seu tempo? Toda pessoa cuja reputação foi derrubada na revolução cultural dos últimos anos também foi um indivíduo de seu próprio tempo. Então, por que essa desculpa deveria ser bem-sucedida quando usada em defesa de Marx, mas descartada quando usada em defesa de Voltaire ou Locke? Há outro problema na defesa de Marx: para seus defensores, ele não é simplesmente outro pensador. Ele nem mesmo deve ser comparado a Hume ou ao sábio de Königsberg. Para seus seguidores, Marx é o último profeta ou (dependendo de como você conta) o profeta original. Ele não era apenas um pensador ou um sábio – era o formulador de um movimento revolucionário mundial. Movimento esse que pretendia saber reordenar absolutamente tudo nos assuntos humanos para chegar a uma sociedade utópica – que nunca foi alcançada e que, por isso, custou muitos milhões de vidas, mas que ativistas em todo o Ocidente ainda sonham em instituir na próxima vez: sempre na próxima vez.

Pode-se dizer que de um profeta deve ser exigido um padrão mais alto do que de um mero filósofo, antiquário ou botânico. Uma biografia de Marx de 2019 foi resenhada no *The New York Times* sob a manchete "Karl Marx: profeta do presente". O autor da resenha (embora observando, de passagem, alguns dos comentários menos decentes de Marx a respeito dos judeus) concluiu que a obra "defende levar Marx a sério hoje como um realista pragmático, bem como um visionário messiânico" que "nunca perdeu sua crença em um futuro redentor".[228] O que é uma bela ideia, claro. E totalmente divorciada não apenas de todos os detalhes das consequências como da realidade do homem em questão.

RELIGIÃO

O que fica evidente ao analisar as diferenças entre o tratamento dado a Marx e o conferido a quase todos os outros pensadores do Ocidente é que o jogo é pior do que inconsistente. Ele existe para chamar a atenção para todo pensador ou figura histórica da tradição ocidental. Recriminá-los por se apegarem a uma ou mais atitudes de seu tempo consideradas abomináveis por nossa época. E ao mesmo tempo garantir que figuras cujo trabalho é útil para desfazer a tradição ocidental, mesmo que seja necessária uma revolução para derrubá-la, nunca sejam tratadas com esse mesmo jogo não histórico e retributivo. Marx está protegido, porque seus escritos e reputação são úteis para quem deseja derrubar o Ocidente. Todos os demais estão sujeitos ao processo de destruição, porque suas reputações são úteis para sustentar o Ocidente. Por fim, retire todos os outros filósofos de campo, derrube todos os seus monumentos e homenagens a eles e garanta que seu pensamento seja ensinado como, principalmente (e de forma não histórica), uma história de racismo e escravidão. E o que resta de pé na tradição ocidental?

Para quem duvida de que esse é o jogo no qual estamos nos envolvendo, talvez um outro exemplo seja suficiente. Entre os pensadores modernos com maior impacto no pensamento contemporâneo, quase nenhum está acima de Michel Foucault (1926-1984). Ele continua sendo o acadêmico mais citado do mundo, em uma variedade de disciplinas. Seu trabalho sobre sexualidade, e especialmente sobre a natureza do poder, o tornou querido por gerações de estudantes. Suas ideias fazem dele o nome mais importante para qualquer acadêmico envolvido nos estudos ativistas das últimas décadas. Para estudos negros, estudos *queer* e outros, Foucault é a figura indispensável. Entre as razões para isso tudo está que, tomada em sua totalidade, sua obra é uma das tentativas mais prolongadas de minar o sistema de instituições que constituía parte do sistema de ordem ocidental. A análise obsessiva de Foucault de tudo através de uma lente quase marxista das relações de poder reduziu quase tudo na sociedade a uma distopia transacional, punitiva e sem sentido. Entre aqueles que impulsionaram o trabalho de Foucault desde o estágio inicial estava Edward Said. Inevitavelmente, os dois se sentiriam atraídos um pelo outro, porque, por detrás da obra de ambos, havia um esforço para desestabilizar, se não desconstruir, a ideia de as nações ocidentais terem quase tudo de bom a ser dito em defesa delas.

É sempre desagradável – e também imprudente – os pensadores criticarem uns aos outros por causa dos hábitos de suas vidas pessoais. O pessoal nem sempre é político e, certamente, nem sempre é filosófico. No entanto, em março de 2021, surgiu um fato muito interessante a respeito da vida pessoal de Foucault. Durante uma entrevista, seu colega filósofo Guy Sorman revelou algo sobre o qual havia rumores fazia muito tempo. Sorman afirmou que, no final da década de 1960,

A GUERRA CONTRA O OCIDENTE

quando morava perto de Túnis, Foucault fazia sexo com as crianças locais. Sorman disse que, em uma visita a Sidi Bou Said, perto de Túnis, ele testemunhou crianças correndo atrás de Foucault pedindo-lhe o dinheiro que ele oferecera a outras crianças antes de estuprá-las. Segundo Sorman, esses meninos de oito, nove ou dez anos receberiam dinheiro de Foucault, que combinava de encontrá-los tarde da noite "no lugar de sempre". O lugar habitual acabou se revelando o cemitério local, onde Foucault estuprava as crianças nas lápides. Como disse Sorman, "a questão do consentimento nem foi levantada". De acordo com Sorman, Foucault não ousaria fazer isso na França, mas havia "uma dimensão colonial nisso. Um imperialismo branco".[229]

Uma das muitas estranhezas dessas revelações é que, até o momento, elas parecem não ter feito nada para prejudicar a reputação de Foucault. Nem o fato de que ele, junto com outros intelectuais franceses, assinou uma vez uma carta recomendando que a idade de consentimento em seu país fosse reduzida para doze anos. Seus trabalhos continuam a ser citados. Seus livros continuam a ser publicados, e não há nenhuma campanha significativa para retirá-los de circulação. Na verdade, um volume final, inédito, em sua *História da Sexualidade* foi publicado depois que essas revelações foram divulgadas. As repercussões das teorias de Foucault continuam a ser sentidas; em nenhum lugar houve nenhuma retratação de seus discípulos em disciplinas em todos os Estados Unidos ou em qualquer outro lugar por causa das revelações de estupro infantil racialmente motivado.

Assim como o duplo padrão sobre o racismo de Marx, esse fato é sugestivo, pois certamente teria sido diferente se tivesse sido o contrário. Se fosse revelado que um dos grandes pensadores conservadores do século XX viajou para o mundo em desenvolvimento para estuprar meninos em uma lápide, em um cemitério, à noite, isso poderia ser considerado sugestivo. Provavelmente, a esquerda política não estaria disposta a deixar a questão passar despercebida. Nem estaria disposta a deixar passar a oportunidade de extrapolar algumas lições extras. Ela poderia dizer que esse hábito era revelador de uma mentalidade conservadora mais ampla que revelou as tendências pedófilas, estupradoras e racistas no coração do pensamento ocidental tradicional. Ela talvez até tentasse apontar que todo um movimento cultural ou tendência social foram manchados pela adoção desse hábito noturno e nocivo. Porém, isso não aconteceu com Foucault. Ele permanece em seu trono. Sua obra continua a se espalhar. E até hoje ninguém parece achar que há algo especialmente revelador sobre um dos ícones fundadores do movimento contra o Ocidente de nosso tempo ter encontrado prazer pessoal em comprar crianças nativas de países estrangeiros para satisfazer seus desejos sexuais.

RELIGIÃO

É nessas omissões e padrões duplos que algo crucial pode ser discernido. Ou seja, o que está acontecendo no momento cultural atual não é simplesmente a afirmação de uma nova visão moral, mas a tentativa de imposição de uma visão política ao Ocidente. Uma em que apenas figuras específicas – de quem o Ocidente se orgulhava – são derrubadas. Nesse ínterim, as figuras que mais criticam as tradições culturais ocidentais e o livre mercado são poupadas do mesmo tratamento. Como se na esperança de que, quando todos os outros forem rebaixados, as únicas figuras que ainda permanecerão em seus pedestais (tanto reais quanto metafóricos) serão as que mais criticaram o Ocidente. Isso significa que os únicos que restaram para nos guiar seriam aqueles que nos guiariam nas piores direções possíveis.

IGREJAS *WOKE**

Em geral, em uma época de grande fluxo cultural, as pessoas podem esperar encontrar consolo em instituições que já enfrentaram tempestades semelhantes. Na tradição ocidental, poucas instituições se apegaram a uma verdade e a proclamaram por um período tão prolongado quanto as igrejas cristãs. Durante 2 mil anos, elas se mantiveram como portadoras de uma chama sagrada – uma com um evangelho, ensinamentos e verdades próprias. Atenas poderia cair; Jerusalém, não. Os tempos podem mudar, mas a igreja continua a mesma.

Na realidade, as igrejas muitas vezes mudaram com as marés culturais. À medida que os costumes dos tempos se modificaram, as igrejas também tiveram de se modificar. Mas elas raramente mudaram tão rápido como quando se juntaram à guerra às bases do Ocidente. A história está se desenrolando em todas as denominações religiosas. Uma decisão das igrejas de se juntar às modas antiocidentais da época e pedir desculpas não apenas por seu próprio passado, mas por seus próprios, e únicos, presentes culturais para o mundo.

A Igreja da Inglaterra há muito lidera essa tendência. Durante uma geração, ela se viu na posição de ter que se desculpar por espalhar seu evangelho ao redor

---

* *Woke*, como um termo político de origem afro-americana, refere-se a uma percepção e consciência das questões relativas à justiça social e racial. O termo deriva da expressão do inglês vernáculo afro-americano *stay woke*, cujo aspecto gramatical se refere a uma consciência contínua dessas questões.

A GUERRA CONTRA O OCIDENTE

do mundo e se envergonhar por seu antigo zelo missionário. Nos últimos anos, também decidiu assumir a autocrítica mais hostil possível.

Em fevereiro de 2020, o arcebispo de Canterbury, Justin Welby, fez um discurso no Sínodo Geral da Igreja da Inglaterra, no qual se desculpou pelo "racismo institucional" da entidade. O arcebispo disse: "Lamento e sinto vergonha. Envergonho-me de nossa história e de nosso fracasso. Não há dúvida, quando olhamos para nossa própria Igreja, que ainda somos profundamente racistas institucionalmente".[230] Na época em que Welby fez esse discurso, o bispo mais importante da igreja além dele era John Sentamu, então arcebispo de York. Apesar de seu braço direito ter vindo de Uganda, ninguém parecia achar que havia algo de errado nessa descrição da igreja. Na verdade, o arcebispo e a hierarquia da igreja persistiram e, ao longo de um ano, no qual todas as igrejas do país foram fechadas devido às restrições da covid, as autoridades eclesiásticas trabalharam em uma "força-tarefa" para analisar a questão do racismo.

Os resultados, publicados em um relatório intitulado "From Lament to Action", foram impulsionados pela morte de George Floyd, que o relatório descreveu como "um cristão praticante de 46 anos que trabalhou para orientar jovens e se opor à violência armada". Essa foi talvez a única consideração generosa no relatório. Em sua forma de rascunho, o documento se achava repleto de advertências sobre o racismo da minguante (e naquele momento literalmente fechada) Igreja Anglicana. Ele alertou que o racismo é "sussurrado em nossos bancos". Muitas vezes, brincava-se que a Igreja da Inglaterra era o partido conservador em oração. Entretanto, em 2021, a autoavaliação da própria igreja parecia indicar que era a KKK em oração. Ao falar do "racismo institucional", que o relatório afirmava ser tão comum na igreja, insistia: "Acabou o tempo de lamentar por tal tratamento (...) Chegou a hora da ação".

Como seria essa ação? Bem, certos resquícios do estilo anglicano permaneceram. Por isso, houve pedidos para a identificação de "projetos" cujos responsáveis poderiam, por sua vez, reportar a uma comissão. Esses projetos, que cobriam todos os aspectos da igreja, resultariam em um relatório final para observar "o impacto contínuo do racismo institucional, tanto na sociedade quanto na Igreja".

Além disso, o relatório pedia várias coisas. Incluindo cotas, obviamente. Doravante, deve haver "um clérigo da UKME [Minoria étnica do Reino Unido, na sigla em inglês] eleito de cada região". Algo chamado "coortes do programa" deve ter um mínimo de 30% de participação da UKME "para aumentar o fornecimento contínuo". E, em feliz "burocratês", o documento dizia que a igreja deveria desenvolver um "módulo *on-line* para um programa de aprendizagem antirracista". Todas as pré-seleções devem incluir "pelo menos um candidato da UKME nomeado" e, onde

RELIGIÃO

isso não ocorrer, o "recrutador" deve fornecer "razões válidas e publicáveis para o descumprimento".

Como existem em todo o país quase 5 mil escolas nominalmente pertencentes à Igreja da Inglaterra, o relatório recomenda que todas as suas escolas primárias e secundárias trabalhem "para desenvolver um amplo currículo de educação religiosa com referência específica à promoção da justiça racial". Todas devem celebrar o "Mês da História Negra, celebrar diversos santos e modelos (santos/mártires anglicanos modernos)". E a teologia da igreja também deve mudar. O currículo para candidatos à ordenação deve incluir a participação em "um módulo introdutório de teologia negra". Eles devem "diversificar o currículo", "produzir um plano viável para aumentar a diversidade racial" e "adotar formalmente o Domingo de Justiça Racial todo ano, em fevereiro". Tudo isso será supervisionado pela criação de uma "Unidade de Justiça Racial", a ser financiada, nesses tempos de escassez de dinheiro, "em um primeiro momento, durante um prazo fixo de cinco anos".

Por que a Igreja da Inglaterra se comporta assim? As outras religiões não olham para suas congregações e perguntam por que elas não são mais diversas. Nem outras religiões parecem ter a intenção de afugentar seus adeptos existentes. No entanto, é isso o que a Igreja da Inglaterra faz, como se estivesse absolutamente abarrotada e com fila de espera com pessoas desejando se juntar a ela, o que não é de modo algum o caso. No entanto, a igreja continua tentando forçar uma nova demografia e crença sobre si mesma. Seu relatório dizia que os ordinandos que conseguem passar devem ser forçados a examinar "as suposições teológicas subjacentes que moldam a justiça racial como o eurocentrismo, a cristandade e a normatividade branca". O relatório enfatizou a necessidade de "descolonizar a teologia, a eclesiologia e, possivelmente, examinar os ensinamentos oficiais da Igreja que seguem um sistema de valores teológicos prejudiciais". E, é claro, defendeu a postura de progredir, ao retroceder, mais uma vez, à questão da escravidão. Ela deve, novamente, "reconhecer, se arrepender e tomar medidas decisivas para abordar a história vergonhosa e o legado do envolvimento da Igreja da Inglaterra no histórico comércio transatlântico de escravos". No início dos protestos do BLM, em 2020, uma estátua de Edward Colston, filantropo britânico do século XVII e investidor do comércio de escravos, foi derrubada de seu pedestal na cidade de Bristol e empurrada para o porto. A Igreja da Inglaterra alegou que "o movimento BLM e, em particular, o despejo da estátua de Colston nas docas de Bristol lançaram nova luz e trouxeram a urgência necessária à consideração da Igreja da Inglaterra de seu próprio legado controvertido". O relatório deixa claro que a igreja precisará derrubar monumentos e estátuas que perturbam a mente moderna: "(...) [pois] nossas igrejas devem ser

A GUERRA CONTRA O OCIDENTE

espaços acolhedores para todos, e devemos lidar com qualquer parte delas que possa causar sofrimento ou ofensa".

Em suma, a própria igreja deve mudar. Uma "barreira à inclusão" para pessoas de "minorias étnicas do Reino Unido" tem sido o desafio da "assimilação cultural" na igreja, "em que há pouco ou nenhum espaço para expressão cultural fora de uma cultura normativa predominantemente branca e de classe média". Pelo visto, há uma "expectativa de que as comunidades das minorias étnicas do Reino Unido abandonem sua própria herança cultural e expressão atual em favor de abordagens tradicionais de acolhimento". E assim, conclui o relatório dos arcebispos, parece ser mais fácil se aquele que acolhe optar por abandonar sua própria herança, trabalhando ao lado do "BLM e de outros grupos de interesse" para facilitar a mudança. Isso deve incluir a derrubada de estátuas e monumentos que foram auditados como estando do lado errado de quaisquer divisões históricas, o que leva a uma visão de que o clero sobrecarregado deve vasculhar suas igrejas em busca de estátuas errantes.[231]

Uma das coisas mais estranhas na leitura de documentos como esses é que eles mostram uma instituição que caiu na interpretação mais negativa possível de si mesma. A Comunhão Anglicana é uma comunidade naturalmente diversa, que une 41 províncias de todo o mundo. Muitas das igrejas mais vibrantes da Igreja da Inglaterra (talvez as únicas) estão na África. E durante o tempo que passei com as comunidades cristãs de lá, em países como a Nigéria, nunca as vi submetidas ao racismo dos brancos. Tudo o que vi foram crentes profundamente sinceros em um evangelho que missionários das igrejas da Europa trouxeram para eles uma vez. Hoje, as instituições que um dia o ensinaram estão ocupadas em pregar um evangelho diferente. Elas estão dizendo ao mundo que são racistas e que devem mudar. Essa é uma história que, como apontou Michael Nazir-Ali, outro ex-bispo da Igreja da Inglaterra, proclama a fé da igreja na teoria crítica da raça, e não em Cristo.

Como disse Nazir-Ali, não há necessidade de a igreja cair nessa nova religião, pois ela tem uma bela história própria para contar.

A fé cristã possui uma longa tradição de oposição à escravidão. Santa Batilda era uma ex-escrava que fez campanha pela abolição da escravidão no século VII. Santo Anselmo, quando arcebispo de Cantuária, proibiu a escravidão em 1102. William Wilberforce e a seita Clapham gastaram todos os seus recursos e energias lutando para acabar com a prática, inspirados nessa visão de sua fé cristã. No século XX, o clero havia trabalhado com Gandhi em sua campanha pela independência da Índia. E clérigos extraordinários como os bispos Colin Winter e Trevor Huddleston fizeram campanha contra o *apartheid* na África do Sul. Entretanto, todas essas mulheres e homens foram esquecidos por uma igreja empenhada em somente procurar pelo mal. Como perguntou Nazir-Ali: "Por que não parar de buscar ativamente a escuridão [e em vez disso] olhar para a luz?". Por que trocar a mensagem de Cristo por uma mensagem "baseada em ideias marxistas de exploração"?[232] Porém, a voz desse sábio ex-bispo foi ignorada. Na Igreja da Inglaterra e em outras denominações por todo o Ocidente, a antiga religião trabalhou duro para se desfazer de suas próprias tradições e parecia querer fazer da velha fé nada mais que outra imitação da nova.

▪ Episcopalismo *woke*

Nos Estados Unidos, a Igreja Episcopal seguiu exatamente o mesmo padrão. Em janeiro de 2021, ela publicou uma "auditoria racial" de si mesma cuja realização, que abrangeu os anos de 2018-20, custou 1,2 milhão de dólares. E, como seus colegas do outro lado do Atlântico, os episcopais se declararam culpados desde o início:

> O objetivo desta pesquisa não era determinar se o racismo sistêmico existe ou não na Igreja Episcopal, mas sim examinar seus efeitos e a dinâmica pela qual ele é mantido na estrutura da igreja. Era fundamental abordar esse objetivo com franqueza em vez de começar com suposições e conclusões preexistentes. Para tanto, empregamos as ferramentas norteadoras da teoria fundamentada e o arcabouço teórico da teoria crítica da raça.

Os episcopais definiram a TCR da seguinte forma:

> (…) é uma estrutura social e teórica que entende a raça como uma lente através da qual se busca a compreensão do mundo. Ela insiste, como a teoria crítica em geral, que os problemas sociais são criados por estruturas e instituições, e não por indivíduos. Numerosos estudiosos contribuíram para o trabalho da teoria crítica da raça, incluindo Derrick Bell, Kimberlé Crenshaw, Richard Delgado e outros.

Evidente que nada disso deveria ter sido uma surpresa para qualquer um que assistisse à liderança da igreja nos últimos anos. Em uma recente recomendação de leitura em seu site, Andrew Dietsche, o bispo episcopal de Nova York, disse que seu livro de estudo diocesano seria *Como Ser Antirracista*, de Ibram X. Kendi. O bispo Dietsche afirmou que Kendi aborda "as profundas correntes de racismo em nossa

A GUERRA CONTRA O OCIDENTE

sociedade e em nossas instituições", incluindo o que o bispo chamou de "a intratabilidade da supremacia branca". "Suposições racistas não reconhecidas infectam todos os sistemas e instituições, e meu coração e mente, e os seus também", afirmou o bispo, antes de concluir: "Ler este livro me condenou, mas me fez sentir grato".[233]

Foi nesse cenário de querer se achar culpado que a Igreja Episcopal abordou sua auditoria racial. E os resultados mostraram que o clero tinha aceitado o novo evangelho do "kendismo" de forma generalizada. Mais de 77% da liderança definiu o racismo como "uma combinação de preconceito ou discriminação racial, um sistema que concede poder a um grupo social". Eles não o definiram como uma intenção de prejudicar um grupo ou um resultado que prejudica um grupo. Eles o definiram como um sistema de poder, que é muito mais difícil de ver ou consertar sem derrubá-lo todo.

As próprias evidências da auditoria não mostraram diferença entre o tratamento da liderança branca e da liderança "BIPOC" (sigla em inglês para negros, indígenas e pessoas de cor) na igreja. Ambas relataram quase exatamente os mesmos níveis de "respeito" com os quais se sentiram tratadas. Entretanto, algumas das citações usadas na pesquisa foram, no mínimo, alarmantes.

Mencionando apenas a raça e o *status* dos entrevistados, a auditoria citou um líder branco da igreja dizendo: "A Igreja Episcopal precisa parar de ser tão branca". Uma "pessoa de cor" na liderança da igreja é citada afirmando:

> Há uma guerra. Estamos no meio de uma guerra, e não sei por que as pessoas não parecem estar se comportando como deveriam (...) Estamos nos preparando para uma luta por nossa própria existência, pessoas negras neste país. Temos um chefe da Igreja negro, mas a instituição está institucionalizada.

Inevitavelmente, a auditoria também chegou às conclusões agora tradicionais. Uma das barreiras para lidar com o "racismo sistêmico" da igreja é que as pessoas "se tornam defensivas" quando o racismo sistêmico "é apontado como um problema". Aqui está o "diangeloismo" em ação: a melhor maneira de a igreja não ser racista é não se incomodar quando é acusada de racismo institucional. Em outros lugares, ele conclui que todas as respostas devem envolver uma "abordagem multifacetada" que precisa incluir a "reparação e redistribuição da riqueza". Embora alerte que isso deva ser tentado sem exacerbar "os problemas do racismo e da cultura branca dominante".

O trabalho que os episcopais têm pela frente parece incrivelmente cansativo, mas eles continuam enfatizando que estão prontos para realizá-lo. "Líderes totalmente comprometidos, com uma profunda compreensão do racismo sistêmico" devem, aparentemente, enfatizar "a necessidade de abraçar o fato de que o trabalho antirracismo nunca é feito de uma vez por todas". Precisará ser uma "longa jornada". Porém, como diz a seção de "recomendações", há muito o que fazer. A igreja deve desenvolver uma "liderança antirracista", pensar na "interseccionalidade" e enfrentar as "alavancas de poder". O mais importante é "continuar a educar congregações total ou predominantemente brancas sobre questões raciais e a história da brancura". Também está claro que "a Igreja Episcopal, com seus recursos antirracismo, deve mudar a linguagem para refletir tanto as maneiras pelas quais as pessoas brancas são privilegiadas quanto diminuídas pela cultura da supremacia branca e pelos sistemas racistas". Entretanto, as reparações devem continuar a ser incentivadas "também em nível local". Nesse ínterim:

> "(…) [a igreja pode] projetar intervenções eficazes para comunidades em diferentes pontos ao longo do labirinto ou usando linguagem antirracista ao longo do espectro que vai do clube exclusivo à organização antirracista. O trabalho antirracismo e a cura racial não podem ser uma abordagem simples e requerem pontos de entrada dinâmicos, ágeis e múltiplos.[234]

Assim como a Igreja da Inglaterra, a Igreja Episcopal nos Estados Unidos viu uma queda vertiginosa em suas congregações nos últimos anos. Assim como na Igreja da Inglaterra, seus bancos não estão apenas esvaziando, mas também envelhecendo. Do mesmo modo como a igreja do outro lado do Atlântico, ela passou grande parte de 2020-21 com as portas literalmente fechadas para o rebanho restante. E tal como a Igreja da Inglaterra, ela escolheu precisamente esse momento para repreender sua congregação restante por ser supremacista branca demais, alegar que ela era membro de uma comunhão "institucionalmente racista" e sugerir que a resposta a toda a considerável gama de problemas da igreja estava em palestrar sobre racismo a suas congregações restantes.

O velho evangelho mal pode ser discernido em tudo isso. Entretanto, o novo evangelho, sem dúvida, pode. Algum dia, talvez venha a ser tudo o que terá restado.

▪ Catolicismo

Alguns podem dizer que isso é exatamente o que aquilo que restou da Igreja da Inglaterra e da Igreja Episcopal devem fazer e que existem outras igrejas mais sérias que não se rebaixariam aos mesmos padrões da moda. No entanto, mesmo a igreja que se orgulha de ser a menos propensa a se curvar ou mudar com os tempos – a Igreja Católica Romana – é igualmente capaz de ceder à nova religião da era atual. Em junho de 2020, o capelão católico do Instituto de Tecnologia de Massachusetts (MIT) – padre Daniel Patrick Moloney – enviou um e-mail de advertência à comunidade católica da universidade, avisando, no auge dos protestos, que o assassinato de George Floyd pode não ter tido nada a ver com racismo. Ele também questionou o caráter de Floyd, dadas as suas condenações anteriores por violência. O padre disse que, embora Floyd não devesse ter sido morto pelo policial, ele "não vivera uma vida virtuosa". Moloney escreveu: "A maioria das pessoas no país enquadrou o infortúnio como um ato de racismo. Acho que não se pode afirmar isso". Falando em violência policial, Moloney alertou contra ver o racismo como um grande problema na polícia norte-americana. Mais uma vez, escreveu ele: "Acho que não se pode afirmar isso". Os policiais "lidam com pessoas perigosas e más o tempo todo, o que muitas vezes os dessensibiliza", disse ele.

Inevitavelmente, a mensagem vazou, e a multidão veio atrás dele. Um pequeno número de integrantes na comunidade do MIT expressou mágoa com o conteúdo do e-mail. Uma vice-presidente e chefe do órgão da universidade que supervisiona aspectos da vida estudantil, como serviços e atividades disponíveis aos alunos, comentou que "a mensagem do padre Moloney era profundamente perturbadora". Ela acusou Moloney de "desvalorizar e depreciar o caráter de George Floyd" e de não reconhecer o "racismo sistêmico". E a Igreja Católica decidiu ceder ao novo evangelho. Rapidamente, a Arquidiocese de Boston se distanciou dos comentários, e Moloney emitiu um pedido de desculpas pela mágoa que havia causado. A arquidiocese também pediu a Moloney que renunciasse ao cargo imediatamente.[235]

CONSEQUÊNCIAS

Talvez seja inevitável que, quando as igrejas têm essa visão de si mesmas e de sua própria história, as pessoas acreditem em suas palavras. O que alguém sem conhecimento das igrejas deve pensar de instituições que dizem tais coisas sobre si mesmas? Uma porcentagem cada vez maior de indivíduos não tem nenhuma experiência com a Igreja da Inglaterra, a Igreja Episcopal ou qualquer outra igreja. Quando tais instituições anunciam que são institucionalmente racistas e cheias de intolerância, é provável que alguém de fora que não as conheça acredite nelas. Por que não deveriam? Afinal, quem diria tais coisas de si mesmo se não fossem

RELIGIÃO

verdadeiras? É preciso conhecer muito bem essas instituições para saber que elas não são o que seus líderes dizem que são: saber que a maioria dos clérigos passa a vida se dedicando aos fiéis, ajudando os pobres e fazendo boas ações. Para aqueles que não têm experiência com essas instituições, não há razão para não as ver através das lentes demoníacas com as quais elas se apresentam. E talvez seja inevitável que, com o tempo, essa mistura de ignorância e presunção de culpa tenha consequências.

Em julho de 2021, quando o Canadá passava por outra orgia de derrubada de estátuas, uma das causas imediatas naquele mês foi um estranho pânico moral que havia se apoderado do país. Pouco tempo antes, a mídia canadense começara a relatar que vários túmulos tinham sido encontrados perto de escolas residenciais administradas pela Igreja Católica em áreas com comunidades das Primeiras Nações [indígenas]. Com base na evidência de um relatório não verificado, baseado em um radar de penetração no solo, inconclusivo, foi alegada a existência de centenas de sepulturas não marcadas. A mídia no Canadá, e depois em todo o mundo, afirmou que as "valas comuns" continham os corpos de crianças, com a forte implicação de que eram crianças indígenas e a implicação subsequente de que elas haviam sido, deliberadamente, assassinadas pela Igreja Católica. Nenhum corpo foi encontrado, e nada havia sido sequer escavado. Não ficou claro se todos seriam crianças nem que não tivessem estado em sepulturas individuais anteriormente marcadas por cruzes de madeira. Os canadenses já sabiam, por meio de uma Comissão de Verdade e Reconciliação, que milhares de estudantes haviam morrido de doenças como tuberculose nessas escolas lotadas.

As igrejas no Canadá começaram a ser incendiadas. Em uma única semana, quase trinta foram queimadas ou atacadas. Muitas das igrejas incendiadas haviam sido construídas por pessoas das Primeiras Nações. Entretanto, isso não deteve aqueles que embarcaram na onda contra as igrejas canadenses. O chefe da Associação de Liberdades Civis da Colúmbia Britânica foi ao Twitter para dizer: "Queimem tudo".[236] O presidente da Filial da Ordem dos Advogados Canadenses de Terra Nova disse a mesma coisa. Um apresentador de rádio exigiu: "Queimem as igrejas". Um professor de direito canadense descreveu os incêndios como "resistência à injustiça extrema e sistêmica".[237] E o principal conselheiro e amigo do primeiro-ministro Justin Trudeau, Gerald Butts, afirmou que, embora a queima de igrejas não fosse aconselhável, "pode ser compreensível".[238] Em pouco tempo, uma história passara de uma alegação de descoberta de sepulturas para uma história de covas coletivas, para uma história de crianças deliberadamente assassinadas pela Igreja Católica e enterradas em valas comuns, para canadenses realmente queimando igrejas – por eles terem se convencido de que as igrejas haviam orquestrado o assassinato em

A GUERRA CONTRA O OCIDENTE

massa, deliberado e organizado, de crianças. Porque é claro que as igrejas fariam isso. Porque as igrejas são racistas, assim como tudo o mais.

RACIONALISMO

Ainda assim, mesmo que as igrejas e toda a filosofia sejam consideradas racistas, pode haver uma outra esperança para a mente ocidental. Um último refúgio que ainda existe e que pode ser considerado sacrossanto: lógica simples e fato comprovável. Podemos não conhecer nossa história ou não ter confiança nela ou em que ela foi boa. Podemos não estar nem um pouco confiantes de que as raízes filosóficas ou teológicas do Ocidente não estejam irremediavelmente corrompidas pelo racismo e por seus pecados concomitantes. Mas existe pelo menos o santuário da ciência, da matemática, do fato comprovável e verificável. E nesse terreno, talvez algo possa ser salvo. Países e igrejas podem tremer, e as histórias podem mudar, mas nos blocos de construção da lógica, da ciência e da matemática ainda é possível confiar. Talvez a única certeza que podemos ter é que as tradições ocidentais, pelo menos nessas áreas, podem continuar. Mais uma vez, a esperança é perdida.

Um por um, os órgãos de interpretação da comunidade científica e de outras partes do mundo STEM [sigla inglesa para ciência, tecnologia, engenharia e matemática] sucumbiram ao mesmo dogma repetitivo da época. A comunidade médica foi uma das primeiras a cair nessa. Imediatamente após o assassinato de George Floyd, as reuniões públicas ainda eram proibidas na maioria dos países por causa das restrições do coronavírus. Os governos haviam instituído tais proibições por recomendação dos profissionais médicos. Entretanto, assim que os protestos do BLM começaram, mais de mil profissionais médicos nos Estados Unidos assinaram uma petição para que esses eventos fossem autorizados a seguir em frente, porque a "oposição ao racismo" é "vital para a saúde pública".[239] No que diz respeito às preocupações com a saúde pública, só o que superou até o coronavírus foi o racismo.

Enquanto a crise do coronavírus acontecia, a principal revista científica do mundo médico, *The Lancet*, publicou um artigo intitulado "O racismo é a crise da saúde pública".[240] A revista também publicou um "compromisso antirracismo", professando que "o racismo é uma emergência de saúde pública, de preocupação global. O antirracismo é uma luta da qual todos nós devemos participar". A *The Lancet* prometeu "nos educar sobre o racismo", "garantir nossa solidariedade com o movimento BLM" e "transformar essa promessa em ações concretas em nosso próprio trabalho".[241] Outros periódicos científicos se submeteram ao mesmo padrão. Em maio de 2021, a *Nature* disse em um editorial que o primeiro aniversário da morte de George Floyd era um lembrete para a revista de que existe "racismo sistêmico na ciência" e que a equipe da *Nature* tinha que reconhecer sua "responsabilidade nisso". E não apenas a responsabilidade dela, mas a responsabilidade da ciência como um todo em perpetuar o racismo. Como afirmou a *Nature*, "enfrentar o racismo sistêmico exige que o sistema da ciência mude".[242] Uma das poucas sugestões concretas apresentadas pela revista foi garantir que "o antirracismo seja incorporado" em todas as organizações científicas e que tal trabalho "ganhe reconhecimento e divulgação". De acordo com a *Nature*, "muitas vezes, as métricas convencionais – citações, publicações, lucros – recompensam aqueles em posições de poder em vez de ajudar a mudar o equilíbrio de poder".

Há muito que se discutir nisso. Por exemplo, o que há de errado com citações em pesquisas científicas? É melhor ter citações ou não ter citações? Em geral, o propósito das citações tem sido fornecer evidências de que as afirmações contidas são confiáveis e verdadeiras. Todavia, se uma publicação científica decidir que tal evidência é tão boa quanto a ausência de evidência ou realmente pior, lá se vai um dos blocos de construção do método científico. Além disso, por que é tarefa de uma revista científica mudar o equilíbrio de poder? Por que seu objetivo não é simplesmente publicar a melhor e mais importante pesquisa, seja quem for que a faça e a quem ela beneficie?

É nessas ocasiões que uma análise particularmente conservadora que costumava existir na guerra cultural se mostra lamentavelmente inadequada. Os conservadores costumavam brincar que as margens mais selvagens do pensamento acadêmico tinham limites que seriam estabelecidos naturalmente. Esses comentaristas alegaram que ideias como a TCR podem correr como um incêndio florestal nas humanidades, mas que, mesmo que isso acontecesse, não importava muito. As pessoas eram bem-vindas para se endividar estudando para obter diplomas inúteis de humanidades que as educavam em não disciplinas. Porque, a todo o momento, a realidade e os fatos continuariam a se afirmar nas disciplinas STEM. Essas pessoas afirmavam que, embora a Teoria com "t" maiúsculo pudesse funcionar nas aulas de teoria da dança lésbica, ela pararia nas fronteiras das ciências exatas e da matemática. Pararia nas portas da engenharia, porque, em algum momento, as pontes teriam que continuar de pé.

No entanto, essa afirmação – essa esperança – acabou sendo extremamente otimista. Acontece que não há razão para que a maré que atravessou todo o resto pare nas fronteiras do STEM.

Se você quisesse chutar os blocos de construção restantes sobre os quais todo o resto é construído, então chutar o bloco de certeza matemática é uma boa

A GUERRA CONTRA O OCIDENTE

maneira de fazer isso. É um truque semelhante a despachar para longe a ideia de que existe algo fixo, como homens e mulheres. Semeia confusão sem tornar nada remotamente mais claro. Entretanto, se você deseja simplesmente desorientar ou desmoralizar as pessoas, esse é um bom lugar para chutar. Isso é precisamente o que tem sido feito nos últimos anos com o desenvolvimento da "matemática equitativa". Essa é a ideia de que a matemática em si é problemática. O argumento é que a matemática é elitista, privilegiada e, claro, inerentemente racista. Como pode um sistema que deve suas origens a várias civilizações e foi refinado no Ocidente nos últimos milênios ser visto como sistematicamente racista?

Uma maneira de fazer isso é confiar em estudiosos que passaram as últimas décadas tentando definir todo um conjunto de ideias ambiciosas como inerentemente supremacistas brancas e, em seguida, tentando bani-las do campo da educação. Por exemplo, *Dismantling Racism: A Workbook for Social Change Groups*, de Kenneth Jones e Tema Okun, tem sido usado por muitas pessoas no campo da educação desde sua primeira publicação, em 2001. Esse trabalho identificou diversas "normas e padrões" que alegou serem "prejudiciais" porque "promovem o pensamento de supremacia branca". Os autores alegaram que essas normas eram prejudiciais tanto para as pessoas de cor quanto para os brancos. As características selecionadas como sendo especialmente prejudiciais incluíam "perfeccionismo", "adoração da palavra escrita", "sentido de urgência", "individualismo" e "objetividade". De acordo com Jones e Okun, a ideia de que há apenas uma maneira certa de fazer algo na educação é supremacia branca. Em vez disso, eles recomendam que, "ao trabalhar com comunidades de uma cultura diferente", os educadores deixem claro que há "algo a aprender sobre as maneiras de a comunidade fazer as coisas". Eles também criticam os brancos por "priorizar a 'lógica' em detrimento da emoção".[243]

Tudo isso já é bastante desastroso somente como teoria. Mas tentar colocar essas ideias em prática é catastrófico. Tomemos, por exemplo, um guia para professores publicado vinte anos depois do trabalho de Jones e Okun. *Equitable Maths* se descreve como "um caminho para a instrução equitativa de matemática" que se destina a ser um recurso para orientar professores de "estudantes negros, latinxs e multilíngues" nos Estados Unidos entre a sexta e a oitava série. Ele cita Jones e Okun no início de sua primeira seção, que é sobre "desmantelar o racismo no ensino de matemática". Ele aceita e desenvolve a definição deles de supremacia branca e a enxerga como algo que permeia toda a matemática. Como resultado, e citando Kendi (obviamente), insta os professores a identificar o que significa ser "um educador matemático antirracista". Pelo visto, significa apoiar os alunos a "recuperar sua ascendência matemática", buscando "honrar e reconhecer o conhecimento matemático dos alunos de cor, mesmo que ele apareça de forma não convencional". Repetidamente, o guia de ensino oferece maneiras de "desmantelar a cultura de supremacia branca existente dentro da sala de aula de matemática".[244] Repetidamente, procura fazê-lo defendendo que os professores presumam que os alunos negros, latinos e multilíngues já tenham algum conhecimento especial de matemática que é difícil ou impossível para os brancos apreciarem ou acessarem. Pior: presume que os alunos não brancos acham a matemática normal difícil ou impossível de apreciar ou acessar.

Como sempre, essa mania não se limitou aos Estados Unidos. As mesmas ideias se espalharam por toda parte. O currículo de matemática *destreamed* [que não separa alunos de acordo com habilidades percebidas, mais especificamente de acordo com as categorias "pura" e "aplicada"] da nona série de Ontário, ensinado nas escolas públicas de Toronto, tentou eliminar "conhecimentos matemáticos eurocêntricos" e substituí-los por "uma abordagem descolonizada e antirracista da educação matemática". Isso se manifesta em pequenos detalhes, como remover o crédito que damos a um matemático grego substituindo o nome "Teorema de Pitágoras" pelo termo "relação de comprimento lateral para triângulos retângulos". Porém, também se manifesta em grandes detalhes. Por exemplo, insiste-se que:

> Num ambiente antirracista e antidiscriminatório [ao contrário do que existe na abordagem eurocêntrica], os professores sabem que há mais de uma maneira de desenvolver uma solução, e os alunos são expostos a várias formas de conhecimento e encorajados a explorar vários meios de encontrar respostas.

Isso inclui "abordagens pedagógicas indígenas" que enfatizam a "aprendizagem holística e experiencial" e o uso de "atividades colaborativas e envolventes" que mostram "respeito pelas diversas e múltiplas formas de conhecimento que são relevantes e refletem as experiências vividas pelos alunos".[245]

Porém, quais são exatamente essas outras formas de saber? Como poderiam ser? Um exemplo de como a matemática "antirracista" poderia ser surgiu, como muitas outras coisas, em meados de 2020. Durante esses meses, vários matemáticos, na profissão de professor, tentaram "desconstruir" um dos fundamentos da matemática. Na verdade, da lógica em si – a saber, o fato de que $2 + 2 = 4$. De acordo com esses educadores, a afirmação não é verdadeira. Embora o resultado de $2 + 2$ possa ser 4, também pode ser outro, incluindo 5. Por algum motivo, talvez porque absolutamente tudo esteja se enredando em uma guerra cultural, uma multidão logo se apegou à alegação. Outros concordaram que era óbvio que o resultado de $2 + 2$ não podia ser 4, para o que deram várias razões, que incluíam (mas não se

A GUERRA CONTRA O OCIDENTE

limitavam a) afirmações de que a soma 2 + 2 = 4 é parte de uma "narrativa hegemônica", que as pessoas que impõem tais narrativas não deveriam decidir o que é verdade, que a soma 2 + 2 deveria resultar no que as pessoas quisessem e que fazer uma afirmação tão definitiva exclui outras formas de saber.

À medida que o movimento ganhava força, um doutorando foi às mídias sociais para declarar que "a ideia de que a soma 2 + 2 = 4 é cultural e, por causa do imperialismo/colonização ocidental, a vemos como a única maneira de saber". Um "professor de matemática de estudos étnicos" da Universidade Estadual de Washington convocou as pessoas a atacar os "*haters*" provando que existem maneiras de fazer 2 + 2 resultar 5.[246] Logo, um doutor em bioestatística de Harvard tentava ajudar, dizendo que os números são "medidas quantitativas" e "abstrações de coisas reais subjacentes no universo e que é importante ficar de olho nisso quando usamos números para modelar o mundo real".[247] O que esclareceu as coisas. Dezenas de outros, sobretudo professores de matemática, foram às mídias sociais para tentar ajudar. Algumas pessoas descreveram a ideia de 2 + 2 = 4 como uma "simplificação da realidade". Entretanto, o objetivo principal dos professores ativistas era claro: atacar os supremacistas brancos provando que o resultado de 2 + 2 não é igual a 4.[248]

É possível que nenhum desses ativistas tenha lido o livro mais famoso de George Orwell. É possível também que eles o tivessem lido anos antes, esquecido, descartado como obra de outro homem branco morto ou – o mais provável de tudo – presumido que seu conteúdo não se aplicava a eles. Entretanto, todo o debate 2 + 2 = 4 foi especialmente instrutivo, porque em *1984* há uma passagem ressonante em que Orwell escreve:

> (...) no final, o Partido anunciaria que 2 + 2 = 5, e você teria que acreditar. Era inevitável que eles fizessem essa afirmação, mais cedo ou mais tarde: a lógica de sua posição exigia isso. Não apenas a validade da experiência, mas a própria existência da realidade externa foi tacitamente negada por sua filosofia.[249]

O doutor em bioética de Harvard que havia entrado no caso 2 + 2 = 5 veio a reconhecer a ligação com Orwell tarde demais. Quando ele foi informado sobre ela, acabou descrevendo-a como "infeliz".[250]

É possível descartar tudo isso como simplesmente um conjunto de guerreiros culturais lutando entre si em praça pública sem muita repercussão no mundo real. Entretanto, tal interpretação seria totalmente errada. O desejo de transformar a matemática feita corretamente em um símbolo de supremacia branca significa que os padrões na disciplina, como em toda e qualquer outra disciplina, serão reduzidos

RELIGIÃO

ou eliminados por completo. Que outras possibilidades existem quando tudo o que é demonstrável é posto em dúvida e tudo o que pode ser testado se torna parte do problema? As consequências disso estão agora se espalhando nas escolas em todos os Estados Unidos e no resto do Ocidente.

Em todos os Estados Unidos existem agora exatamente essas tentativas de alterar ou eliminar o sistema de ingresso, eliminando a seletividade do processo e migrando para um sistema de ingresso baseado em loteria. Isso se fundamenta na crença de que a seleção favorece grupos raciais específicos, e que, para alcançar a equidade, o sistema deve ser interrompido.[251] Alguém que faz pressão para isso acontecer em seu distrito é Alison Collins, comissária das escolas públicas de São Francisco que argumentou o seguinte em 2020:

> (...) quando falamos sobre mérito, meritocracia e especialmente meritocracia com base em testes padronizados, tenho de ser franca. Nos dias de hoje não podemos medir palavras. Esses são sistemas racistas. Não me diga que o mérito é justo – ele é a antítese do justo e do justificável.[252]

Ibram X. Kendi também é contra testes padronizados nas escolas. Pode não ser nenhuma surpresa saber qual acusação Kendi faz contra os testes padronizados. Em 2019, ele disse: "Vou repetir de novo e de novo: testes padronizados se tornaram a arma racista mais eficaz que já foi criada para degradar objetivamente as mentes negras e excluir legalmente seus corpos".[253] Essa não é uma ideia marginal. Randi Weingarten, presidente da Federação Americana de Professores, disse: "Os testes padronizados não ajudam as crianças a aprender e nem os professores a ensinar. Precisamos medir o que importa".[254] E o que importa, exatamente? Nunca somos informados.

Lógico, as consequências da guerra contra os testes padronizados podem ser facilmente previstas. A Thomas Jefferson High School for Science and Technology, em Alexandria, Virgínia, não vem apenas lutando com seu nome problemático. Ela também tem lutado, nos últimos anos, para tornar sua política de ingresso menos seletiva. Acontece que a escola já passou por uma mudança significativa em sua composição. Vinte anos atrás, 70% dos alunos da escola eram brancos. Em 2020, 79% eram minorias étnicas, principalmente de famílias de imigrantes de origem asiática. Os alunos brancos representavam apenas 19% do corpo discente naquele ano. O fracasso em criar qualquer mudança significativa no ingresso de negros durante esse período foi inevitavelmente atribuído ao racismo sistêmico. E assim, após o assassinato de George Floyd, houve um movimento para introduzir uma

A GUERRA CONTRA O OCIDENTE

política de ingresso de loteria que foi contestada por grande parte dos pais da escola. Aqueles a favor da política disseram que buscavam ter uma população escolar que espelhasse mais de perto a população nacional. Entretanto, mesmo que a política fosse seguida, teria alterado apenas marginalmente a proporção de alunos negros e hispânicos na instituição. O que teria feito é uma série de outras coisas.

Teria significado um aumento forçado no número de alunos brancos na Jefferson (em cerca de 25%) e uma diminuição forçada no número de estudantes asiáticos (em cerca de 20%).[255]

Ao passo que outras escolas e faculdades em todo o país lutam com o mesmo problema, de Nova York à Califórnia, elas continuam enfrentando o mesmo dilema. Se o problema em tudo é o racismo, e a resposta para tudo é perturbar o sistema racista, isso parece produzir apenas dois resultados verificáveis: uma redução dos padrões em nome do antirracismo e um aumento da necessidade de políticas racistas para lidar com um problema que sempre se diz ser racismo. A guerra contra os testes padronizados, assim como a guerra contra a religião, a filosofia e tudo mais no Ocidente, não apaga as diferenças raciais: ela as amplifica.

INTERLÚDIO

GRATIDÃO

Perto do final de *Os Irmãos Karamázov*, Dostoiévski escreve um capítulo de puro terror. No início do romance, um dos irmãos – Ivan – expõe suas próprias visões profundamente conflitantes sobre a natureza da humanidade, Deus e o diabo. À medida que o romance se desenvolve, o estado mental de Ivan se deteriora. Aqueles a seu redor parecem acreditar que ele está entrando em *delirium tremens*, geralmente associado à abstinência de álcool. Porém, a causa do medo de Ivan não é esclarecida nem explicada. Seu irmão mais novo, Aliocha, só percebe como as coisas estão ruins quando encontra Ivan certa noite perto de um poste de luz e diz algo que faz com que Ivan o agarre e comece a tremer. "Você esteve no meu quarto!", Ivan acusa o irmão. "Você esteve no meu quarto à noite, quando ele veio." Aliosha não entende de quem ele está falando. Ivan grita para ele: "Você sabe sobre as visitas dele a mim? Como você descobriu?".[256] Mais tarde, ao questionar o homem que ele acha que matou seu pai, Ivan fica tomado pelo medo de que essa pessoa sem nome esteja novamente presente na sala. Ele passa a procurar por ela nos cantos, apressadamente.[257]

Em dado momento, o leitor recebe permissão para estar lá quando Ivan é visitado pelo diabo, que está sentado em seus aposentos, vestido como um cavalheiro russo, usando frases em francês e, sem dúvida, da "classe de antigos proprietários de terras de dedos delicados que floresceram nos dias de servidão". Ao que tudo indica, os dois haviam conversado antes. Todavia, não fica claro se o diabo faz parte da consciência de Ivan ou se está de fato diante dele. O diabo diz que deseja ser agradável, mas que é incompreendido – um homem "caluniado". Ele filosofa, mas reclama que as pessoas não querem saber dele. Então, Dostoiévski dá a seu demônio uma observação passageira que apenas um gênio como ele poderia lançar de maneira tão casual. O diabo explica: "Minhas melhores emoções, como a gratidão, por exemplo, são formalmente proibidas a mim apenas por conta de minha posição social".[258]

Por que a "gratidão" deve ser uma emoção negada ao diabo? Dostoiévski deixa isso sem resposta. Entretanto, vale a pena refletir.

A GUERRA CONTRA O OCIDENTE

Atos de desconstrução e destruição podem ser realizados com uma facilidade tão extraordinária que poderiam muito bem ser os hábitos do diabo. Um grande edifício como uma igreja ou catedral pode levar décadas – até séculos – para ser construído. Mas pode ser completamente queimado ou derrubado em uma tarde. Da mesma forma, a tela ou obra de arte mais delicada, talvez o produto de anos de elaboração e trabalho, pode ser destruída em um momento. O mesmo se dá com o corpo humano. Certa vez li um detalhe em particular do genocídio em Ruanda em 1994. Uma gangue de hutus estivera agindo, e entre as pessoas que eles mataram naquele dia se encontrava um médico tutsi. Enquanto seu cérebro se espalhava pela estrada, um de seus assassinos zombou da ideia de serem os miolos de um médico. "Como fica o seu conhecimento agora?"

Todos os anos de educação e aprendizado, todo o saber e experiência naquela cabeça foram destruídos em um segundo por pessoas que não haviam alcançado nada daquilo.

É uma das percepções mais tristes que temos como espécie: não apenas que tudo é transitório, mas que tudo – particularmente tudo o que amamos e tudo o que o amor tocou – é frágil. E que, assim como a linha entre civilização e barbárie é tênue como papel, é um milagre que qualquer coisa sobreviva, dada a fragilidade de tudo o que há, mais a maldade e o descuido de que os homens são capazes.

O que impulsiona esse mal? Muitas coisas, sem dúvida. Porém, uma delas, identificada por vários dos grandes filósofos, é o ressentimento. Essa emoção é um dos maiores motivadores daqueles que querem destruir: culpar alguém por ter algo que você acredita que deveria ser seu.

Entre os que se interessaram pela questão do ressentimento estava Friedrich Nietzsche. É alarmante a maneira específica com a qual ele diagnostica o tipo. A certa altura, Nietzsche escreve que qualquer psicólogo que deseje estudar o assunto deve reconhecer que:

> (...) essa planta prospera melhor entre os anarquistas e antissemitas de hoje, então floresce como sempre fez, em segredo, como uma violeta, mas com um odor diferente. E assim como o igual sempre dá origem ao semelhante, não será surpresa encontrar, mais uma vez, tentativas vindas desses círculos, como tantas vezes antes, de santificar a *vingança* com o termo *justiça* – como se a justiça fosse, fundamentalmente, tão só um aprofundamento do sentimento de ter sido injustiçado – e de tardiamente legitimar com vingança *reações* emocionais em geral, uma e todas.[259]

174

GRATIDÃO

Para Nietzsche, um dos perigos dos homens do ressentimento é que eles alcançarão sua forma definitiva de vingança, que é transformar pessoas felizes em pessoas infelizes como eles – esfregar sua miséria na cara dos felizes, para que, no devido tempo, os felizes "comecem a se envergonhar de sua felicidade e talvez digam uns aos outros: 'É uma vergonha ser feliz! *Existe muita miséria!*'". Isso é algo que deve ser evitado, pois o doente, diz Nietzsche, não deve fazer o saudável ficar doente também e nem fazer o saudável "se confundir com o doente".[260] Ele volta ao assunto repetidamente, como se estivesse andando em círculos para chegar exatamente à raiz daquilo que tenta diagnosticar. Por fim, ele lança o *insight* central: esse ressentimento é, em sua essência, um anseio por vingança motivado por um desejo de *"anestesiar a dor por meio da emoção"* (grifo do próprio Nietzsche). É preciso "a emoção mais selvagem possível", diz ele, para despertar a afirmação crucial da pessoa ressentida: "Alguém deve ser o culpado por eu me sentir doente".[261]

Qual é a resposta para essa situação devastadora? Os homens do ressentimento rasgam feridas que fecharam, abrem cicatrizes "e se fazem sangrar até a morte por cicatrizes há muito curadas". Nietzsche afirma que essas pessoas podem arrastar para baixo seus amigos, familiares, filhos e todos a seu redor. E a única resposta, para Nietzsche, é que alguém (um "padre asceta", nas palavras dele) deve encarar a pessoa e dizer o mais difícil: que ela está certa. É verdade. "Alguém deve ser o culpado: mas você mesmo é esse alguém, você mesmo é o único culpado por isso, *você mesmo é o único culpado por si próprio.*" Nietzsche reconhece que isso é difícil. Entretanto, caso acontecesse, pelo menos algo talvez fosse alcançado, que é "a direção do *ressentimento*" poder ser "*mudada*".[262]

Outros responderam aos *insights* de Nietzsche – notadamente Max Scheler e Helmut Schoeck. Eles acrescentaram a isso a observação de que o ressentimento depende sempre de jogar A contra B. Especialmente quando A é elogiado única e exclusivamente para denegrir e desvalorizar B.[263] Em todos os assuntos, seja dinheiro, sexo ou qualquer outro, nenhum homem sente que a balança pesa a seu favor. E assim como os homens de ressentimento falam "justiça" quando querem dizer "vingança", algo está disfarçado em sua conversa sobre "igualdade". Pois quem fala em "igualdade" encontrará um problema embutido. Somente alguém que "teme *perder*" exigirá igualdade como um "princípio universal". É uma especulação, diz Schoeck, "em um mercado em queda".

> Pois é uma lei segundo a qual as pessoas só podem ser iguais em relação às características de *menor valor*. A "igualdade" como uma ideia puramente racional nunca pode estimular o desejo, a vontade ou a emoção. Entretanto, o ressentimento, em cujos

olhos os valores mais elevados nunca são favorecidos, esconde sua natureza na exigência de "igualdade". Na realidade, ele não quer nada menos do que a destruição de todos aqueles que incorporam esses valores mais elevados que despertam sua raiva.[264]

Esse é outro *insight* profundamente pertinente. Pois toda conversa sobre "igualdade", como a conversa sobre "justiça", apresenta-se sob uma perspectiva – em particular, uma desinteressada, como se seus proponentes só quisessem algo abstrato e dificilmente percebessem se esse algo irá beneficiá-los em algum momento ou não. Em geral, porém, não é algo assim. Um conjunto de questões muito mais fundamentais está se resolvendo.

Em outras palavras, pode valer a pena reconhecer o que enfrentamos ao ouvirmos os críticos do Ocidente hoje. Pois, assim como não somos contra a justiça, mas contra a vingança, também não somos somente contra os defensores da igualdade, mas também contra aqueles que mantêm um desejo patológico de destruição.

Uma versão vagamente mais branda disso existe à vista de todos há décadas. É a obsessão que começou na academia e depois se espalhou para outros lugares que se entrega à veneração da "desconstrução". Trata-se do processo pelo qual tudo do passado pode ser escolhido, separado em pedaços e finalmente destruído. Ele não consegue encontrar nenhuma maneira de construir: só de separar, infinitamente. Assim, um romance de Jane Austen é desconstruído até que uma delicada obra de ficção se transforme em nada mais do que outro pedaço de resíduo culpado de uma civilização desacreditada. O que se alcançou assim? Nada além de um processo de destruição.

Aqueles que fizeram disso uma carreira encontram uma série de coisas a seu favor. Uma delas é o fato de que sua tarefa é potencialmente infinita, pois os assuntos possíveis parecem ilimitados. É uma carreira para toda a vida a dos desconstrucionistas. Porém, nada é criado, ou mesmo produzido, no final desse processo. A única demanda possível, no final da desconstrução, é desconstruir um pouco mais. E parece possível dividir em pedaços e encontrar motivos para ressentimentos infinitamente. Decerto essa é a esperança dos desconstrucionistas, que agora vasculham o mundo da arte à procura de símbolos de estupro, dominação masculina, privilégio, racismo e muito mais.[265] E é claro que eles encontram com o que ocupar seu tempo.

Porque podemos facilmente olhar para uma pintura e querer saber que pensamentos errantes talvez estivessem por trás dela. Também podemos perguntar qual trabalho foi feito e se algum trabalho forçado, ou não remunerado, estava envolvido nele. Podemos olhar para as cores da tinta e questionar as origens dos

GRATIDÃO

pigmentos, se eles foram adquiridos de forma legítima ou sustentável. Ou indagar sobre o salário recebido pelos aprendizes do ateliê do artista e se todos foram adequadamente compensados por seu superior para produzir essa obra para um homem de poder ainda maior. Podemos investigar seus temas e "interrogar" seus significados à luz das coisas que vieram depois. Poderíamos ver todo tipo de coisa. Poderíamos lamentar a falta de representação de qualquer tipo. Ou dar um passo para trás e ver a *Virgem dos Rochedos*, de Leonardo da Vinci, a *Anunciação*, de Sandro Botticelli, ou qualquer outra obra de arte que remonte a séculos de criação pelos mestres.

O mesmo vale para as construções. Podemos olhar para as grandes catedrais e outros monumentos da Europa e perguntar quem carregou todas aquelas pedras ou as içou, se eles eram pagos adequadamente por seu trabalho e se as condições da época eram consistentes com os padrões modernos de segurança do trabalhador. Podemos perguntar por que pessoas de apenas uma cor de pele aparecem representadas nos monumentos ou por que apenas as de origem europeia parecem ser mencionadas neles. Talvez até perguntemos se o ato de construir uma estrutura para um determinado deus, em nome de uma determinada religião ou denominação, não é de alguma forma exclusivo, até mesmo excludente. De onde veio o dinheiro para essas grandes estruturas? Esse dinheiro foi adquirido honestamente ou uma parte dele foi tirada ilegitimamente dos pobres, dos necessitados ou mesmo de outros países e povos que não tinham voz sobre para onde essas finanças iam? Poderíamos indagar tudo isso e muito mais. Ou dar um passo para trás e admirar a Sainte-Chapelle, em Paris, a Capela Sansevero, em Nápoles, o Duomo, em Florença, ou dezenas de milhares de catedrais, igrejas, capelas e outros monumentos. Por que não deveríamos simplesmente recuar, creditar a nossa sorte por termos herdado tudo isso e desfrutar da grande graça de poder viver entre essas obras?

Esses são presentes dos humanos para toda a humanidade.

A razão é que vimos no Ocidente nas últimas décadas um grandioso projeto de desconstrução e destruição alimentado por ressentimento e vingança. Nesse processo, o Ocidente foi estabelecido como "o maligno" na busca global por culpa. Obviamente, muitos no Ocidente acharam reconfortante se acomodar nessa mentalidade. Os homens do ressentimento tiveram facilidade em apontar coisas que o Ocidente fez, como contas não pagas e ultrajes esquecidos ou insuficientemente expiados. Essas pessoas gostaram de reabrir feridas antigas e de alegar se sentir magoadas por feridas e erros cometidos muito antes de elas mesmas estarem vivas. Elas se alegraram ao abrir essas velhas feridas e exigir que os outros tenham pena delas novamente, como se elas mesmas fossem as vítimas. Porque fazer isso é se colocar no centro de tudo, esperar recompensas perpétuas e nunca precisar olhar

A GUERRA CONTRA O OCIDENTE

para si mesmas para resolver o que quer que seja – mesmo sendo algo que elas só poderiam resolver sozinhas.

Essas pessoas não têm nada a dizer sobre si mesmas ou sobre qualquer indivíduo fora do Ocidente, porque isso pode levá-las a mudar a direção em que seu ressentimento é canalizado. Na verdade, isso talvez faça com que elas finalmente voltem o olhar para si mesmas. Se o Ocidente não é responsável por todos os males do mundo, em seu passado e no passado e presente de outros, então outros atores devem ser responsabilizados. E alguns teriam de olhar para si mesmos para explicar sua falta de resultados, conquistas e muito mais. Eles precisariam investigar as causas de seu descontentamento e ver que pelo menos uma delas são eles mesmos. É muito mais fácil continuar afirmando que outro grupo – e um grande grupo histórico – é responsável por todos os males do mundo e de suas próprias vidas.

Nas últimas décadas, os doentes realmente infectaram os saudáveis e os arrastaram para um discurso demente, inventado por eles mesmos. Atraíram quase todos a seu redor para a discussão de soma zero que insiste que a história do Ocidente é uma história de opressão patriarcal, sexismo, racismo, transfobia, homofobia, roubo e muito mais. Essas pessoas se interessam por outras sociedades apenas para jogá-las contra o Ocidente. Elas estão interessadas em tribos nativas apenas para tentar demonstrar o quanto o Ocidente está falido. E elas não estão interessadas em todas as outras civilizações em nenhum sentido sério. Elas não aprendem as línguas de outras civilizações nem estudam suas culturas em profundidade – certamente, nada parecido com o que fizeram os tão ridicularizados "orientalistas" e outros do passado ocidental. Porém, elas elogiam qualquer cultura, desde que não seja ocidental, única e exclusivamente para denegrir e desvalorizar o Ocidente. Como resultado, elas chegam a seu argumento final, que é exigir saber por que alguém deveria admirar ou desejar continuar uma civilização que fez tanto mal e teve tanta intolerância e ódio construídos ao longo de sua história.

Sem dúvida há muitas reações possíveis a isso. E também há algumas respostas. Pois se alguém me oferecesse essa ladainha de erros do Ocidente, eu poderia retrucar com mais facilidade usando poucas palavras. Paris. Essa é uma que eu selecionaria logo no começo. Veneza, eu poderia dizer em seguida. Não que Roma não seja nada. Nem que Florença seja um lixo. Na verdade, para ficar só nas cidades, certamente Viena, Praga, Madri, Lisboa e Budapeste contam para alguma coisa. E quanto a Nova York ou Chicago? A lista poderia continuar infinitamente. Seria possível discorrer sobre qualquer país durante horas. Porém, isso aponta para um aspecto que está faltando. Porque se formos pesar algo, não devemos simplesmente empilhar as coisas de um único lado da balança, e sim colocar algo do outro lado também. Se pusermos o fato de que o Ocidente teve racismo em sua história e

GRATIDÃO

deixar a balança com pesos apenas nesse prato, é óbvio que o resultado serão julgamentos desequilibrados. E é isso o que se permitiu que acontecesse. Quer dizer que as coisas boas não devem contar para nada? E as grandes catedrais e cidades universitárias do Ocidente: Oxford e Cambridge, Heidelberg e Regensburg, Ely e Salisbury, Bolonha e Valência?

Por que discutir toda a história e culpa do Ocidente e não nos determos nessas joias nem por um momento?

É porque as pessoas do ressentimento têm a intenção de proibir as melhores emoções. Quais são essas emoções? A mais importante, sem dúvida, é a gratidão. A razão pela qual o demônio de Dostoiévski não pode sentir gratidão é que apenas alguém com a intenção de um grande mal se negaria a esse atributo humano crucial ou o negaria a si mesmo. Sem a capacidade de sentir gratidão, toda a vida e a experiência humana são um mercado de culpa no qual as pessoas rasgam a paisagem do passado e do presente na esperança de encontrar outros para culpar e a quem possam transferir suas frustrações. Sem gratidão, as atitudes predominantes da vida são a culpa e o ressentimento. Porque, se você não sente nenhuma gratidão por nada do que lhe foi passado, então tudo que pode sentir é amargura pelo que você não tem. Amargura por tudo não ter saído melhor ou mais exatamente a seu gosto – seja lá o que esse "gosto" possa ser. Sem algum sentido de gratidão, é impossível colocar qualquer coisa em qualquer ordem adequada.

Pois é claro que é possível lamentar o que não veio para você ou não aconteceu com você. Esse processo poderia ser interminável, e todos na Terra poderiam se envolver nele. A tarefa mais importante da vida é reconhecer o que você não tem ao mesmo tempo que é grato pelo que tem.

Você pode achar terrível que nem todos no passado ocidental sempre tenham tido opiniões totalmente de acordo com os valores sociais e morais aos quais aderimos na década de 2020. Você pode ridicularizar esse fato ou, em vez disso, escolher suas melhores partes. Porém, não faz sentido agir assim, a menos que você também reconheça, por exemplo, que viver no Ocidente nesta época é desfrutar de uma sorte histórica diferente de quase todas as que existiram em outros períodos. Você pode se entristecer por terem acontecido coisas no século XVIII das quais ninguém se orgulha hoje. Entretanto, você pode equilibrar isso sentindo alguma gratidão por fazer parte de uma civilização na qual toda vida humana passou a ser considerada sagrada, na qual as pessoas são consideradas dotadas de dignidade inata, na qual a paz é o estado normal de tudo e na qual os erros cometidos nos dias atuais podem ser remediados por meio da aplicação da lei. Estive em muitas partes do mundo onde alguns ou todos esses itens estão em falta: onde a vida pode ser encerrada com brutalidade excepcional e sem recurso a nenhum tribunal ou outro sistema de

A GUERRA CONTRA O OCIDENTE

justiça. Visitei muitos países onde a paz é a exceção e não a norma, e onde os jovens que querem fazer a diferença em sua sociedade não têm absolutamente nenhuma chance de fazê-lo. Há muitos países fora do Ocidente em que aquilo tudo que os ocidentais dão como certo são ideias que parecem ser de séculos à frente, se é que são concebíveis. Lugares que, ao contrário do Ocidente, não estão interessados em abertura ao mundo e nem têm a mínima preocupação com autocrítica, progresso ou qualquer outra forma de melhoria.

Aqueles que têm a felicidade de viver no Ocidente não são apenas herdeiros de uma sorte econômica comparativamente boa. Eles herdaram uma forma de governo, justiça e lei pela qual deveriam sentir profunda gratidão. Ela pode não ser sempre perfeita, mas é de longe melhor do que qualquer uma das alternativas oferecidas. E quando se trata do que nós, no Ocidente, herdamos a nosso redor, isso deve contar como um dos maiores presentes, se não o maior, que qualquer civilização tenha deixado para aqueles que vieram depois. Um presente não apenas na ordem liberal e nas belas cidades e paisagens, mas nos feitos artísticos, na herança cultural e numa riqueza de exemplos de como viver. Exemplos nunca superados em nenhum lugar da Terra.

E não defendemos essas coisas porque são criadas por brancos. Assim como não desejaríamos defender Thomas Jefferson ou David Hume simplesmente porque eram homens brancos. Essas pessoas, ideias, construções e cidades do Ocidente são dignas de respeito não por serem produto dos brancos, mas porque são herança de toda a humanidade. É possível, hoje, fixar-se na identidade dessas pessoas e exigir que "destruamos tudo isso". Ou, mais moderadamente, que destruamos um pouco. Porém, uma abordagem mais sã e razoável seria olhar para o que herdamos de bom e tentar prosseguir com base nisso.

No último ano de sua vida, o filósofo inglês Roger Scruton passou por uma série de provações e infortúnios infligidos a ele por outros. Talvez distraído por essas provações, Scruton descobriu tarde demais que um câncer crescera dentro dele e acabaria com sua vida em pouco mais de seis meses. A última coisa que ele escreveu foi uma reflexão sobre aquele ano de sua existência – o que ele havia passado e todas as coisas terríveis que tinham lhe acontecido. Porém, ele disse (e foram as últimas palavras que publicou antes de morrer): "Chegando perto da morte, começamos a saber o que significa a vida, e o que ela significa é gratidão".[266]

Há muitas atitudes que todos nós costumamos tomar. Algumas delas dominam em um ponto de nossa existência e retrocedem em outro. Entretanto, uma vida vivida sem gratidão não é uma vida bem vivida. É uma vida fora de ordem: uma em que, incapaz de enxergar o que tem a agradecer, o indivíduo não fica com nada além de seus ressentimentos e não consegue se contentar com nada além de vingança.

CAPÍTULO 4

CULTURA

No congelante janeiro de 1928, em Londres, podia-se encontrar um jovem artista britânico no porão da Tate Gallery (hoje Tate Britain) repintando sua primeira grande encomenda. Rex Whistler tinha apenas 21 anos quando foi escolhido para desenhar e pintar um mural que cobriria todas as quatro paredes da longa área de refeições da galeria. O resultado foi intitulado *The Expedition in Pursuit of Rare Meats*, um retrato de fantasia do "duque da Epicurânia" e sua corte saindo para caçar em uma terra imaginária. Na inauguração do mural, em dezembro de 1927, George Bernard Shaw fez um dos discursos. O dramaturgo socialista conseguiu incomodar a mãe do artista. Primeiro, ao mencionar o homônimo norte-americano mais famoso de Whistler (sem parentesco); segundo, ao insinuar que Rex, que não era de família rica, não era um cavalheiro.

Tirando isso, o lançamento foi um triunfo. As cenas fantásticas, idílicas e ocasionalmente macabras com as quais Whistler cobriu as paredes estavam repletas daqueles que se tornariam seus toques característicos. Grandes colunas *trompe l'oeil* ao redor das portas e janelas, grandes lagos e mares com sereias e uma paisagem repleta de templos árcades desertos em uma extensão de campo ondulante. Por toda essa terra, figuras estranhas festejavam, perseguiam, se arrumavam, mancavam e atacavam. De um lado, uma parte de uma cidade idílica; do outro, um unicórnio escapando da atenção de um grupo de personagens estranhos em uma floresta. A obra consumiu dezoito meses de exaustivo trabalho por parte de Whistler e de sua assistente Nan West. Whistler recebia cinco libras por semana. Ele recusou convites e adiou visitas a seus amigos mais próximos para terminar o vasto trabalho. Essa foi a origem da "piada" de Shaw – que Whistler havia sido pago por semana e, portanto, era como um encanador que entrara com seu cinto de ferramentas. Mesmo assim, o *The Times* e outros jornais elogiaram a obra desde sua inauguração. "A sala mais divertida da Europa" foi uma das denominações que a imprensa lhe deu.

Houve uma forte nevasca naquele inverno, seguida de um degelo repentino. Em janeiro, as margens do rio Tâmisa romperam-se. Na noite de 6 de janeiro, a água suja do rio espalhou-se pelo andar térreo do Tate e por toda a sala recém-inaugurada.

A GUERRA CONTRA O OCIDENTE

Quando as águas baixaram, o artista entrou, acompanhado por um amigo, para inspecionar os danos. O rio deixara uma linha de sujeira dois metros e meio acima do chão. "A sala inteira está completamente destruída", escreveu Whistler em uma carta. A tela descascara em alguns lugares, e os pisos e móveis estavam arruinados. "Bem", disse o artista, parado nas ruínas de sua obra, "pelo menos as sereias estão aparecendo mais".[267] A sala foi fechada ao público mais uma vez; imediatamente, Whistler começou a tarefa desanimadora de refazer seu primeiro grande trabalho.

Sempre achei que havia algo profundamente tocante no caráter de Rex Whistler, assim como em seu trabalho. Ele era talentosíssimo, tinha mais habilidade técnica do que praticamente qualquer pessoa de sua geração e possuía uma inventividade e facilidade que tornavam tudo o que ele pintava instantaneamente reconhecível. Ele também era amado por todos que o conheciam de fato ou só de vista – tanto homens como mulheres. Whistler trabalhou duro de verdade para desenvolver sua vocação, tinha uma série de paixões não correspondidas por mulheres de uma classe social diferente da sua e apenas começava a dominar a arte da pintura a óleo quando eclodiu a Segunda Guerra Mundial.

Logo de imediato, Whistler se ofereceu para se alistar. Embora pudesse ter conseguido um trabalho comparativamente confortável como artista de guerra, ele parecia sentir que não seria certo. Em vez disso, juntou-se à Guarda Galesa, vindo a treinar para se tornar um comandante de tanque. Ao longo de seus anos de treinamento, ele continuou a produzir, divertindo seu regimento com murais e caricaturas especialmente pintados, e a criar cenários e desenhos de livros, entre outros trabalhos, durante todos aqueles anos terríveis. Para o Natal de 1941, Whistler desenhou a capa da revista *The Listener*. A imagem é de São Jorge derrotando o dragão, em cima de uma pilha de crânios, cercado por um motivo de baionetas, livros, instrumentos musicais e as máscaras teatrais da comédia e da tragédia. No inverno de 1943-44, ao fazer o treinamento final com seu batalhão de tanques no sul da Inglaterra, ele criou os cenários para *Le Spectre de la Rose*, estrelado por Margot Fonteyn em Londres. O público, exausto pela guerra, teria suspirado de alegria quando a cortina subiu pela primeira vez.

Alguns meses depois, a caminho da Normandia, na França, a tripulação do tanque de Whistler enfrentou o inimigo nazista no que foi então a maior batalha de tanques exclusivamente britânica da guerra. E no momento em que Whistler tentava correr de um de seus tanques para outro, foi morto pelo fogo inimigo. Era seu primeiro dia de ação. Ele tinha apenas 39 anos.

Quase oitenta anos depois, em dezembro de 2020, foi anunciado que a Tate deveria fechar permanentemente o restaurante Whistler. A decisão seguiu um conjunto de reclamações feitas dois anos antes sobre o mural. Moya Greene, membro do conselho da galeria e também presidente do Comitê de Ética, examinou as reclamações e, depois de conduzir uma investigação completa sobre o que estava nas paredes da galeria, prestou contas a seus colegas curadores. Os membros do comitê foram, disse ela, "inequívocos em sua opinião de que as imagens da obra são ofensivas". Pior, ela relatou: "(...) a ofensa é agravada pelo uso da sala como restaurante".[268] Quando o comitê se manifestou, o restaurante já havia sido fechado por causa da covid. Porém, mesmo quando da reabertura das galerias, o restaurante condenado não reabriu.

O problema que o comitê de ética encontrara era que o mural de Whistler, inaugurado um século antes, tinha representações de não europeus. A representação do povo chinês em um pequeno canto do mural foi considerada como retratando os chineses de uma maneira "estereotipada". Pior do que isso: em um dos estranhos grupos de caça, uma mulher com um vestido de babados parece estar arrastando uma criança negra, que deve ser escrava, e puxando-a contra sua vontade. Essa é uma das várias cenas perturbadoras do mural. O que Whistler tentava dizer por meio de detalhes tão minúsculos (nenhum dos personagens culpados em questão tem mais do que alguns centímetros de altura)? Uma interpretação razoável é que, mesmo na arcádia, há crueldade e sofrimento, assim como epicurismo e deleite. É um toque típico. Sempre havia um verme nas arcádias de Whistler. Em um mural posterior, ele se pintou em um canto do cômodo vestido como um varredor de rua. No mural da Tate, há um menininho branco se afogando em um canto, enquanto no ponto mais alto de um penhasco Whistler coloca uma urna com as iniciais "D.A.W.", uma referência a Denny, seu irmão mais velho, que morrera na infância. Durante décadas, tudo isso foi aceito como parte da obra. Ainda no início de 2010, quando a Tate realizou uma limpeza muito necessária do mural, nenhuma preocupação foi levantada a respeito disso. De fato, o complexo projeto de restauração foi noticiado pela BBC e por outros veículos sem nenhum indício de problema. Apenas uma década atrás, a sala ainda encantava e divertia. Quando o restaurante reabriu em 2013, entre os que o elogiaram estava o crítico de restaurantes do *The Guardian*, que notou a atmosfera imersiva de "passeio no parque de diversão" e a "beleza silvestre" da fantasia de Whistler, além de enaltecer a excelência da carta de vinhos do restaurante.[269]

Foi apenas cinco anos depois que a Tate recebeu, pela primeira vez, reclamações sobre o mural de Whistler. Tudo isso parece ter vindo de uma conta do Instagram chamada The White Pube. Quando essa conta notou pela primeira vez o mural de Whistler, também observou que o site do restaurante citou o elogio do crítico do *The Guardian* à lista de vinhos. O The White Pube juntou esses dois, fulminando: "Como esses brancos ricos ainda escolhem ir lá para beber das 'melhores adegas da capital' com cenas de escravidão ao fundo? Tate, vocês são um bando de perturbados!". As autoras desse post foram Gabrielle de la Puente e Zarina Muhammad.

Naquela época, o museu respondera a essa pressão intolerável de uma conta do Instagram tentando contextualizar as figuras menores no mural. O texto que a Tate elaborou para postar *on-line* e exibir no mural observou que a pintura era uma das obras mais importantes de Whistler, mas declarou que, de fato, continha várias cenas "inaceitáveis". Descreveu as cenas como imperialistas (como se um duque da Epicurânia já tivesse cavalgado pela terra) e continuou: "Essas representações demonstram atitudes em relação à identidade racial predominantes na Grã-Bretanha na década de 1920. Nessa época, o enfraquecimento do Império Britânico, paradoxalmente, levou a expressões culturais da superioridade da 'raça britânica'".

Com o tempo, as mídias nacional e especializada passaram a se interessar pela questão. Um site lamentou que, durante anos, os turistas tivessem "brindado com porcelanas" ao lado de "um enorme mural que retrata a escravidão infantil".[270] Claro, se alguns bebedores de chá estivessem preocupados com isso, então teriam que esperar para ver alguns dos temas com que defrontariam nas galerias acima de suas cabeças. Logo, uma petição *on-line* foi apresentada. Ela selecionou cuidadosamente as duas pequenas imagens, ampliou-as e colocou-as em ambos os lados de uma foto também cuidadosamente selecionada de um grupo de pessoas brancas de certa idade parecendo satisfeitas depois de terminar uma refeição no restaurante. A petição foi intitulada "Remova *The Expedition in Pursuit of Rare Meats*, o mural racista e nocivo de Rex Whistler, da Tate Britain". E continuou, em tons tão estridentes quanto o do seu nome:

> É inaceitável que a Tate Britain permita que essa pintura abertamente racista permaneça para diversão dos clientes. Mudanças têm de ser feitas: a remoção da pintura do restaurante ou a remoção do restaurante da própria sala com o mural – simplesmente não deve haver uma experiência gastronômica disponível nesta Grã-Bretanha moderna e multicultural em que todas as raças não sejam respeitadas.

Os signatários enfurecidos alegaram que enquanto a Tate mantivesse esse mural, a instituição estaria mostrando o seu não comprometimento com a justiça racial.[271]

À medida que a petição começava a obter mais e mais assinaturas, a Tate parecia buscar uma retirada estratégica. No momento em que o documento alcançou

CULTURA

algumas centenas de nomes, um porta-voz da galeria anunciou que "A Tate foi aberta e transparente a respeito das imagens racistas profundamente problemáticas no mural de Rex Whistler". E a galeria insistiu que o texto de interpretação, agora na parede ao lado do mural, fazia parte dos esforços da galeria para enfrentar as "atitudes racistas e imperialistas da década de 1920 e de hoje". Um porta-voz da Tate anunciou que o trabalho da galeria de "confrontar" essas histórias andava de mãos dadas "com a defesa de uma história mais inclusiva da arte e identidade britânicas hoje".[272]

No entanto, em seu relatório de 2020, o Comitê de Ética da Tate desprezou os esforços iniciais da galeria. Ele condenou inequivocamente o mural, insistiu que a galeria não lidara de maneira adequada com a situação e concluiu que as únicas opções possíveis eram o fechamento da sala ou a remoção do mural. No momento da redação deste livro, a Tate se preparava para uma consulta externa sobre o destino do mural. Enquanto isso, a sala permanece fechada ao público.

É claro que quanto mais você analisa o assunto, mais claro fica que o ataque ao mural de Whistler é um caso clássico de um ataque coletivo moderno por ativistas extremistas. O The White Pube, a conta do Instagram que iniciou a pressão sobre a Tate, foi descrito por ninguém menos que a revista *Vogue* como "as autodenominadas críticas amadoras que agitam o *establishment* das artes". A conta é administrada por pessoas que afirmam que as artes na Grã-Bretanha são dominadas por brancos de classe média. E por um bom motivo, pois elas estão em um país que ainda é de maioria branca. Porém, as amadoras do The White Pube estão atrás de mais do que apenas aumentar o acesso às artes ou a representação nelas. Uma de suas postagens, escrita em junho de 2020, clama: "Foda-se a polícia, foda-se o Estado, foda-se a Tate: motins e reforma".[273] O que, com exceção de uma oração, é o produto revolucionário básico. Porém, ainda não é totalmente comum que o coro "foda-se a polícia" seja seguido por "foda-se a Tate" ou mesmo "foda-se" qualquer outra coleção de arte. Entretanto, esse é o produto oferecido pelo The White Pube. E sua pequena base de apoio a estimula. Como escreveu um de seus apoiadores depois que o The White Pube colocou o mural de Whistler em sua mira: "Eu nunca soube que havia um restaurante no porão, muito menos um restaurante supremacista branco".

Talvez não seja surpreendente que, uma vez que essa campanha contra o mural de Whistler ganhou força, alguns políticos tenham tentado se juntar a ela. Como Diane Abbott, parlamentar trabalhista que apenas quatro meses antes era secretária sombra do Interior. Quando a campanha estava no auge, Abbott tuitou: "Comi no restaurante Rex Whistler, na Tate Britain. Não fazia ideia de que o famoso mural tinha imagens repulsivas de escravos negros. A gerência do museu precisa

A GUERRA CONTRA O OCIDENTE

mudar o restaurante de lá. Ninguém deveria comer cercado de imagens de escravos negros". A postagem foi acompanhada por duas imagens incriminatórias; uma delas, incidentalmente, de uma pintura diferente. Abbott finalizou, com a hashtag "#BlackLivesMatter".[274]

Ainda mais interessante do que a hostilidade desses instigadores é o quanto eles conseguiram chegar longe. Pois o mais revelador a respeito do caso do mural de Whistler não é que vozes estridentes e exageradamente altas tenham se feito ouvir. Nem que uma obra de arte sofra um colapso de contexto tão estratosférico. Na verdade, é que os curadores da Tate – cujo trabalho é proteger uma coleção histórica nacional – deveriam ter suportado o julgamento de uma obra sob seus cuidados, e a deturparam dessa forma tão obscena. Por causa deles, "a sala mais divertida da Europa" se transformou, em questão de meses, em um restaurante "supremacista branco" que celebrava a escravidão.

O que eles poderiam ter feito em vez disso? Poderiam ter dito que os personagens que eram alvo das reclamações eram os mais ínfimos detalhes em uma obra positivamente cheia deles. Eles poderiam ter apontado que galerias de arte como a Tate são absolutamente repletas de detalhes artísticos que podem ser considerados perturbadores. As galerias renascentistas se encontram repletas de crucificações e martírios. A maioria das galerias tem um número significativo de corpos nus ou seminus. Costuma haver alguns estupros. E as galerias modernas (incluindo as exposições para os finalistas do Turner Prize, organizado pela Tate todos os anos) exibem coisas que Whistler jamais imaginaria em seus piores pesadelos.

Os curadores poderiam ter se empenhado em resistir à não histórica e antiartística imposição de George Floyd a uma obra de arte delicada e caprichosa criada um século antes. E também ter apontado que uma obra de arte e um manifesto político são coisas diferentes. Que, assim como um romance mencionar a escravidão não significa que o romancista a esteja celebrando, uma obra de arte retratando algo maligno não significa que o artista esteja, de alguma forma, insistindo para que esse algo aconteça. No entanto, os curadores da Tate não tomaram nenhuma dessas atitudes. Em vez disso, aceitaram que o rolo compressor da moda política moderna tinha todo o direito de esmagar uma obra sob seus cuidados. Eles de fato admitiram a terrível afirmação de que Rex Whistler era uma espécie de supremacista branco, pró-escravidão, pró-império e racista. E como Whistler não é notícia com muita frequência e foi morto antes que pudesse deixar descendentes diretos para defendê-lo, uma alegação tão exagerada e bizarra tem chance de permanecer. Assim, oitenta anos depois de ter dado sua vida lutando contra o nazismo, Whistler agora está maculado pela galeria pela qual tão duro trabalhou durante meses.

CULTURA

Observar Rex Whistler ser colocado nesse vingativo ciclo de inversão é, de alguma maneira, pior do que assistir a alguns outros casos. Sua arte nunca foi política. E nunca foi feita para ter que provar a si mesma sob uma perspectiva moderna tão deliberadamente hostil.

LITERATURA RACISTA

Infelizmente, Whistler não está sozinho no ciclo a que foi submetido. Nos últimos anos, quase todas as grandes figuras da história da arte ocidental passaram pelo mesmo processo. Sempre nas mãos daqueles que vão do pouco informado ao desinformado. Sempre sujeitas à mesma forma grosseira de ataque – quase sempre respondido pelos responsáveis por algumas de nossas grandes instituições culturais, supostos guardiães do patrimônio, que levantam a bandeira branca da rendição no momento em que o primeiro tiro é disparado por indivíduos que são, claramente, maus atores.

Quase tudo na história literária já foi submetido aos mesmos maus-tratos sem remorsos que tornam tudo enfadonho, ao estilo Kendi. As universidades que anunciaram que seus currículos serão "descolonizados" ou "diversificados" sempre caem no mesmo esquema implacável. Em sua obra *Marxismo e Literatura*, de 1977, Raymond Williams declarou, infamemente, que na revolução cultural de longo alcance que estava por vir seria necessário que tudo fosse embora – todas as aquisições da civilização, incluindo a própria literatura. Mesmo os seguidores mais dedicados de Williams tiveram dificuldade para aceitar essa sugestão, até porque quase todos eles ocupavam cadeiras universitárias no estudo da literatura. Entretanto, em sua esperança de um futuro em que toda a literatura seria removida do meio do caminho, deixando apenas uma memória do presente, ele parece agora estar à frente de seu tempo.

Em janeiro de 2021, acadêmicos do Departamento de Inglês da Universidade de Leicester receberam duas boas notícias. A primeira era que se poderia esperar uma rodada de demissões. A segunda era que o departamento passaria a fornecer um currículo "descolonizado" que seria dedicado à "diversidade". Os professores foram informados de que isso significava que a literatura medieval deixaria de ser ensinada e que o ensino da literatura moderna seria reduzido. Então, sairiam *Beowulf* (o poema épico considerado a primeira obra literária relevante em inglês) e as obras de Geoffrey Chaucer e entraria o quê? A universidade insistiu que Shakespeare

187

estava seguro, mas o presidente e vice-reitor, professor Nishan Canagarajah, disse que era necessário mudar o curso para ele ser "sustentável" e "competir em nível global". Em princípio, isso significava que os alunos estudariam uma extensão cronológica da literatura inglesa "de Shakespeare a Bernardine Evaristo". Tais cursos permitiriam um estudo cronológico da literatura com módulos sobre "raça, etnia, sexualidade e diversidade, um currículo descolonizado", e assim por diante.[275] Talvez as pessoas devessem ter ficado gratas por ainda poderem dar uma olhada em Shakespeare. Entretanto, pouco tempo depois, parecia que o Bardo de Stratford-upon-Avon poderia ser eliminado – ou pelo menos severamente cortado – em um dos lugares que deveriam defender, celebrar e sustentar seu legado.

Em maio de 2021, o Shakespeare's Globe Theatre, em Londres, anunciou que também vinha tentando se tornar "antirracista" e que pretendia "descolonizar" Shakespeare. O teatro no lado sul do Tâmisa fica perto do local do teatro original do dramaturgo e foi reconstruído, com enormes custos, na década de 1990. O público deveria se sentir privilegiado ao ver o trabalho de Shakespeare lá, no cenário para o qual ele originalmente escrevera as obras. Durante anos, turistas e moradores locais se alegraram com a oportunidade. Todavia, nada está a salvo dos preceitos da TCR. E os seminários "antirracistas" do Globe, dedicados a tentar "descolonizar" as peças de Shakespeare, parecem ter ocorrido da maneira usual.

Especialistas afirmaram que as peças de Shakespeare são "problemáticas", e talvez sejam mesmo. Contudo, esses especialistas se referiam ao termo apenas no mesmo tom maçante e reducionista de tudo o mais em nossa época. Um dos craques de Shakespeare do time a que o Globe deu asas primeiro reclamou de que em *Sonho de Uma Noite de Verão* o personagem Lisandro diz, em dado momento: "Quem não trocaria um corvo por uma pomba?"; mais adiante, se queixou de que isso significava que Shakespeare associava brancura com beleza e negritude com feiura. Outros alegaram que Shakespeare usou termos como "justo" [em inglês, *fair*, que também pode significar "claro", como em "pele clara"] para denotar alguém bom. Enquanto isso, uma certa dra. Vanessa Corredera, da Universidade Andrews, em Michigan, afirmou que todas as peças de Shakespeare são "peças raciais" e contêm "dinâmicas baseadas em raça". Pelos padrões da dra. Corredera, ficou claro que Shakespeare é um escritor muito desleixado. Referindo-se a *Sonho de Uma Noite de Verão*, ela disse: "Em contexto com outras peças e até mesmo com os sonetos, essa linguagem está em todo lugar, essa linguagem de escuridão e luz (...) estes são elementos com viés racial".[276]

É uma afirmação interessante esta, feita por uma professora de literatura inglesa, de que a "linguagem de Shakespeare está em todo lugar". Antes da recente revolta com viés racial, os estudiosos da língua inglesa costumavam admirar o jeito de Shakespeare com as palavras. Entretanto, bastam um curso de "descolonização"

CULTURA

e uma agenda "antirracismo" para mudar até mesmo isso e fazer um lugar que deveria proteger o legado de Shakespeare contratar, depois ouvir respeitosamente, estudiosos cujas próprias palavras e erudição são tão fantasticamente hostis e ineptas para com ele. Inevitavelmente, o Globe negou que estivesse agredindo Shakespeare e afirmou que sua reputação estava segura. Entretanto, já havia sinais, dos quais eles deveriam estar cientes, de que não era assim.

Apenas alguns meses antes, o *School Library Journal* havia realizado um debate sobre se as obras de Shakespeare ainda deveriam ser ensinadas nas salas de aula norte-americanas. De acordo com uma especialista, as obras de Shakespeare estão "cheias de ideias problemáticas e ultrapassadas, com muita misoginia, racismo, homofobia, preconceito de classe, antissemitismo e misoginia contra mulheres negras". Ela concluiu que os educadores nos Estados Unidos estão "chegando à conclusão de que é hora de Shakespeare ser deixado de lado e parar de ser enfatizado para dar espaço a vozes modernas, diversas e inclusivas". Enquanto isso, uma ex-professora de escola pública do estado de Washington afirmou que já havia eliminado Shakespeare de sua sala de aula: "(...) [para] "desviar-se da conduta de centralizar a narrativa em homens brancos, cisgêneros e heterossexuais. Eliminar Shakespeare era um passo que eu poderia dar facilmente para trabalhar nessa direção".

Outro docente, professor-chefe de inglês de uma escola de ensino médio em Michigan, disse que os professores devem "desafiar a brancura" da afirmação de que as obras de Shakespeare são "universais".

Em resposta a essas e outras alegações bizarras, Ayanna Thompson, professora de inglês da Universidade Estadual do Arizona e presidente da Shakespeare Association of America, disse que os professores deveriam continuar ensinando Shakespeare, mas deveriam fazê-lo em paralelo ao ensino de escritores mais diversos, como Toni Morrison. Isso foi sugerido como uma barganha, como se ninguém tivesse ensinado sobre nenhum escritor negro antes e como se os amantes de Shakespeare precisassem fazer algum tipo de apelo atenuante para que seu ídolo fosse autorizado a permanecer.[277]

Quanto mais isso acontece, mais difícil se torna encontrar qualquer autor que possa ser aprovado em qualquer inspeção. Uma escola de Massachusetts foi uma das que baniram Homero, considerando *A Odisseia* apenas parte de um cânone de textos de homens brancos mortos problemáticos.[278] Em tais julgamentos, vê-se todo o cânone da literatura inglesa sendo não reinterpretado, mas simplesmente considerado inadmissível. Os alunos são informados de que toda a literatura antes dos dias atuais era abominável e, em seguida, recebem porções extras de Toni Morrison.

Mas pelo menos Shakespeare estava sendo atacado por uma investida analfabeta contra suas obras. Outros escritores não tiveram tanta sorte. Na verdade,

A GUERRA CONTRA O OCIDENTE

ao mesmo tempo, outros escritores vinham sendo colocados na lista negra não por algo que já tivessem escrito ou dito, mas por ancestrais que eles nem sequer poderiam ter conhecido.

Na debandada antirracista de 2020, a Biblioteca Britânica anunciou que "assumiu um compromisso, com sua equipe e seus usuários, de que se tornará uma organização ativamente antirracista e tomará todas as medidas necessárias para tornar essa promessa uma realidade". Como parte desse grande compromisso, a biblioteca anunciou que estava trabalhando para criar uma lista de autores que tivessem alguma ligação com o tráfico de escravos ou com o colonialismo. À medida que se formava essa lista negra de autores, notícias de alguns dos nomes que tinham sido colocados nela foram publicadas *on-line* pela biblioteca. A lista inicial continha os nomes de trezentos culpados, entre eles Oscar Wilde, Lord Byron e George Orwell. A biblioteca explicou:

> "(…) alguns itens atuais da Biblioteca Britânica, anteriormente pertencentes a figuras particulares citadas nestas páginas, estão associados a riquezas obtidas de pessoas escravizadas ou por meio da violência colonial. Os curadores da equipe da Printed Heritage Collections realizaram algumas pesquisas para identificá-los, como parte de um trabalho contínuo para interpretar e documentar a proveniência e a história das coleções impressas sob nossos cuidados.[279]

Esses "curadores" fizeram muitas descobertas iniciais em suas pesquisas. Uma delas foi que o autor Rudyard Kipling era culpado de ter feito do Império Britânico "um tema central" em sua produção literária.

Claramente, apenas os melhores pesquisadores são contratados pela Biblioteca Britânica. Como Liz Jolly, a bibliotecária-chefe, que aproveitou o momento para anunciar publicamente que "racismo é criação de brancos".[280]

Em outro lugar, a biblioteca disse que, embora o poeta Samuel Taylor Coleridge tivesse expressado opiniões antiescravidão e as escrito em sua poesia, ele estava na lista negra porque fora registrado que ele tinha um sobrinho morando em Barbados trabalhando em estreita colaboração com propriedades nas quais havia escravos. Os pecados do pai são um problema familiar. Entretanto, os pecados das pessoas conhecidas do sobrinho são uma nova forma de culpa por associação.

Por incrível que pareça, a lista negra se tornou mais ridícula. Porque um dos que constavam nela – para surpresa de muitos – era Ted Hughes, antigo poeta laureado. Hughes nasceu em 1930, alguns anos após o fim do tráfico de escravos, o

CULTURA

que significa que ele era jovem demais para ter provocado algum impacto nos anos derradeiros do Império Britânico. Ele morreu em 1998. Ainda assim, a Biblioteca Britânica o adicionou a seu dossiê de malfeitores.

A razão foi que os detetives, que trabalham à custa do contribuinte, alegaram ter descoberto que um dos ancestrais de Hughes, Nicholas Ferrar, estava "profundamente envolvido" com a Virginia Company of London, que ajudou a estabelecer colônias na América do Norte. Claro, não havia nenhuma alegação de que Hughes tivesse qualquer ligação com Ferrar, porque este nasceu em 1592. Até mesmo o esquadrão de pesquisa da Biblioteca Britânica descobrira que não poderia manchar a reputação de Hughes por ligação direta. No entanto, eles insistiram que ele era um daqueles que se encaixavam nos critérios da lista negra de ser uma pessoa com "conexões com a escravidão" ou alguém que "lucrou com a escravidão ou com o colonialismo". Claramente, os pesquisadores da biblioteca não fizeram nenhuma pesquisa sobre até que ponto Hughes poderia ter se beneficiado desse ancestral. Ele nasceu e foi criado em uma parte pobre de Yorkshire. Seu pai administrava uma tabacaria, e Hughes chegou à Universidade de Cambridge com uma bolsa de estudos, construindo sua carreira e ganhando o dinheiro que ganhava com seu próprio trabalho.

Nessa ocasião, houve uma intervenção curta e incisiva de alguns dos poucos adultos restantes na sala. Primeiro, alguns pesquisadores reais, da vida real, não empregados pela biblioteca, fizeram o trabalho mais básico e superficial. Eles apontaram que, além do absurdo de tentar condenar Hughes por associação com um homem que viveu na época de Shakespeare, havia outros problemas distintos com a alegação da biblioteca. Pois veio à tona que Nicholas Ferrar não tivera filhos. Portanto, mesmo que Ted Hughes fosse parente dele, não poderia ter sido um descendente direto. Eles também apontaram que Nicholas Ferrar era, na verdade, o autor de um panfleto atacando a escravidão antes mesmo de o comércio britânico de escravos ter começado.

A Biblioteca Britânica difamou um dos grandes poetas do século XX ligando-o a um não parente que morrera séculos antes e se opunha ao tráfico de escravos.

Não foi um começo ideal para o projeto da Biblioteca Britânica, e o patrimônio de Ted Hughes nitidamente pesou na necessidade de um pedido de desculpas incondicional, que estava próximo. A biblioteca anunciou que desejava pedir desculpas à sra. Carol Hughes, aos familiares e amigos: "(...) em razão de uma referência a um antepassado distante incluída na planilha (...) que retiramos por completo". A biblioteca prometeu não repetir a acusação e se desculpou pelo sofrimento causado. A viúva de Hughes ficou feliz com o pedido de desculpas enquanto lamentava os "comentários altamente enganosos" da biblioteca.[281]

A GUERRA CONTRA O OCIDENTE

Há vários alertas nesse caso. Um deles é que as pessoas que afirmam saber do que estão falando não sabem. Elas são, em sua maioria, ignorantes, desleixadas e pouco informadas. A outra é que a mais ínfima rejeição convicta pode provocar uma reversão. Então, por que isso não acontece com mais frequência? Por que os mesmos dogmatismos, linguagem, ideias e afirmações conseguem permear tudo? Pois é isso que eles têm feito. Não importa o quanto o tema seja delicado ou aprofundado, frívolo ou profundo. Tudo é inspecionado sob a mesma perspectiva implacável. E tudo sai parecendo igualmente, e eternamente, culpado.

JARDINAGEM RACISTA

Às vezes é a grande literatura. Outras vezes, pode ser algo tão leve e aparentemente descontraído quanto a jardinagem. Em março de 2021, o Kew Gardens, o Jardim Botânico Real da Inglaterra, se viu sob os holofotes. Foi quando o chefe dos maiores jardins botânicos da Grã-Bretanha, Richard Deverell, deu uma entrevista ao *The Guardian* para "rebater" alegações de que os jardins financiados publicamente, administrados por ele, estavam "se tornando *woke*". A causa das queixas fora a recente publicação de um manifesto de dez anos, dizendo que as cinco principais prioridades para o Kew, na próxima década, incluíam conversas sobre suas ligações com o imperialismo e o colonialismo. O Kew, lógica e previsivelmente, disse que pretendia "descolonizar" e reconhecer seus "legados exploradores e racistas". Deverell, que já trabalhou na BBC, optou por revidar as críticas a essa agenda e o fez em termos estridentes. Então, nas páginas do *The Guardian*, ele anunciou que não era mais possível ficar calado.

"Estamos em um momento de bifurcação", afirmou Deverell, com grande convicção. A onda de sentimentos pela morte de George Floyd em todo o mundo significava que injustiças de longa data tinham que ser enfrentadas. O Kew não podia e não queria se manter à margem desse grande acerto de contas. "Como tantas outras organizações, partes da história do Kew se baseiam, vergonhosamente, em um legado que tem raízes profundas no colonialismo e no racismo", disse Deverell.

> Grande parte do trabalho do Kew no século XIX se concentrou em transportar plantas valiosas ao redor do Império Britânico para agricultura e comércio. Obviamente, isso significa que algumas

CULTURA

figuras principais de nosso passado e itens ainda em nossas coleções estão ligados ao colonialismo.

Sophie Richards, botânica do Kew de origem caribenha, concordou com ele. "Não devemos esquecer", ela comentou, "que as plantas eram fundamentais para o funcionamento do Império Britânico."

Porém, o que significa, na prática, "descolonizar" um jardim? O sr. Deverell tinha parte de uma resposta.

Por mais de 260 anos, cientistas do Kew exploraram todos os cantos do mundo documentando a rica diversidade de plantas e fungos. Éramos faróis de descoberta e ciência, mas também faróis de privilégio e exploração. (…) Não existe uma posição neutra aceitável a respeito deste assunto; calar é ser cúmplice. Cada um de nós precisa se esforçar para combater as injustiças em nossa sociedade.

No entanto, o que o chefe de um jardim botânico deve fazer?

A única ideia concreta que Deverell parecia ter naquele momento de "bifurcação" era mudar as placas de exibição e as descrições. Por exemplo, a menção às usinas de açúcar e borracha seria alterada para "refletir suas ligações com a escravidão e o colonialismo". Em outros lugares, ele alegou que, no passado, os jardins haviam sido descuidados com sua linguagem descritiva, que se referia a certas plantas como tendo sido "descobertas" em determinadas épocas. O perspicaz Deverell foi rápido em apontar que muitas dessas plantas eram conhecidas pelas comunidades indígenas anos antes de os botânicos e exploradores ocidentais as encontrarem. De fato, isso pode ser verdade. Porém, elas ainda foram "descobertas" pelas pessoas que as encontraram lá e as trouxeram para um público mais amplo que, desde então, tem sido capaz de apreciá-las. Os diretores de elenco "descobrem" estrelas de cinema, e seus amigos "descobrem" um ótimo restaurante do outro lado da cidade. Não precisa haver nada de terrível em tal descrição. Brigar com isso é tentar satisfazer uma pretensão grandiosa com um pouco de pedantismo. Entretanto, isso parecia ser tudo o que o sr. Deverell tinha em seu arsenal. Sua outra sugestão principal era garantir que "as pessoas não se sentissem intimidadas pelos portões de ferro forjado vitorianos do Kew". Como se houvesse portões de ferro forjado amigos e portões de ferro forjado hostis, e é necessário estar no lado certo dessa divisão, como em todas as outras.

O Kew não foi o único culpado. De fato, o mundo da jardinagem se revelou tão ressentido e desejoso de ofensas quanto qualquer outro domínio da sociedade.

A GUERRA CONTRA O OCIDENTE

O Kew havia lançado recentemente um *podcast* de jardinagem chamado "Sujeira em nossas mãos: superando o legado oculto de desigualdade da botânica". Nele, James Wong, radialista da BBC, se propôs a explorar a desigualdade e o racismo por trás "do mundo aparentemente democrático e saudável das plantas". Como era de se esperar, acabou sendo racista de maneira tão fervilhante quanto todo o resto.

De acordo com Wong (que foi criado na Malásia), alguém na exposição de flores de Chelsea uma vez o elogiou por seu "inglês maravilhoso". Em outras ocasiões, os visitantes da exposição de horticultura, disse ele, presumiram que Wong estaria interessado apenas em jardins tropicais. Advolly Richmond, outra historiadora de jardinagem e apresentadora do *Gardener's World*, da BBC, afirmou que, frequentemente, recebe um "duplo olhar", porque: "(...) às vezes sou o único rosto negro em muitas e muitas situações relacionadas a jardins e jardinagem".[282] Wong foi às páginas do *The Guardian* para dizer que a grande alegria do mundo natural é que ele pode "transcender gênero, classe, raça, sexualidade e convicções políticas". E no entanto, ela insistiu, em um artigo intitulado "Eliminando o problema racial da horticultura", que seria uma surpresa para muitos "o quanto o problema do racismo no mundo aparentemente amigável e educado da horticultura é sistêmico".[283] Embora, é claro, o mais provável é que os leitores do *The Guardian* não teriam ficado nem um pouco surpresos com o rosto enganosamente amigável da horticultura. Na verdade, a intolerância que fervia por trás da fachada de boas maneiras deveria ser exatamente o que os leitores esquerdistas haviam sido preparados para ver em cada esquina.

Pois em novembro, após a morte de George Floyd, Wong já levara ao jornal argumentos favoráveis à politização da jardinagem. Como dizia a manchete: "Outras artes são políticas. Por que não a jardinagem?". Wong atacou pessoas que ouvira na exposição de flores de Hampton Court cinco anos antes. Elas haviam se queixado de uma instalação de horticultura inspirada nos "problemas enfrentados pelas pessoas deslocadas ao redor do mundo" que estaria trazendo a política para a jardinagem. A reclamação estava completamente errada, afirmou Wong. Já que tudo deve ser politizado, por que a jardinagem não deveria ser? Exemplos de preconceitos vis no mundo da jardinagem incluíam o uso das palavras "nativo" e "herança", por exemplo, como sinônimos de "melhor".[284] Mais tarde, nas mídias sociais, Wong reagiu a um professor de cidades e paisagismo que afirmou que "há quem rejeite a função política dos jardins porque muitas vezes eles revelam políticas desconfortáveis".[285] Wong afirmou, ainda mais descaradamente, que a jardinagem britânica tem "racismo embutido em seu DNA". Nessa ocasião, sua evidência foi que, ao apresentar um conceito de plantio uma vez para uma sala cheia de pessoas "100% brancas", alguém disse que elas deveriam usar "flores silvestres nativas". A ideia de

CULTURA

flores silvestres "nativas" era, ele disse, "não apenas uma grande merda do ponto de vista histórico", mas "baseada em ideias muitas vezes inconscientes sobre o que e quem não 'pertence' ao Reino Unido". "Esse é o tipo de merda exaustiva pela qual se tem que passar todos os dias ao trabalhar na horticultura do Reino Unido."[286]

Sem dúvida, tudo isso teve grande apelo com o *The Guardian*. Em um editorial de apoio ao chefe do Kew Gardens, o jornal concluiu que os laços de rododendros e as magnólias floridas do Kew não deveriam distrair o visitante: "(...) [os jardins botânicos] não são apenas espaços verdes para exercício e diversão". Eram lugares que haviam sido usados para "pesquisa botânica" e "apelo à ciência", mas estavam "longe de ser apolíticos". Esses jardins são resultado de uma busca elitista ocidental pelo "exótico", muitas vezes formados "com propósitos econômicos em mente". Os "homens brancos" que fizeram isso tinham uma agenda. Como gritava a manchete do jornal: "A visão do *The Guardian* sobre os jardins botânicos: inextricavelmente ligados ao império".[287] Como tudo o mais, seria possível dizer.

Enquanto a Grã-Bretanha travava uma guerra contra os rododendros, no Canadá a ênfase recaía sobre os incautos gramados. Em setembro de 2020, John Douglas (professor de história da Universidade Thompson Rivers, em Kamloops) ganhou atenção nacional quando defendeu o caso urgente de descolonizar os gramados do Canadá. Segundo o professor Douglas, o gramado é "uma declaração de controle sobre a natureza". O que, obviamente, ele é. Entretanto, na era atual, observar isso não é suficiente. Os aspersores da hostilidade antiocidental também devem ser ligados. Assim, o professor Douglas poderia ser visto argumentando que toda essa tentativa de represar água, plantar gramados, aplanar paisagens e "encontrar uma espécie de planta não nativa" para colocar nelas era mais um exemplo de um padrão agora familiar. "Um quintal com um grande gramado é como uma sala de aula para o colonialismo", ele explicou.

Outros se juntaram a essa brincadeira. De acordo com Dan Kraus, biólogo conservacionista sênior do Nature Conservancy of Canada, um gramado – assim como uma nação – deve ser "diverso". "É algo cultural", ele afirmou. "Existe essa comparação interessante, tipo, valorizar a diversidade *versus* a mesmice." Ele acredita que as gerações futuras poderão olhar para trás com perplexidade para gramados não culturalmente diversos e dizer: "Por que vocês fizeram isso?".[288] O que é possível. Ou as gerações futuras poderão olhar para trás, ver o sr. Kraus e sentir uma perplexidade inteiramente diferente.

MÚSICA RACISTA

Uma das coisas que o Ocidente fez foi se abrir a ideias e influências. A história do Ocidente é uma história de coleta de conhecimento onde quer que pudesse ser encontrado. Uma história de colecionar plantas, ideias, linguagens e estilos. Não para subjugá-los ou roubá-los, mas para aprender com eles.

No entanto, não há hoje uma esfera da vida e da cultura que seja tão delicada nem tão sacrossanta a ponto de a ideologia desta época, presente e relevante por toda parte – e que afirma precisamente o oposto dessa tradição de abertura –, não poder se espalhar por ela. Sempre com o mesmo dogmatismo sem remorsos com que se espalha por todo o resto. Em meados de 2020, após o assassinato de Floyd, a música clássica foi um dos alvos surpreendentes, embora isso estivesse sendo construído havia algum tempo. Em 2015, a série *Oxford Handbooks* achou adequado adicionar um novo título a seu catálogo: *The Oxford Handbook of Social Justice in Music Education*. Entre as sugestões desse livro estavam: que as competições de música deveriam terminar e ser substituídas pela atenção à desigualdade econômica, que a música deveria ter a ver com política, que a educação musical na América do Norte é uma "parte de uma agenda óbvia de brancura cultural e que a postura adotada no palco pelos artistas é racista". O argumento foi que as mudanças culturais significam que devemos parar de levar a notação musical a sério, que o ativismo político é a forma mais elevada de educação e que, para combater as estruturas de poder existentes, devemos buscar não apenas ensinar hip-hop, mas "ser" hip-hop.[289] O que quer que isso signifique. Seja como for, exatamente como um homem branco pode esperar ser hip-hop sem entrar em apuros?

De qualquer forma, as visões dos ativistas estavam definidas fazia alguns anos em preparação para o movimento contra as orquestras norte-americanas ocorrido em meados de 2020. Uma questão que vinha circulando havia anos – a composição demográfica do público e dos artistas – foi, mais uma vez, evidenciada como um aríete cultural.

Durante décadas, orquestras e outros grupos de música clássica vinham trabalhando para aumentar o número de mulheres instrumentistas e de minorias étnicas em suas fileiras. Como resultado de um longo debate, uma das ferramentas que muitas orquestras criaram foi instituir um processo de "audições às cegas". A ideia era, claro, garantir que qualquer grupo de entrevistadores que decidisse sobre a competência de um instrumentista em particular não fosse influenciado pela indicação visual de se a pessoa era do sexo feminino ou de uma minoria étnica. Por anos, isso foi considerado um movimento progressista, e muitos atribuem parcialmente

CULTURA

a isso o aumento da representação minoritária nas orquestras. Em 2016, Weston Sprott, um dos trombonistas da orquestra da Metropolitan Opera (que também ensina na Juilliard School), saiu em forte defesa das audições às cegas. Disse ele:

> Fui o escolhido em inúmeras audições em que uma tela estava presente do início ao fim, mas jamais em uma audição profissional em que a tela tenha sido tirada. Se você leva a sério a diversificação de seu conjunto, o primeiro de muitos passos é usar a tela e deixar seus ouvidos (e não seus olhos) guiarem suas convicções artísticas. A diversidade vai vir como o resultado.[290]

Mas em 2020 quase dava para ouvir a caixa de câmbio raspando quando os princípios do processo foram subitamente colocados em marcha à ré. De repente, audições às cegas passaram a ser o problema. Como proclamou o *The New York Times* em uma manchete em julho de 2020, "para tornar as orquestras mais diversificadas, acabem com as audições às cegas". O consenso daquele mês era que, se as orquestras quisessem ser mais diversificadas, em vez de ignorar a raça ou dar a todos a mesma chance por meio de audições às cegas, elas deveriam levar em conta "raça, gênero e outros fatores". Embora o jornal reconheça que as audições às cegas haviam sido "transformadoras" no aumento do número de mulheres instrumentistas nas orquestras, afirmou que não houve mudança "suficiente" em sua composição racial. "O *status quo* não está funcionando", afirmou o jornal. "As audições às cegas não são mais sustentáveis" e, embora a política tivesse sido "bem-intencionada", naquele momento, supostamente, "impedia a diversidade".

Pode haver uma série de razões para a sub-representação nas orquestras. Por exemplo, é possível que simplesmente não haja um número suficiente de jovens negros norte-americanos sendo treinados como artistas clássicos. Quaisquer que sejam as razões para isso, uma solução seria aumentar a ajuda à música clássica em todo o sistema escolar norte-americano, especialmente nas escolas de maioria negra. Entretanto, como costuma ser o caso, isso seria um problema muito grande para se resolver. Em contraste, criticar duramente conselhos de orquestra por não ter músicos suficientes de um certo grupo é um exercício relativamente gratuito. O argumento para a mudança incremental, que durante anos havia existido nos círculos de música clássica, foi de repente considerado parte do problema.

De acordo com o principal crítico de música clássica do *The New York Times*, "mudanças lentas e constantes não são mais suficientemente rápidas".[291]

Ainda assim, isso sugeria que o problema era fácil de se resolver. Bastava usar ou não as telas. Porém, mesmo sobre isso, ninguém consegue concordar. Anthony

McGill, o principal clarinetista da Filarmônica de Nova York, que por acaso é negro, diz: "Não sei quais são as respostas certas". E é perceptível que, na continuação de um artigo intitulada "Artistas negros falam sobre como mudar a música clássica", o *The New York Times* não conseguiu encontrar um único músico negro que apoiasse a ideia de parar com as audições às cegas.[292] A National Alliance for Audition Support (uma iniciativa destinada a aumentar a representação nas orquestras norte-americanas) afirma que "aspectos de nossos processos de audição/cargos permanentes continuam a contribuir para o legado de racismo sistêmico que existe em nosso país desde antes da fundação da primeira orquestra". Ele diz que "o treinamento em antirracismo, preconceito implícito e habilidades de comunicação em grupo são imperativos em todos os níveis" de gerenciamento e assistência orquestral. No entanto, suas diretrizes para 2021 também exigem que as telas estejam presentes em todas as etapas do processo de audição, além de insistirem na não triagem de currículos.[293] Seja pró ou contra a tela, tudo isso tem algo em comum, apresentando-se sob uma premissa indiscutível: que a música clássica é um "campo dominado pelos brancos", como disse o *The New York Times*, e, portanto, deve ser transformada.

O argumento começou a ser apresentado infinitamente. Em julho, foi a vez da ópera. "A ópera não pode mais ignorar seu problema racial", afirmou o *The New York Times*. No mesmo dia, o *The Washington Post* decidiu ir de: "Esse som que você está ouvindo é o acerto de contas da música clássica com o racismo". Esse artigo proeminente afirmava que "o racismo sistêmico (...) corre como a podridão pelas estruturas do mundo da música clássica". Alegou que as instituições devem "corrigir os desequilíbrios que mantêm o palco clássico tão habitualmente tendencioso, tingido de branco". Como exemplo, o *Post* apresentou o Kennedy Center, que havia pouco organizara uma teleconferência com líderes de artes da comunidade na qual o vice-presidente do centro, Marc Bamuthi Joseph, enfatizou o desejo de encomendar "trabalhos antirracismo". Porque, como ele disse, o objetivo do centro é "tornar o antirracismo sistêmico".[294] O que aconteceu com o objetivo de tal centro de, simplesmente, realizar o melhor trabalho possível? Afinal, não há nada de errado em pessoas brancas estarem em uma plateia, assim como não há nada de errado em pessoas brancas estarem em uma congregação. O fato de não haver pessoas negras suficientes em uma determinada reunião não a torna errada. Isso pode não agradar a todos, e deve ser possível fazer as pazes com a situação ou interferir nela sem insistir que a causa deve ser o "racismo". No entanto, o mesmo rolo compressor passa por cima de tudo. A Orquestra Sinfônica de Baltimore afirma, em sua carta de 2021, que "diversidade, equidade racial e inclusão são imperativos estratégicos para o sucesso do segundo século da OSB". Além disso, diz:

CULTURA

> Acreditamos que é inerente à missão da OSB celebrar as artes e rejeitar o racismo sistêmico em todas as suas formas. Reconhecemos que o legado do privilégio branco persiste em toda a nossa organização e nos comprometemos a transformar esta instituição, em parceria com nossos músicos, funcionários administrativos, patronos e comunidade.[295]

Nos últimos dois anos, essa mesma tendência se espalhou por todas as partes do mundo musical. Na corrida para não ficar do lado errado de uma debandada, houve uma busca constante por mais compositores negros do passado e do presente. Pelo menos um grande conjunto barroco nos Estados Unidos se viu preso nessa armadilha. Porque, claro, ele só toca música de compositores brancos mortos. Ainda assim, sua diretoria está exigindo que esse conjunto barroco toque música recente para que possa tocar música de compositores negros. Se as pessoas achavam difícil encontrar o número necessário de compositores negros trabalhando hoje, espere até que tentem achar compositores negros dispostos a compor em uma linguagem barroca. Em outros casos, as orquestras já pararam de trabalhar com diretores musicais e outros profissionais que não estejam dispostos a demitir os instrumentistas existentes e substituí-los por instrumentistas negros. Em pelo menos um caso, nos Estados Unidos, a vítima do expurgo resultante foi um músico de origem asiática. Isso significa que, em nome do aumento da representação de minorias étnicas, a instituição facilitou a saída de um músico pertencente a uma minoria. Porque, enquanto poucos artistas negros precisam de ajuda para alcançar o topo das paradas pop do mundo, decidiu-se que eles precisam ser empurrados para o topo do cenário da música barroca.

Talvez seja inevitável em um mundo em que todo o resto é racista que até os fundamentos da música sejam rotulados da mesma maneira. Na última geração, tem havido uma ânsia crescente nas melhores universidades do mundo ocidental de abandonar a própria ideia de notação musical, por causa de suas conotações supostamente elitistas, brancas e ocidentais. Em universidades como Stanford, Harvard e Yale, tem se desenrolado um debate contínuo a respeito do que se deveria exigir daqueles que leem música. Deveríamos esperar que os alunos aprendessem sobre o cânone da música ocidental? Deveríamos esperar que eles aprendessem o sistema ocidental de notação musical, já que é apenas uma forma de notação musical e ocidental? O estudo da música deve exigir alguma alfabetização musical prévia?

O problema é, em muitos aspectos, novo. Gerações anteriores de etnomusicólogos tendiam a supor que a notação musical ocidental era uma ferramenta útil para entender as tradições musicais não ocidentais. Só nos últimos anos essa

A GUERRA CONTRA O OCIDENTE

suposição foi questionada. E, lógico, há uma questão interessante aqui. Pois o que as pessoas devem fazer e como devem entender qualquer sistema musical se não usarem algum sistema de notação? Muito poucos sistemas culturais no mundo desenvolveram um sistema de notação sofisticado que capture com precisão os dois elementos necessários: tom e tempo. O sistema ocidental desenvolveu a capacidade de anotar o tom no século IX. A notação do ritmo tornou-se possível por volta do século XII. E, no século XIV, a Europa havia desenvolvido um sistema de notação não muito distante do sistema moderno.

Os chineses têm um sistema, e outro foi desenvolvido na Índia. Entretanto, nenhum deles faz o que o sistema ocidental de notação é capaz de fazer. E há um meio perfeitamente fácil de demonstrar esse fato: os etnomusicólogos ocidentais podem, com um considerável grau de precisão, capturar a música da Índia, da China e de quase todas as outras tradições musicais, enquanto o contrário não se pode dizer. Embora a Índia e a China tenham seus próprios sistemas de notação, se você tocasse uma sinfonia de Mahler para musicólogos indianos ou chineses, eles não conseguiriam escrevê-la no sistema de notação deles para, então, executar a sinfonia de novo, para você, lendo esse sistema de notação. Os resultados não soariam nem remotamente os mesmos. Na verdade, os resultados não teriam quase nenhuma semelhança com o que fora ouvido pela primeira vez.

Simha Arom, etnomusicólogo franco-israelense, dedicou sua vida ao estudo da complexa música da África. Em suas obras, como *Polyphonies et polyrythmies instrumentales d'Afrique Centrale* (1985), Arom analisa e anota a sofisticada música polifônica e polirrítmica da África. Seu trabalho inclui a notação das técnicas altamente complexas da música da África Central – uma tradição que o compositor György Ligeti, que aprendeu com o trabalho de Arom, descreveu como uma que abre a porta para "uma nova maneira de pensar a polifonia, que é tão rica ou (...) ainda mais rica do que a tradição europeia".[296] No entanto, embora Ligeti e outros compositores tenham se beneficiado com esse conhecimento, o trânsito continua sendo de mão única. Ainda que Arom tenha sido capaz de capturar a complexa música da África Central usando o sistema ocidental de notação, não existe nenhum sistema africano que possa notar, e mesmo replicar de maneira aproximada, um concerto para piano de Beethoven. Isso não é um julgamento de valor. É simplesmente um fato e apenas uma razão pela qual o sistema ocidental de notação pode ser considerado muito mais útil do que qualquer outro existente, e portanto, se não por outro motivo, digno de ser estudado.

Qualquer análise razoável dos fatos reconheceria a verdade da situação discutida acima. E, contudo, mencioná-lo não é apenas controverso como contencioso, particularmente no Ocidente. Não porque seja falso, mas porque é inconveniente

CULTURA

para algum alcance ideológico mais amplo. O fato de que o sistema sob ataque de acadêmicos e outros é o mais eficaz deixa de parecer perverso quando você entende que a razão pela qual está sob ataque não é por ser o sistema mais eficaz.

A razão pela qual está sob ataque é, simplesmente, por ser ocidental.

Esse ataque não está acontecendo em lugares obscuros. Na verdade, essa apropriação de território por certos estudiosos está acontecendo na Universidade de Oxford, entre muitos outros lugares. Em março de 2021, os professores da faculdade de música receberam um novo conjunto de propostas dizendo que: "(...) em razão de demonstrações internacionais do BLM, o Conselho da Faculdade propôs fazer mudanças para aumentar a diversidade do currículo de graduação". Por que a faculdade de música da Universidade de Oxford deveria se sentir impelida a realizar alguma mudança por causa do movimento BLM? Apenas pela mesma razão pela qual espera-se que todo mundo se sinta compelido.

Entre os destaques das deliberações da faculdade de música estava o rótulo dado por um professor à própria notação musical como um "sistema representativo colonialista". Em outros pontos da proposta, os professores foram informados de que o curso de graduação atual demonstrava "cumplicidade com a supremacia branca" e se concentrava demais na "música europeia branca do período escravista", o que, para os professores, significava a era de Mozart e Beethoven. Um docente que decide quais cursos devem compor o currículo reclamou que a "hegemonia branca" do curso precisava ser abordada. Alegou-se também que o ensino da alfabetização musical em um sistema de notação que não havia "abandonado sua conexão com seu passado colonial" seria um "tapa na cara" para certos alunos.

Habilidades como aprender a tocar um instrumento de teclado ou aprender a reger orquestras aparentemente não deveriam mais fazer parte do curso, porque o repertório relevante "centraliza estruturalmente a música europeia branca", causando "grande angústia aos alunos de cor".

Naturalmente, também se queixaram do fato de que a maioria dos professores nessas especialidades relevantes são "homens brancos". Por fim, foi dito que a "estrutura de nosso currículo apoia a supremacia branca", não apenas por causa do "corpo docente quase todo branco", mas porque essa estrutura estava dando "privilégio à música branca". Uma sugestão para cursos alternativos foi que a Universidade de Oxford deveria introduzir novos cursos de música pop e cultura popular. Um exemplo de uma área potencial de estudo é "Artistas exigindo que Trump pare de usar suas músicas".[297]

Como que para mostrar que sempre há mais um círculo no inferno, poucas semanas depois desse anúncio foi a vez da Royal Academy of Music anunciar o que planejava fazer como reação à morte de George Floyd. De acordo com a academia, agora era necessário olhar tudo sob uma nova perspectiva, incluindo sua coleção mundialmente famosa de 22 mil instrumentos raros. De acordo com um porta-voz da instituição, fundada em 1822, havia um compromisso contínuo "de tornar nosso currículo mais diversificado". Porém, também foi preciso aproveitar a oportunidade "para ver a coleção, que foi construída ao longo de dois séculos, através de uma lente de descolonização".

Quem, ou o que, podem ser as vítimas desse abate? Parece que a academia tinha ligações com Georg Frideric Handel, antes mais conhecido por ter composto a famosa aleluia *O Messias* – hoje, mais conhecido por ter investido em uma empresa que possuía escravos. Em outros lugares, parecia que vários teclados de marfim talvez precisassem ser "descolonizados".[298] Ninguém sabe o que passou pela cabeça de George Floyd nos terríveis últimos minutos de sua vida. Porém, poderia tê-lo surpreendido saber que sua morte talvez levasse a um expurgo de cravos históricos em um dos principais conservatórios de música de Londres.

E o problema para grande parte da era atual é que as afirmações políticas têm consequências práticas. A questão não é só que as discussões teóricas ocorram nas reuniões dos professores de música. É que a mesma visão de mundo condenável e retributiva seja aplicada em todos os lugares. Um dia, tudo passa a ser visto sob a mesma perspectiva negativa e hostil, mesmo nas artes, em que obras criadas com espírito de generosidade, sinceridade e homenagem são agora rotuladas como obras de "apropriação" ou "colonialismo".

APROPRIAÇÃO CULTURAL

Em *Então você quer conversar sobre raça*, seu *best-seller* do *The New York Times*, Ijeoma Oluo tentou definir o que realmente é apropriação cultural. Ela fez várias tentativas.

> Em sua essência, a apropriação cultural tem a ver com a posse da própria cultura e, como a cultura é definida coletiva e individualmente, a definição e o sentimento sobre a apropriação cultural mudam de acordo com a identificação e o sentimento do indivíduo sobre aspectos de sua cultura.

Talvez ciente de que essa frase não deixa as coisas completamente claras, Oluo fez a gentileza de dizer que há uma explicação para isso. A frase pode soar "muito

CULTURA

complicada", mas "é porque é mesmo". E essa, ela sugere, pode ser uma das razões pelas quais "apropriação cultural tem sido um conceito difícil para muitos". Mais uma vez, ela tenta simplificá-lo e, em mais uma tentativa – impressa em negrito dessa vez –, ela nos informa que: "Podemos definir amplamente o conceito de apropriação cultural como a adoção ou exploração de outra cultura por uma cultura mais dominante".[299] Exemplos dados por Oluo incluem o uso de cocares indígenas "como moda casual", certas fantasias de Halloween e o rap de pessoas brancas. Quando se trata de se os brancos devem ou não poder fazer rap, Oluo diz que, legalmente, eles deveriam ser autorizados a fazê-lo. A lei não deve proibir. Porém, ela diz, "você 'poder' é diferente de você 'dever' fazer algo".[300]

De acordo com críticos como Oluo, a cultura dos brancos de "tomar" o que não é deles é errada por dois motivos principais. O primeiro é que eles não podem conhecer ou compartilhar as raízes da cultura da qual estão se apropriando e que magoa as pessoas que nasceram nessa cultura ver outros tentarem absorvê-la sem sentir a dor deles. A segunda é que os brancos que se apropriam de outras culturas aparentemente ganham dinheiro com suas apropriações, muitas vezes de forma injusta. Então, quando um rapper branco ganha dinheiro com um contrato de gravação, por exemplo, ele está ganhando um dinheiro que foi efetivamente roubado de uma pessoa não branca que poderia ter feito a mesma tarefa pelo menos tão bem quanto, se não melhor.

Evidente que uma série de problemas surgem de tais afirmações. Não menos importante é que elas pressupõem que a dor cultural é constante, interminável e não compartilhável. Mais prosaicamente, elas apresentam uma série de questões práticas. Por exemplo, é permitido se envolver com a cultura de outro grupo desde que você não se destaque? Se você é ruim em se envolver com essa cultura, então o quanto deve ser ruim antes que seja um insulto? E o quanto deve ser bom antes que esse envolvimento comece a constituir uma ameaça? O que devem fazer aqueles que forem parcialmente da tradição em questão – se apenas um de seus pais ou um de seus avós for da tradição com a qual eles gostariam de se envolver –, mas não totalmente?

Uma demonstração de que aqueles que fazem afirmações como essas não pensaram realmente nas consequências de suas declarações pode ser vista no fato de que seus exemplos são muito consistentemente superficiais. Mais uma vez, Oluo afirma que a apropriação cultural é "o produto de uma sociedade que prefere sua cultura envolta em brancura" e uma sociedade que "só respeita a cultura envolta em brancura".[301] Os exemplos que ela dá disso são pessoas usando cocares de penas no festival de música Coachella e "rapazes universitários brancos usando *dreadlocks*". Oluo luta um pouco consigo mesma sobre se as pessoas devem ter permissão para emprestar de outras culturas. Porém, conclui que "culturas marginalizadas" devem ser ouvidas. "E se isso significa que sua consciência não permitirá que você se vista como uma gueixa no Halloween, saiba que, mesmo assim, no grande esquema das coisas, você não é a vítima."[302]

No entanto, o grande esquema das coisas parece ser a última coisa na mente daqueles que falam de apropriação. Muito poucas pessoas iriam para o paredão pelo direito de usar um cocar de nativo norte-americano no Coachella ou de se vestir como uma gueixa no Halloween. Na verdade, a obsessão com fantasias de Halloween nas discussões sobre apropriação cultural nos Estados Unidos mostra não apenas imaturidade, mas uma deliberada relutância em confrontar as trocas sérias, sinceras e profundas que realmente distinguem a história não apenas da arte e da cultura ocidentais, mas da cultura mundial. Ao se concentrar em fantasias ou tranças de cabelo, os oponentes da apropriação cultural tornam o trabalho muito fácil para eles. E ignoram – por malícia ou ignorância – as questões muito maiores que pairam por trás.

ADMIRAÇÃO CULTURAL

Pois a história da cultura ocidental não é uma história de apropriação cultural. É muito mais correto descrevê-la como uma história de *admiração* cultural. Durante séculos, artistas e compositores europeus olharam ao redor do mundo não com ódio, mas com admiração, até veneração. Eles queriam ver tudo o que o mundo lá fora tinha a oferecer. E quando "se apropriaram" de aspectos da cultura de um grupo diferente daquele em que nasceram, não o fizeram por desejo de monetizar os resultados ou de roubar a dor de outras pessoas, mas como forma de compreender a condição humana e refleti-la em toda sua riqueza.

Tomemos um dos grandes oratórios do século XX, *A Child of Our Time*, para o qual Michael Tippett, ao escrevê-lo nas décadas de 1930 e 1940, utilizou um idioma fora de moda. Os grandes oratórios do século XIX eram colossais, distantes do que Tippett então via como o urgente cataclismo político de sua época. Entretanto, ele foi estimulado a escrever uma de suas maiores obras por um evento recente e urgente.

Em novembro de 1938, um jovem judeu chamado Herschel Grynszpan assassinou um diplomata alemão em Paris. Imediatamente, os nazistas usaram isso como pretexto para o que ficou conhecido na Alemanha como *Kristallnacht*, ou Noite dos Cristais, com casas e negócios de judeus sistematicamente destruídos

CULTURA

com a coordenação do Estado. À medida que as notícias chegavam do continente, o jovem compositor da Inglaterra, radicalmente de esquerda e pacifista, começou a imaginar uma resposta musical à crescente violência e discriminação racial que engolfavam a Europa. E enquanto Tippett considerava uma resposta musical a um mundo que começava a virar "para seu lado sombrio", ele foi presenteado com uma ideia magnífica.

Em algum momento no início de 1939, Tippett ouviu uma transmissão no rádio na Inglaterra que incluía vários *spirituals* afro-americanos, então conhecidos como *negro spirituals*. Tais *spirituals* eram bastante populares na época e já se apresentavam com alguma frequência. Porém, essa performance em particular comoveu muito Tippett. Ele conhecia vários *spirituals* desde seus dias de escola durante a Primeira Guerra Mundial e provavelmente fora a uma apresentação deles quando era estudante do Royal College of Music, em 1925. Entretanto, essa apresentação específica o tocou profundamente. De imediato, ele procurou a edição de dois volumes de *spiritual* do escritor negro James Weldon Johnson. A partir daí, Tippett concebeu a ideia de intercalar esses *spirituals* em momentos cruciais de seu oratório, assim como Bach incluiu corais luteranos em suas Paixões. Assim, em momentos culminantes desse oratório moderno, Tippett incluiu *Steal Away, Nobody Knows the Trouble I See, Lord, Go Down, Moses, Oh, By and By* e, finalmente, e talvez da maneira mais comovente, bem no final da obra, *Deep River*. O coro e os solistas cantam "Eu conhecerei minha sombra e minha luz" e, depois, após as difíceis e contorcidas passagens harmônicas que acompanham esse grande *spiritual*, todos os intérpretes finalmente chegam à parte reconfortante dele. "Rio profundo, minha casa é sobre o Jordão. Rio profundo, Senhor, quero atravessar para o acampamento. Aquela terra onde tudo é paz."[303]

Os *spirituals* de *A Child of Our Time* foram um sucesso tão grande que o compositor acabou fazendo um arranjo separado deles, que foi tocado com tanta ou mais frequência do que o próprio oratório. A popularidade deles ajudou a fazer do oratório pacifista de Tippett sua obra mais executada, que mexeu com o público em todo o mundo durante gerações. O próprio Tippett assistiu a apresentações ao redor do mundo, incluindo uma apresentação multirracial na Catedral de Lusaka, em Zâmbia, diante do presidente do país. Várias das grandes sopranos da época, incluindo Faye Robinson e Jessye Norman, conferiram notoriedade à obra por meio de suas performances. Em 1966, Tippett foi reger uma apresentação em uma escola em Baltimore e ficou, como escreveu seu biógrafo, "encantado por encontrar no coral uma mistura de cantores negros e brancos". Foram performances como essas, no país que o presenteou com os *spirituals*, que mais o comoveram. Um amigo dele relatou sobre pelo menos uma ocasião em que a obra foi apresentada nos Estados

A GUERRA CONTRA O OCIDENTE

Unidos: "É claro que todo o público começou a cantar os *spirituals*, e isso, aparentemente, o fez chorar. Vê-lo me contando isso quase me faz chorar".[304] Assim como as congregações de Bach teriam conhecido as partes dos corais das Paixões, os Estados Unidos eram o lugar de onde vinham as canções que ele inserira em sua obra e, para a alegria do compositor, o público participava de sua execução como se fossem suas. Nada do que Tippett escreveu nas décadas seguintes, nem mesmo sua *Terceira Sinfonia*, que em seu texto cita, diretamente, as palavras de Martin Luther King Jr., ganhou o apelo emocional e popular daquela grande obra da Segunda Guerra Mundial.

No entanto, nos últimos anos, tudo isso, como todo o resto, passou a ser retratado sob uma perspectiva diferente. Já em 2000, havia quem reclamasse que Tippett não tinha o direito de usar *spirituals* de uma tradição à qual ele não pertence. Na época de uma apresentação da Filarmônica de Los Angeles, vários musicólogos reclamaram que a inclusão dos *spirituals* era "preocupante". Embora com intenções sinceras, isso pode se parecer, afirmou um crítico, com "apropriação cultural". O mundo de hoje, reclamaram eles, não reconheceu adequadamente a contribuição da música afro-americana no cânone ocidental. E o maestro Roger Norrington se juntou, alegando que existia o risco de Tippett estar "transformando *spirituals* em chá da tarde", que é uma afirmação generalizante por si só.[305] Nos Estados Unidos, as apresentações propostas da obra foram interrompidas porque os alunos reclamaram da apropriação cultural e até mesmo do simples fato de que os *spirituals* eram conhecidos em sua época como "*negro spirituals*". Embora esse termo possa não ser aceitável hoje, era simplesmente o termo usado na época. Despida de todo contexto ou mesmo de uma tentativa de compreensão, parece que essa grande obra agora se torna mais uma vítima de ativistas e outros que tentam voluntariamente não entender o contexto ou a intenção do trabalho.

Na época em que Tippett compunha, a própria apresentação dos *spirituals* que ele usava teria sido proibida na Alemanha nazista, que as teria proibido como *Negermusik*. Entretanto, no exato momento em que esse teria sido o caso na Alemanha, um compositor inglês promoveu essa mesma arte e lhe deu uma plataforma para que o mundo inteiro a admirasse e compartilhasse. Costuma-se dizer que, se alguém vai usar a música de uma cultura diferente, deve pelo menos encorajar as pessoas dessa cultura a tocar sua própria música. Porém, quantos pressupostos estão ligados a isso? Se nenhum africano ou afro-americano estiver disponível para cantar o *spiritual*, ele não deve ser cantado? E por que, se a intenção é promover ou proteger uma determinada expressão cultural, você perseguiria precisamente aqueles que tentam levar essa cultura a um público mais amplo? Por que perseguir justamente essas pessoas?

CULTURA

Há algo não apenas triste como vergonhoso em uma era que se esforça tanto para não admirar, apreciar ou até mesmo entender as esperanças e os sonhos de dias pregressos. Como se precisássemos descobrir que todos os que sonharam ou criaram antes do presente escorregaram em algum lugar para depois deixá-los de lado para sempre.

APROVAÇÃO CULTURAL

Entretanto, esse é apenas um dos problemas da expressão voraz de opróbrio hoje conhecida como "apropriação cultural". Pois a ideia, extraída tão mesquinhamente da academia norte-americana, não afirma apenas que artistas e outros devem permanecer "cada um no seu quadrado". Ela examina a vasta savana da criatividade passada e a vê sob uma perspectiva exclusivamente negativa. Olha para a arte ocidental e tenta vê-la como uma história de aquisição e roubo ilegítimos. Onde ela falha categoricamente é em reconhecer o espírito não apenas de generosidade, mas de profunda homenagem que a história da arte ocidental sempre expressou quando encontrou tradições não ocidentais.

É excepcionalmente fácil afirmar que artistas ocidentais – assim como exploradores, soldados e botânicos ocidentais – viam o mundo fora da Europa como um lugar apenas para violentar e pilhar. O que ela se recusa a reconhecer é que quase nenhuma das obras hoje interpretadas sob essa ótica foi criada com uma intenção tão ignóbil ou sem sentido. Durante muitos séculos, a história da pintura na Europa demorou a absorver técnicas externas simplesmente porque os artistas, como todo mundo, desconheciam culturas que estavam além de seu mundo conhecido. Porém, quando pintores, compositores e outros artistas saíram da Europa, foi com uma admiração e um respeito que não se assemelham à atmosfera em que suas ações são agora comumente interpretadas.

Desde o final do século XVIII e início do século XIX, pintores como Jean-Auguste Dominique Ingres e Eugène Delacroix ficaram fascinados pelo mundo do norte da África. "Exotismo" não era algo que eles desprezassem. Era algo que os interessava e inspirava apaixonadamente. Pinturas como *A Grande Odalisca*, de Ingres, e *Mulheres de Argel em Seu Apartamento*, de Delacroix (ambas agora no Louvre), não são roubos do norte da África. Elas são uma extensão de uma longa história na arte ocidental de querer descobrir tudo, incluindo o que antes era desconhecido. Na época de Leonardo da Vinci, a anatomia humana era uma espécie de país ignorado.

207

Nos séculos posteriores, as pessoas se tornaram mais conscientes de partes do mundo e culturas que os povos e artistas da Europa estavam apenas começando a descobrir. E eles não apenas queriam continuar descobrindo e encontrando. Sempre que o faziam, os maiores deles sempre eram profundamente receptivos ao que encontravam. Na verdade, na história da arte ocidental, pode-se dizer que sempre foram os artistas que continuaram avançando e se esforçando para descobrir e incorporar tudo no mundo conhecido e que mudaram o mundo da arte.

Aqueles que se isolaram voluntariamente de tudo o que estava lá fora caíram em uma espécie de beco sem saída da criação.

Porém, os que se mantiveram olhando para fora continuaram desenvolvendo, aprendendo e homenageando. Quando Henri de Toulouse-Lautrec descobriu a litografia japonesa, ela não apenas transformou sua própria arte, mas se espalhou por todos os movimentos artísticos dos quais ele foi uma parte muito influente. Muitas culturas ao redor do globo tentaram proteger e isolar o que têm por acreditar que a influência externa é algo negativo. No entanto, a arte ocidental tem buscado constantemente ir em outra direção, abrindo-se ao mundo e procurando aprender com ele.

O mesmo processo se aplicou à arquitetura – por meio de suas excursões, os viajantes da Europa traziam ideias dos lugares visitados. A arquitetura de muitas das cidades do Mediterrâneo, em particular, deve muito ao Oriente. Porém, em todo o Ocidente há construções que refletem o apetite insaciável dos arquitetos de estar, como descreve um livro recente, em "diálogo" com a arquitetura do Oriente Médio e do Extremo Oriente.[306]

Entretanto, em nenhuma área isso é tão pronunciado como no mundo da música. É claro que durante séculos a capacidade de viajar foi limitada, mesmo para os muito ricos. Mas os grandes compositores da história europeia sempre mantiveram seus ouvidos abertos a novos estilos, influências e formas musicais. Como Orlando di Lasso (1532–1594), um dos grandes compositores do final da Renascença, que era muito viajado para o padrão da época. E além de compor alguns dos maiores acompanhamentos para missa da era renascentista, ele tinha um ouvido rápido para pegar outros estilos. Provavelmente por conta de suas viagens pela Itália, onde ele poderia absorver partes das tradições mouras que haviam chegado até ali, Lasso aprendeu canções exóticas e cômicas. Argumenta-se que a tradição trovadoresca de canções de amor se baseou em uma tradição mourisca que provavelmente chegou à Europa através da Espanha antes de seguir para a França, onde foi desenvolvida. Outras formas, como a *passacaglia*, parecem ter começado de maneira semelhante. Podem até ter vindo da América do Sul, de onde teriam sido trazidas por viajantes portugueses. Uma vez encontradas, foram admiradas e se tornaram parte da moda e da cultura que tropeçara nelas.

CULTURA

Durante séculos, esse padrão prosseguiu. Os grandes compositores da era clássica, incluindo Mozart e Haydn, encontraram influências turcas que lhes teriam chegado por meio do império dos Habsburgo. Obras-primas canônicas como *A Flauta Mágica* têm nelas aspectos do estilo turco. Isso não foi um insulto ou roubo de Mozart, mas simplesmente uma expressão do mesmo apetite voraz por novos sons e ideias que todos os grandes compositores têm. Foi um apetite que se desenvolveu e se expandiu à medida que cresceu a capacidade dos compositores ocidentais de aprender e viajar.

Nos séculos XIX e XX, os grandes compositores da Europa começaram a explorar o mais longe possível. Claude Debussy se viu absorto no mundo artístico e sonoro do Japão. É impossível entender como Debussy teria escrito muitas de suas obras tardias para piano, entre outras, sem essa interação. À medida que o século XX transcorreu, esse fascínio pelo mundo além da Europa cresceu. E embora hoje, graças à influência de Edward Said em quase todas as disciplinas, isso seja visto como algo horrível, de horrível não tinha nada. Foi uma espécie de demonstração do cosmopolitismo europeu o fato de os grandes compositores continuarem querendo olhar além de suas próprias tradições e expandi-las.

No verão de 1908, um amigo de Gustav Mahler que estava hospedado com ele em Toblach ouviu o grande compositor e maestro manifestar interesse pela China e por sua música. Quando de seu retorno a Viena, o amigo foi a uma loja e comprou um cilindro fonográfico de música chinesa que realmente havia sido gravada na China. Aquele verão foi um dos mais tristes e difíceis da vida do compositor. Mahler estava de luto pela morte de sua filha pequena Maria e, para se salvar, atirou-se ao trabalho. Além de compor sua nona sinfonia, ele produziu um manuscrito que se tornou *Das Lied von der Erde (A Canção da Terra)*. Para seu texto, ele se baseou em um volume chamado *Die chinesische Flöte*, que era um conjunto de traduções de poesia chinesa da dinastia Tang do poeta Hans Bethge. Essas palavras motivaram uma das maiores obras-primas de Mahler, uma sinfonia de canções em que o compositor fala da natureza fugaz da alegria, da inconstância da vida e do profundo consolo da eternidade.[307]

Todavia, Mahler não foi o único a fazer isso. A Viena de sua época se encontrava repleta de compositores e artistas ávidos por novas fontes de inspiração fora da Europa. Ao mesmo tempo que Mahler escrevia, outro compositor e maestro rivalizava com ele na sala de concertos, bem como nas afeições de Alma Mahler. Assim como seu contemporâneo mais famoso, Alexander von Zemlinsky procurou em outro lugar a fonte de sua inspiração. Sua maior obra, a *Sinfonia Lírica* de 1923, em muitos aspectos se assemelha à forma *lieder-symphony* da grande obra de Mahler. Porém, para seu texto, Zemlinsky olhou para a Índia e desembarcou na poesia conhecida como *O Jardineiro*, do grande poeta bengali Rabindranath Tagore, que foi um contemporâneo quase exato de Zemlinsky. A combinação entre as palavras arrebatadoras de Tagore e a música de Zemlinsky (incluindo a mensagem de amor "Du bist mein Eigen" [Você é minha]) causou tal impacto na época que foi parar em uma obra de outro compositor do período, Alban Berg, que a citou em sua *Suíte Lírica*.

É claro que a Viena do início do século XX era um lugar fertilíssimo, intelectual e culturalmente. Entretanto, embora a natureza internacional de busca de seus artistas possa ter sido excepcionalmente desenvolvida, não era única. À medida que o século XX avançava, cada vez mais artistas e compositores conseguiam conhecer outras tradições e venerá-las.

O compositor inglês Gustav Holst pode ser mais conhecido por sua suíte orquestral *Os Planetas*. Porém, seu trabalho é permeado por seu fascínio pela cultura da Índia. No final da década de 1890, Holst foi à sala de leitura do Museu Britânico para ler as obras do século V do poeta Kālidāsa conhecidas como *Rig Veda*, especialmente a obra conhecida como *Meghadāta* (*O Mensageiro da Nuvem*), bem como os grandes épicos hindus *Rāmāyana* e *Mahābhārata*. O compositor, então na casa dos vinte anos e ganhando a vida como trombonista, achou as traduções esquisitas. Assim, apesar de sua agenda de trabalho lotada, ele decidiu estudar sânscrito. Ao fazer isso, ele conseguiu fazer suas próprias traduções do idioma para compor obras importantes, como *Hinos Corais do Rig Veda*, *O Mensageiro da Nuvem* e sua ópera *Savitri*.

Esse apetite pela descoberta não pertencia a nenhuma nação ou grupo de pessoas nos séculos XIX e XX. Não eram apenas compositores britânicos ou alemães que queriam explorar tudo o que o mundo tinha a oferecer. Era um hábito ocidental. Foi algo que compositores e artistas de cada país fizeram por si mesmos enquanto procuravam para onde levar sua arte e como se comunicar mais plenamente na linguagem escolhida. Olivier Messiaen, o maior compositor francês do final do século XX, foi um dos compositores mais inovadores de qualquer época. E em parte porque ele mantinha seus ouvidos abertos para sons onde quer que os ouvisse, fosse no mundo natural ou no mundo da música feita pelo homem. Há décadas se reconhece que a pesquisa e o trabalho realizados por Messiaen sobre a música indiana, sobretudo suas estruturas rítmicas altamente complexas, foi central para a técnica de sua linguagem musical.

Messiaen fez seus estudos de música indiana em Paris na década de 1930. Os resultados podem ser vistos desde o visionário *Quarteto para o Fim dos Tempos*, que ele compôs e executou pela primeira vez ao lado de companheiros de prisão num campo alemão de prisioneiros de guerra em 1941. Durante toda a sua vida, os ritmos da Índia permaneceram com ele. Messiaen via as descobertas musicais da

CULTURA

Índia não como algo que deveria permanecer na Índia, mas sim ser compartilhado, por ele e por qualquer outro artista que as valorizasse, com qualquer pessoa no planeta que quisesse ouvir.

Talvez um exemplo final seja suficiente.

No início do século XX, houve um crescente interesse pela música do Extremo Oriente. Músicos, incluindo o compositor Percy Grainger, transcreveram música balinesa de um disco de gramofone e tentaram capturar suas sonoridades com um conjunto de percussão. Entretanto, foi o compositor e etnomusicólogo canadense Colin McPhee que levou o estudo adiante. McPhee, que vivera em Bali na década de 1930, estudara o gamelão e tentara transcrever suas complexas estruturas rítmicas. Suas transcrições incluíram uma obra para dois pianos intitulada *Música Cerimonial Balinesa*. E enquanto ele sonhava com uma síntese de música ocidental e balinesa, outro compositor conseguiria isso. No retorno de McPhee à América do Norte, ele encontrou um companheiro de performance em Benjamin Britten. Eles tocaram a *Música Cerimonial Balinesa* juntos em um concerto em Long Island, em 1941. A música teve um efeito profundo no jovem compositor.[308]

Mais de dez anos depois, em meados da década de 1950, Britten estava considerando que rumo tomar após concluir *A Volta do Parafuso*, sua obra-prima. Durante uma turnê mundial na qual tocou e regeu, ele conseguiu incluir uma estada em Bali. Foi uma visita profunda e crucial para o compositor. Na ilha, ele teve a oportunidade de ouvir música de gamelão ao vivo pela primeira vez. Britten escreveu para Imogen Holst, filha de Gustav Holst, de Ubud, Bali, em janeiro de 1956:

> A música é fantasticamente rica, melodicamente, ritmicamente, estruturalmente (que orquestração!) e, acima de tudo, formalmente. É uma cultura notável. Temos a sorte de sermos levados a todos os lugares por uma musicóloga holandesa inteligente, casada com um balinês, que conhece todos os músicos – então, vamos a ensaios, descobrimos e visitamos cremações, danças de transe, peças de teatro de sombras – uma riqueza desconcertante. Enfim, começo a entender a técnica, mas é tão complicado quanto Schoenberg.[309]

Britten contou a outros amigos seu desejo de poder lhes enviar uma foto de um gamelão: "Eles são fantásticos, muito complicados e bonitos, e estão em toda parte (...) o ar está sempre cheio do som de gongos, tambores e metalofones!".[310] Durante sua estada na ilha, ele teve o cuidado de compilar o que pôde em termos de esboços ao vivo das performances que ouvia. Britten até providenciou para que

A GUERRA CONTRA O OCIDENTE

fossem feitas gravações em fita da música de gamelão. Suas memórias, seus próprios esboços e as gravações que fez somaram uma infusão de novas ideias e um mundo sonoro totalmente novo que Britten trouxe para algumas de suas partituras mais importantes imediatamente após a viagem a Bali e até o fim de sua vida. Primeira grande obra que refletiu sua nova paixão, *O Príncipe dos Pagodes* foi a única partitura completa de balé escrita por ele que até hoje se destaca por ser muito generosa, como disse uma vez Oliver Knussen, falecido maestro e compositor (que gravou a partitura completa). É genuinamente exuberante, sem nada do som de um deslizar metálico que percorre muitas das obras do compositor.

Nela, ele fez todo tipo de inovação na orquestra. Britten usou tom-tons ocidentais juntamente com *pizzicato* de violoncelo para tentar recriar a sonoridade do tambor *kendang* de duas cabeças, com uma passagem citando diretamente a gravação do gamelão de *Kapi Radja*, de Peliatan. Era um mundo sonoro totalmente novo e, uma vez nele, Britten nunca o deixou por completo. Tornou-se parte de sua própria imaginação musical. Suas "parábolas de igreja" dos anos 1960, *Curlew River* e *The Burning Fiery Furnace*, estão repletas de sons e ideias tiradas por Britten de sua imersão no mundo sonoro de Bali. E a última ópera escrita por ele, *Morte em Veneza* (1973), é cheia dos sons que ele ouviu duas décadas antes. Mais uma vez, ele tenta encontrar sons na orquestra que capturem os sons do Oriente. Britten usa flautins ocidentais, às vezes em dupla com harmônicas nas cordas, para tentar capturar o som da flauta de bambu *suling*. Ele incorpora na partitura uma fusão de técnicas ocidentais e orientais. Há passagens rítmicas que vêm claramente do mundo do gamelão. Mas talvez o mais emocionante no que Britten faz neste último grande trabalho seja a justaposição da música concisa e pouco generosa que acompanha Gustav von Aschenbach em seus monólogos germânicos com esse mundo sonoro arrebatador que também se abre para ele. Os dois estilos estão reunidos na peça, mas não há dúvida quando Britten mostra de onde vêm as fontes generosas e criativas da arte.

Eu poderia continuar, quase infinitamente. Porém, mesmo que ficássemos apenas com os exemplos já citados, seria realmente honesto criticar a arte do Ocidente por ser paroquial ou limitante? A própria pergunta agora tem uma qualidade de "se correr, o bicho pega; se ficar, o bicho come". Pois, se uma cultura deve ser condenada como isolada, paroquial e limitada se for voltada para dentro, mas criticada pela apropriação cultural se for voltada para fora, então o que, exatamente, uma cultura deve fazer? Em tal situação, parece que uma armadilha injusta, até mesmo hostil, foi montada. Uma em que a cultura ocidental pode ser, ao mesmo tempo, atacada por seu isolamento e criticada por não ser suficientemente isolada.

O termo "apropriação cultural" tem tido um uso muito livre. Talvez seja hora de, finalmente, receber oposição. Pois a história da arte e da cultura ocidentais não

CULTURA

pode ser mais bem compreendida se for interpretada como um grande roubo. Muito mais correto é entender a história da cultura ocidental – sobretudo à medida que os séculos progrediram – como sendo uma história de admiração e interesse por outras culturas e louvor a elas.

E isso nos leva a algo absolutamente central para o mal-entendido no *etos* antiocidental que orienta nossa época. Podemos perceber nossa herança cultural como sendo apenas para nós mesmos e para outras pessoas que nasceram dentro das mesmas fronteiras ou cultura. Ou podemos percebê-la como algo que gostaríamos de compartilhar. Esta é, ou pode ser, uma via de mão dupla. Pois assim como a história da arte ocidental foi repleta de respeito por outras culturas, de vez em quando esse hábito foi retribuído. Em partes da Ásia, há uma próspera cena de música clássica. Não apenas na forma de orquestras e outros conjuntos tocando música clássica, mas na de compositores e outros músicos que admiram a tradição ocidental e trabalham dentro dela, dando-lhe suas próprias reviravoltas e acréscimos ao longo do caminho. Artistas como Toru Takemitsu, do Japão, e Tan Dun, da China, compuseram, ou ainda compõem, de uma maneira que é reconhecidamente a da cultura clássica europeia. E embora eles tenham críticos, nenhum movimento crítico sério no Ocidente atacou, muito menos insultou e difamou esses compositores por trabalharem nessa tradição. Nenhuma escola de pensamento ocidental vem tentando impedir que compositores japoneses ou chineses escrevam obras para a orquestra sinfônica. Não há movimento nos *campi* ou nos estúdios do Ocidente insistindo que a música europeia deva ser apenas para os povos europeus e que o uso de idiomas, estilos ou instrumentos da música ocidental seja algum tipo de roubo ou apropriação. Em geral, todas e quaisquer adições aos cânones da arte ocidental são bem-vindas, e se existem lacunas, os profissionais procuraram ativamente preenchê-las.

Em Abu Dhabi, há um novo e magnífico Louvre contendo artefatos do museu de Paris ao lado de obras de arte recém-adquiridas e recém-criadas de todo o mundo. Visitá-lo é lembrar que, embora existam culturas e movimentos culturais obviamente específicos, não há razão para que a cultura deva ser considerada como tendo fronteiras que não podem ser atravessadas. Ao contrário: toda a história da cultura é uma história de compartilhamento, empréstimo, imitação e admiração. Quem faria de outra maneira? Apenas, ao que parece, um movimento quase inteiramente centrado no próprio Ocidente que acredita – ou afirma acreditar – que o Ocidente não deveria ser admirado e, por sua vez, não lhe deveria ser permitido admirar. Essa crença não é apenas factualmente errada. É moralmente errada: um erro que não apenas despojaria o Ocidente de sua própria cultura, mas também privaria o resto do mundo de compartilhar dela.

CONSIDERAÇÕES FINAIS

Em 2021, os Estados Unidos passaram por uma curva de aprendizado em TCR repentina e acentuada. Graças a um pequeno grupo de ativistas e a vários meios de comunicação, de repente todos no país pareciam saber sobre a TCR ou pelo menos falavam sobre ela. Em todo o país, pais e professores começaram a denunciar o que vinha sendo ensinado nas escolas norte-americanas. Os funcionários revelaram o que acontecia nas corporações norte-americanas. E com o tempo, até as agências governamentais, incluindo os militares norte-americanos, revelaram-se atoladas no mesmo jogo.

Em junho daquele ano, o general Milley, chefe do Estado-Maior Conjunto, testemunhou perante o Congresso e foi questionado por um representante sobre relatos de que a Academia Militar dos Estados Unidos em West Point vinha ministrando um curso envolvendo TCR. Um conferencista convidado teria feito um discurso em West Point que incluía uma seção sobre "raiva branca". Essa foi a contribuição daquele mês ao livro de expressões de termos destinados a "problematizar", ou melhor, transformar em patologia, a existência de pessoas brancas. Em resposta à pergunta, o general Milley não recuou. Ele defendeu o estudo da TCR em West Point, dizendo, entre outras coisas: "Quero entender a raiva branca. E eu sou branco".[311] A TCR parecia ter invadido todos os escalões da vida pública nos Estados Unidos.

Uma boa parte do país, sobretudo os pais norte-americanos, não gostou de como isso soava. Eles não gostaram quando descobriram que havia pessoas falando de seus filhos, e para eles, em termos de forte viés racial. Em todo o país, nas reuniões do conselho escolar, os pais começaram a se opor a um currículo que ensinava aos filhos que chegar na hora e dar respostas corretas a questões de matemática, entre outras coisas, era "racismo oculto". E não apenas pais brancos. Um grande número de pais negros e pais de outras minorias raciais tiveram a coragem e a fúria de se levantar e se opor a esse tipo de divisão. De teoria acadêmica marginal apenas algumas décadas antes, a TCR, de repente, passou a ser falada não apenas pelos apresentadores de *talk shows* como nas reuniões do conselho escolar em todo o país.

CONSIDERAÇÕES FINAIS

Foi um momento importante. O que aconteceu na Grace Church School, em Manhattan, onde um professor reconheceu que "problematizar a brancura" significava problematizar crianças brancas, começou a acontecer em todo o país. Repetidamente, os pais descobriam que qualquer que fosse o significado teórico de "problematizar a brancura", na prática era, por si só, altamente problemático. Kimberlé Crenshaw e outros proponentes da TCR pareciam não estar preparados para esse fato. A TCR vivenciava seu primeiro encontro com o público em geral, e o encontro não estava se mostrando um sucesso.

E assim, nessa fase, os proponentes da teoria recorreram a uma série de movimentos de desvio. O primeiro foi rotular o que estava acontecendo de histeria inteiramente inventada, dizendo que quem vinha falando sobre a TCR havia simplesmente criado um novo inimigo para criticar, na verdade apenas fruto de sua imaginação – predominantemente, a imaginação da direita norte-americana. A revista *Time* se encontrava entre as que afirmaram que "(...) a Teoria Crítica da Raça é simplesmente o mais recente bicho-papão",[312] enquanto o *Inside Higher Ed* a chamou de "histeria bizarra" criada por "doadores ricos de direita e libertários".[313] No *The New York Times*, Michelle Goldberg afirmou que o próprio termo TCR "se desvinculara de qualquer significado fixo". Ela continuou, argumentando que era "altamente cética" em relação à ideia de que a TCR estava sendo ensinada nas escolas norte-americanas e passou a argumentar que, em qualquer caso, a "educação antirracista" não é "radicalmente esquerdista", mas simplesmente "elementar".[314] O *The Guardian* resumiu, chamando o que estava acontecendo de "pânico da Teoria Crítica da Raça".[315] Esses escritores tentaram alegar que tudo o que os críticos da TCR desejavam era impedir o ensino da escravidão, das leis de Jim Crow e de qualquer outra coisa negativa no passado norte-americano.

Isso se sobrepôs a um segundo movimento que também foi implantado: fingir – como fez em seu programa noturno Joy Reid, da emissora MSNBC, entre outros – que não apenas a TCR não estava sendo ensinada nas escolas norte-americanas como que, de qualquer forma, a TCR não era o que os críticos diziam que era. Ao mesmo tempo, argumentavam aqueles como Reid, a TCR era, ao mesmo tempo, complexa demais para as pessoas comuns entenderem e uma demanda excepcionalmente óbvia por justiça social. Para impulsionar essas alegações e resolver a questão de uma vez por todas, Reid convidou Kimberlé Crenshaw para seu programa. Creditando-a por ter inventado o nome da teoria e reverenciando-a por isso, Reid permitiu que Crenshaw fizesse várias afirmações. Uma delas foi que a reação contra a TCR foi um esforço "para reverter o acerto de contas racial diferente de tudo que já vimos em nossas vidas".[316] Então, ao mesmo tempo, a TCR não existia, não estava sendo ensinada, estava sendo ensinada (e isso era uma coisa boa) e era complexa demais para a maioria dos mortais entender (embora devêssemos elogiar aqueles que inventaram essa teoria clara e necessária).

Essas afirmações contraditórias atraíram uma certa quantidade de críticas. Um dos que lideraram essa reação foi Christopher Rufo, do Manhattan Institute. Recentemente, ele havia emergido como uma das principais vozes contra a disseminação da TCR em instituições educacionais e outras nos Estados Unidos. Rufo criticou Reid por suas afirmações confusas, em particular por sua entrevista de perguntas fáceis com Crenshaw. Mordendo a isca, Reid convidou Rufo para seu programa, mas depois ela se recusou a deixá-lo falar. Em vez disso, ela fingiu, entre outras coisas, que embora não existisse uma "teoria crítica da raça" (ou que, se existisse, Rufo não a entenderia), sem dúvida havia algo chamado "teoria crítica de Rufo". Então, tendo-o impedido de dizer uma única frase sem interrupção, Reid o parabenizou por inventar uma ideia de bicho-papão que ela agora fingia não existir e o mandou embora.

Rufo logo se tornou um saco de pancadas para outros que queriam jogar o mesmo jogo. Contudo, esses momentos de inflexão potencial são importantes. E a troca mais interessante ocorrida nesse canto do debate aconteceu quando Rufo foi entrevistado no Black News Channel por Marc Lamont Hill. Acontece que eu mesmo conhecera Lamont Hill alguns anos antes, em um palco em Doha. Naquela ocasião, tentei persuadir os outros palestrantes de antemão de que, independentemente de quaisquer divergências que pudéssemos ter sobre o Ocidente, no palco, naquela noite, todos deveríamos concordar em dizer pelo menos algo crítico sobre o sistema de castas que há na prática ou outras violações de direitos humanos existentes no país que nos recebia. Desnecessário dizer que Lamont Hill não aderiu à minha proposta de dizer o que quer que fosse remotamente crítico sobre nossos anfitriões do Catar, embora ele tenha criticado alegremente o racismo norte-americano para eles.

Eu estava ciente do protocolo e assisti com interesse. Porém, Lamont Hill não é bobo. Ao entrevistar Rufo, ele tinha uma questão devastadora na manga, que era: "Se eu lhe perguntasse agora: 'Christopher, o que você aprecia no fato de ser branco?', o que você diria?". Rufo também não é bobo e soube na hora que acabara de ser levado a uma mina terrestre inacreditavelmente perigosa, potencialmente destruidora de carreira. A princípio, ele riu, nervoso, e lutou por uma resposta. "Esse é um termo tão amorfo... parece termo de censo", disse ele. Porém, Lamont Hill insistiu, pedindo a Rufo que o "satisfizesse" por um momento. Afinal, como disse Lamont Hill, "se você quisesse saber algumas coisas de que gosto sobre ser negro, eu poderia falar sobre normas culturais, sobre tradição, sobre o tipo de semelhanças que vejo em torno da diáspora. E se eu pedisse a você – sobretudo se você está dizendo que a brancura é algo que está sendo construído como negativo, e não deveria ser – para me dizer algo positivo de que você goste a respeito de ser branco?".

CONSIDERAÇÕES FINAIS

Rufo tentou se esquivar mais uma vez, dizendo que muitas escolas públicas estão alegando que coisas como pontualidade, racionalidade, objetividade e o Iluminismo estão sendo atribuídas a uma identidade branca, que isso é errado e que deveriam ser atribuídas a todos os seres humanos. Lamont Hill disse que isso era uma bizarrice e reiterou que tudo isso eram coisas negativas atribuídas a ser branco, enquanto ele estava pedindo algo positivo a respeito de ser branco. Rufo deu risada e prosseguiu:

> Mais uma vez, não concordo com a estrutura de que o mundo possa ser reduzido a essas categorias metafísicas de brancura e negritude. Para mim, isso é errado. Em minha opinião, devemos olhar para as pessoas como indivíduos. Acho que devemos celebrar os diferentes feitos de diferentes pessoas (...) Rejeito essa categorização. Vejo-me como um ser humano individual, com minhas próprias capacidades, e espero que possamos julgar uns aos outros como indivíduos e chegar a valores comuns com base nisso.[317]

Inevitavelmente, Lamont Hill concluiu que a capacidade de se ver dessa maneira era mais um exemplo de privilégio branco.

A razão pela qual a troca foi tão interessante é que Lamont Hill sabia exatamente o que estava fazendo. Ele tinha plena consciência de estar levando Rufo para o território mais perigoso possível – tanto para ele, pessoalmente, quanto para os brancos como um todo. Se há coisas ruins em ser branco, então deve haver coisas boas em ser branco. Quais são elas? Na verdade, há várias maneiras de responder a essa pergunta – por mais feio que seja sequer perguntar. Entretanto, uma esquiva desse problema provavelmente não pode continuar por tempo indeterminado.

A primeira forma de responder é procurar seguir o caminho que Rufo tentou seguir. Significa dizer:

> Basicamente, não quero ver cores. Não quero ver as pessoas primordialmente através do prisma da pigmentação da pele. Acho que a cor da pele é essencialmente desinteressante e sem importância, e devemos deixar por isso mesmo.

Trata-se de uma resposta perfeitamente respeitável para se dar, e é a única resposta à qual é possível sobreviver, caso essa pergunta seja feita em qualquer tribuna pública hoje.

A GUERRA CONTRA O OCIDENTE

A segunda maneira de respondê-la seria avançar um pouco mais no mesmo caminho: afirmar que efetivamente o que é descrito como "cultura branca" não é nada além do que uma parte de uma cultura universal. E que, enquanto que alguns negros e pessoas de outras raças podem decidir impedir que outros se juntem à sua festa, os brancos devem seguir um caminho diferente: o que se chama de "brancura" é algo possível de ser aberto a todos. E que, enquanto as tradições e normas culturais dos negros norte-americanos podem tentar ser mantidas reservadas apenas para o prazer de outros negros, a cultura branca não deve ser identificada dessa forma, e sim ser quase sinônimo de algo aberto a todos. Dessa maneira, em uma era que deseja identificar as pessoas de maneira tribal, a "brancura" se torna um órgão de convocação para indivíduos de qualquer origem ou cor de pele que desejem se envolver em uma tradição em andamento, conhecida, de maneira simplificada, como tradição ocidental.

Ambas são as opções mais suaves e eminentemente respeitáveis. Entretanto, há uma terceira opção, que Lamont Hill provavelmente sabia que poderia ser arrancada e que seu interlocutor não usaria. Pois esta é a resposta atualmente inaceitável: a resposta nuclear. Se alguém perguntasse o que há de bom em ser branco, seria possível responder com algo como o que veremos a seguir:

> O fato de eu ser branco não é um elemento importante na forma como me vejo e não gosto da ideia de ser constrangido a pensar nesses termos. Porém, se é para você me acuar, deixe-me lhe dar a melhor resposta que consigo.
>
> As coisas boas de ser branco incluem nascer em uma tradição que deu ao mundo um número desproporcional, se não a maioria, das coisas que beneficiam a todos atualmente. A lista do que os brancos fizeram pode incluir muitas coisas ruins, como acontece com todos os povos. Todavia, as coisas boas não são poucas. Entre elas, temos quase todos os avanços médicos dos quais o mundo agora desfruta. Temos quase todos os avanços científicos dos quais o mundo agora se beneficia. Durante muitos séculos, nenhum avanço significativo em nenhuma dessas áreas veio de qualquer lugar da África ou de qualquer tribo nativa norte-americana. Nenhuma sabedoria das Primeiras Nações jamais entregou uma vacina ou uma cura para o câncer.
>
> Os brancos fundaram a maioria das instituições educacionais mais antigas e longevas do planeta. Eles lideraram o mundo na invenção e promoção da palavra escrita. Quase sozinhos, entre

CONSIDERAÇÕES FINAIS

todos os povos, foram os brancos que – para o bem e para o mal – se interessaram por outras culturas além da própria, e não apenas aprenderam com elas como reviveram algumas delas. Na verdade, eles se interessaram tanto por outros povos que procuraram por civilizações perdidas e mortas, bem como por civilizações vivas, para entender o que esses povos perdidos fizeram, na tentativa de aprender o que eles sabiam. Não é o que acontece com a maioria dos demais povos. Nenhuma tribo aborígene ajudou a fazer qualquer avanço na compreensão das línguas perdidas do subcontinente indiano, da Babilônia ou do Antigo Egito. A curiosidade parece ter ido quase inteiramente para um lado. Em termos históricos, ela parece tão extraordinária quanto a autorreflexão, a autocrítica e, certamente, a busca de autoaperfeiçoamento que marcam a cultura ocidental.

Os povos brancos ocidentais também desenvolveram todos os meios de comércio mais bem-sucedidos do mundo, incluindo o livre fluxo de capital. Esse sistema de capitalismo de livre mercado tirou mais de um bilhão de pessoas da extrema pobreza apenas no século XXI. Não se originou na África ou na China, embora os habitantes desses lugares tenham se beneficiado dele. Originou-se no Ocidente. O mesmo aconteceu com inúmeras outras coisas que tornam a vida das pessoas ao redor do mundo incomensuravelmente melhor.

Foram os ocidentais que desenvolveram o princípio do governo representativo, do povo, pelo povo, para o povo. Foi o mundo ocidental que desenvolveu os princípios e a prática da liberdade política, da liberdade de pensamento e consciência, da liberdade de fala e de expressão. Desenvolveu os princípios do que hoje chamamos de "direitos civis", que não existem em grande parte do mundo, quer seus povos anseiem por eles ou não. Eles foram desenvolvidos e são mantidos no Ocidente, que, embora muitas vezes possa falhar em suas aspirações, ainda assim cuida delas.

Tudo isso antes mesmo de você chegar às conquistas culturais com as quais o Ocidente presenteou a humanidade. As esculturas de Mathura escavadas em Jamalpur Tila são obras de um refinamento excepcional. Porém, nenhum escultor jamais superou Bernini ou Michelangelo. No século VIII, Bagdá produziu estudiosos notáveis, mas ninguém jamais produziu outro Leonardo da Vinci.

A GUERRA CONTRA O OCIDENTE

Houve florescimentos artísticos em todo o mundo, mas nenhum tão intenso ou produtivo quanto o que emergiu em torno de apenas alguns quilômetros quadrados de Florença a partir do século XIV. Claro, houve grande música e cultura produzida por muitas civilizações. Entretanto, é a música do Ocidente, junto com sua filosofia, arte, literatura, poesia e drama que atingiram um patamar tal que o mundo quer participar deles. Fora da China, a cultura chinesa é assunto para estudiosos e aficionados, ao passo que a cultura criada pelos brancos no Ocidente pertence ao mundo, e uma parte desproporcional dele quer fazer parte dela.

Quando você pergunta o que o Ocidente produziu, lembro-me de grupos de professores designados para decidir sobre o que deveria ser enviado em uma cápsula espacial colocada em órbita no espaço sideral para ser descoberta por outra raça, se houver. Quando chegou a hora de decidir sobre qual peça musical poderia ser enviada para representar essa parte da realização humana, um dos professores sugeriu: "Bem, obviamente, será a Missa em Si Menor de Bach". "Não", contrapôs outro. "Enviar a Missa em Si Menor seria se exibir." Falar sobre a história das conquistas ocidentais é correr o grande risco de se exibir. Ficamos apenas com construções, ou cidades, ou leis, ou grandes homens e mulheres? Como restringimos a lista que colocamos como oferta preliminar?

Lógico, você pode contestar algumas dessas informações ou até partes inteiras delas, ou achar que o tom está errado, que não mostra humildade e autodepreciação suficientes. Você pode até dizer que essa homilia discreta soa "triunfalista" ou de mau gosto. Contudo, o que não pode ser contestado é a prova mais devastadora de todas, que é a simples questão dos passos: passos que são inteiramente unidirecionais. Pois não há, ainda hoje, nenhum movimento sério de povos no mundo lutando para entrar na China moderna. Apesar de todas as suas proezas financeiras, o mundo não deseja se mudar para aquele país. Ele quer se mudar para os Estados Unidos e chegará a extremos extraordinários – até mesmo o risco de vida – para alcançar esse objetivo. Da mesma forma, não há nenhum esforço global sério para invadir nenhum dos países da África. Na verdade, um terço dos africanos subsaarianos entrevistados na última década disseram que queriam se mudar. Para onde eles querem se mudar é evidente.

220

CONSIDERAÇÕES FINAIS

Os navios migrantes que cruzam o Mediterrâneo vão apenas em uma direção – norte. Os barcos das gangues de tráfico de pessoas não encontram, no meio do caminho no Mediterrâneo, europeus brancos indo para o sul, desesperados para escapar da França, Espanha ou Itália, para desfrutar das liberdades e oportunidades da África. Não há um número significativo de indivíduos desejando participar da vida entre as tribos da África ou do Oriente Médio. Não há movimento de massa de pessoas que desejem viver com as normas sociais dos aborígenes ou assimilar o estilo de vida dos inuítes, quer esses grupos permitam ou não. Apesar de tudo o que é dito contra eles, os Estados Unidos ainda são o destino número um de migrantes em todo o planeta. E os próximos países mais desejáveis para pessoas que pretendem se mudar são Canadá, Alemanha, França, Austrália e Reino Unido.[318] O Ocidente deve ter feito algo certo para que seja esse o caso.

Desse modo, se você me perguntar o que é bom em ser branco, o que os brancos trouxeram ao mundo ou do que os brancos podem se orgulhar, isso talvez constitua o mero começo de uma lista de feitos com os quais começar. E, já que estamos discutindo isso a fundo, uma última coisa. Essa cultura que agora está tão na moda depreciar e que as pessoas em todo o Ocidente foram encorajadas e incentivadas a desdenhar continua sendo a única no mundo que não apenas tolera como incentiva esse diálogo contra si mesma. É a única cultura que realmente recompensa seus críticos. E há uma esquisitice final aqui, digna de nota: os países e culturas sobre os quais se dizem as piores coisas hoje são também os únicos comprovadamente capazes de produzir a classe governante de maneira diferente de todos os outros.

Não é possível, hoje, que um não indiano chegue ao topo da política indiana. Se um branco se mudasse para Bangladesh, ele não conseguiria se tornar um ministro. Se um ocidental branco se mudasse para a China, nem ele, nem a próxima geração de sua família, nem a geração seguinte seriam capazes de romper as camadas do governo e se tornar o líder supremo no devido tempo. Foram os Estados Unidos que elegeram duas vezes um presidente negro – filho de um queniano. Os Estados Unidos, cuja atual vice-presidente é filha de imigrantes da Índia e da Jamaica. Foi o gabinete do Reino Unido que incluiu os filhos de imigrantes do Quênia,

Tanzânia, Paquistão, Uganda e Gana e um imigrante nascido na Índia. Os gabinetes dos países da África e da Ásia não retribuem essa diversidade. Porém, isso não importa. O Ocidente está feliz em aceitar os benefícios que isso traz, mesmo que outros não estejam.

Essa teria sido uma maneira de Rufo responder à pergunta, mas é compreensível que ele não tenha respondido dessa forma. Pois, no momento, uma resposta tão verdadeira permanece nos limites da dizibilidade permissível. E no silêncio deixado pela impossibilidade de dizer a verdade, tudo e qualquer coisa pode pairar. Quando os brancos precisam se envergonhar da cultura que os produziu, quase tudo pode acontecer. E essa é a situação em que fomos parar.

Eu tinha um amigo muito sábio que morreu durante a pandemia de covid, um distinto economista nascido na Índia chamado Deepak Lal. Em seus últimos anos, Deepak costumava dar gargalhadas incontroláveis ao discutir as últimas idiotices que afligiam as universidades nos Estados Unidos e outras instituições do Ocidente às quais havia dedicado a maior parte de sua vida profissional. "Todos afirmam que, depois da era do cristianismo, vamos entrar na era do ateísmo", ele me disse, certa vez. "No entanto, é perfeitamente claro que estamos entrando em uma era de politeísmo. Todos têm seus próprios deuses agora." É verdade. Depois que as histórias religiosas e culturais centrais do Ocidente foram retiradas da cultura e as pessoas foram encorajadas a se voltar contra seu próprio passado, ela tornou-se totalmente vazia. É incrível como são frágeis e vazias as ideias que podem inundá-la para ocupar seu lugar. No lugar de uma história ou tradição, falamos apenas de "valores", como se estes viessem do nada ou pudessem ser inventados de novo. Em nome de grande abertura, tornamos nossa mente fechada; em nome do progresso, absorvemos ideias que se revelaram altamente regressivas. O resultado é uma grande confusão. Uma grande busca de sentido por pessoas que foram cegadas desde o início por aqueles que deveriam tê-las feito enxergar. Até Deepak poderia ter ficado surpreso com o quanto o Ocidente agora está tolhido por iniciativa própria: como hoje está disposto a se prostrar diante de qualquer tradição, desde que não seja a sua.

Para dar apenas um exemplo: em 2021, o Conselho Estadual de Educação da Califórnia aprovou um currículo modelo em estudos étnicos que incluía orações aos deuses astecas. As "afirmações, cânticos e energizadores" pretendiam "unir a turma", "desenvolver unidade em torno dos princípios e valores dos estudos étnicos e revigorar a turma". Essas orações incluíam a "Afirmação In Lak Ech", uma oração asteca invocando Tezkatlipoka, Quetzalcoatl, Huitzilopochtli, Xipe Totek e Hunab Ku. Os nomes desses deuses astecas são invocados vinte vezes, enquanto eles são solicitados a ajudar a fornecer coisas, como "força que nos permite transformar e

CONSIDERAÇÕES FINAIS

renovar". Como o currículo modelo é fornecido a quase 11 mil escolas na região da Califórnia, isso deve contar como um bom número de invocações por dia para qualquer divindade. E se os deuses astecas relevantes realmente existissem, eles poderiam ter ficado surpresos por terem sido chamados de seu sono, na década de 2020, por estudantes na região da Califórnia.

E os alunos, por sua vez, podem ter ficado surpresos com o que invocaram. As palmas e os cânticos para Tezkatlipoka tinham a intenção de pedir ao deus que permitisse que os alunos fossem "guerreiros" pela "justiça social". Antigamente, os astecas iam um passo além disso. Pois Tezkatlipoka era tradicionalmente adorado tanto com sacrifício humano quanto com grandes feitos de canibalismo. Os estudantes da Califórnia também poderiam ter se surpreendido porque, enquanto suas orações a Huitzilopochtli pediam ao deus "epistemologias de cura" e "um espírito revolucionário", no passado os astecas costumavam celebrá-lo como um deus da guerra em cuja honra eles realizaram centenas de milhares de sacrifícios humanos.[319]

Pode-se presumir que o Conselho Estadual de Educação da Califórnia não tem ideia do que está fazendo. Pior seria considerar, mesmo por um momento, que tenha.

Na ausência de qualquer outra coisa, a única ética pública no Ocidente em torno da qual as pessoas são encorajadas a se unir é a oposição a ele mesmo. E isso agora assume formas cada vez mais feias e divisionistas. Em meados de 2021, divulgaram-se os resultados do censo dos Estados Unidos realizado no ano anterior. Entre outras coisas, ele mostrou um declínio na população branca. "Número de pessoas brancas cai pela primeira vez" foi como o *The Washington Post* anunciou o fato.[320] Foi quando a plateia no estúdio de Jimmy Fallon comemorou o declínio dos brancos e o comediante riu, junto com ela. E você tem que parar por um momento para se questionar sobre isso. Imagine se fosse o contrário e veja como fica feio. "Pela primeira vez na história norte-americana, o número de negros caiu." Deixa para aplausos e comemorações. Ou imagine a maioria das populações na China, Japão, Índia ou qualquer outro país fora do Ocidente gritando e comemorando seu próprio declínio demográfico. Se você fizer esse exercício, terá uma noção de como o Ocidente se tornou demente e sente ódio de si mesmo nesta era atual.

Em assuntos grandes e pequenos, cômicos e trágicos, essa aversão a si mesmo continua. Hoje, não há quase nada que não possa ser permeado dela. O ataque a objetos inanimados pode ter atingido o auge na metade de 2021, quando a Universidade de Wisconsin removeu uma pedra de 42 toneladas que havia sido acusada de racismo por alguns estudantes. As pessoas poderiam receber o mesmo tratamento. Antes de o corpo de uma mulher que desaparecera no Wyoming ter sido descoberto, houve interesse nacional no caso. Joy Reid, da MSNBC, desprezou o caso como "síndrome da mulher branca desaparecida".[321] Apenas a mais recente

A GUERRA CONTRA O OCIDENTE

patologização pseudomédica de qualquer um que fosse branco, uma patologização que viu a invenção da "fragilidade branca", das "lágrimas brancas", da "raiva branca" e muito mais. No mesmo mês, um "hino nacional negro" fez sua primeira aparição em um jogo da NFL. Antes do pontapé inicial no jogo entre o Dallas Cowboys e o Tampa Bay Buccaneers, foi tocada a balada *Lift Every Voice and Sing*. De repente, os norte-americanos foram informados de que essa música – composta em 1900 por James Weldon Johnson – representava melhor os negros norte-americanos do que *The Star-Spangled Banner*. Falar de uma nação dividida por vieses raciais começou a soar como muito mais do que apenas falar.

Durante todo esse período, houve exemplos diários de comportamento demente e de intolerância permissível. Entretanto, também houve momentos ocasionais de luz, de indivíduos corajosos que deram um passo à frente e disseram que não verão sua sociedade voltada contra si mesma e grupos dentro dela novamente jogados uns contra os outros. Pessoas como Jodi Shaw, uma autodenominada "liberal durante toda a vida" que largou o emprego no Smith College, em Massachusetts, por causa de iniciativas de diversidade e inclusão, que, segundo ela, criaram um "ambiente racialmente hostil". As reuniões dedicadas a acusar "inimigos de classe" haviam repreendido consistentemente os funcionários brancos. Em sua declaração de demissão, Shaw disse:

> Peço que o Smith College pare de reduzir minha personalidade a uma categoria racial. Que pare de me dizer o que devo pensar e sentir a respeito de mim mesma. Que pare de presumir saber quem eu sou ou qual é minha cultura baseado na cor da minha pele. Que pare de me pedir para projetar estereótipos e suposições nos outros com base na cor da pele.

A faculdade ofereceu a ela um "acordo generoso" que "exigiria confidencialidade". Entretanto, Shaw recusou, dizendo que a "importância de dizer a verdade" era maior.[322]

Infelizmente, casos como o de Shaw chamam a atenção porque permanecem relativamente raros. Alguns indivíduos se opuseram e disseram que não aceitariam o ataque contínuo às populações majoritárias do Ocidente. Porém, muitos outros concordaram, cedendo e agindo de acordo com as regras recém-impostas e com a linguagem daqueles que insistiam que o Ocidente e os povos ocidentais não tinham nada de bom a ser dito em seu favor. Aqueles que se autonomearam árbitros foram desproporcionalmente festejados. Em 2021, Ibram X. Kendi recebeu a bolsa MacArthur "para gênios". Outras pessoas que se juntaram ao movimento também

CONSIDERAÇÕES FINAIS

foram recompensadas, embora raramente de maneira mais generosa. No entanto, enquanto todos no setor privado, no setor público e, em particular, nas indústrias de entretenimento se esforçavam para provar suas credenciais antirracistas, nada era suficiente para Robin DiAngelo nem para seus companheiros. Em 2021, ela lançou um novo livro – *Nice Racism* –, no qual novamente repreendeu a população branca. Segundo DiAngelo, os jovens "que realmente têm amizades inter-raciais tendem a ter relacionamentos condicionais. Seus amigos de cor devem tolerar constantes provocações racistas ou ser descartados como raivosos e 'não divertidos', depois abandonados". Como exatamente DiAngelo teve acesso a tal conhecimento onisciente nunca foi esclarecido. Entretanto, isso a levou a concluir: "Então não, não acho que a geração mais jovem seja menos racista do que as gerações mais velhas".[323]

Com base nisso, qualquer um pode concluir que o jogo do qual DiAngelo, Kendi e outros estão convidando as pessoas a participar não pode ser vencido. Nunca é possível ser antirracista o suficiente para essas pessoas, e parece justo concluir que elas não jogam limpo. Mesmo melhorias demonstráveis, quantificáveis e observáveis são descartadas como se não significassem nada. A geração do milênio é tão ruim quanto Jim Crow. A geração Z é tão ruim quanto os donos de escravos. Mesmo que a ambição seja ter uma igualdade absoluta de resultados em nossas sociedades, não parece haver nenhuma reflexão séria sobre como essas teorias vão nos ajudar, de maneira prática, a chegar a esse estado.

Podia-se discernir um sinal de esperança no seguinte fato: sempre que as pessoas experimentavam o que essas políticas antirracistas significavam na prática, a experiência feria aqueles que passavam por ela. Em setembro de 2021, a English Touring Opera disse que havia dispensado metade de seus músicos orquestrais. A razão dada foi que precisava priorizar o "aumento da diversidade na orquestra" de acordo com a "direção firme do Conselho de Artes".[324] Talvez, no papel, as cotas de diversidade parecessem esplêndidas. Na prática, significavam encontrar músicos que haviam trabalhado para você durante anos e feito um grande esforço durante os *lockdowns* da covid apenas para serem demitidos por causa da cor da pele. Se os mantras antiocidentais da "diversidade" eram feios em teoria, eram ainda piores na prática. E eles estavam sendo promulgados em quase todas as tribunas culturais, mais ou menos publicamente, todos os dias.

Ainda assim, a pergunta que aguarda após essa conclusão é mais pertinente. Quando você é convidado a jogar um jogo que não pode ser vencido, um pensamento inevitavelmente surgirá em sua cabeça: mesmo que esse jogo pudesse ser vencido, valeria a pena vencê-lo?

Nos últimos anos, os norte-americanos e outras pessoas no Ocidente se esforçaram para provar que não são o que seus críticos dizem que são. Eles tentam provar que não são racistas, homofóbicos, misóginos e muito mais, e esperam que se entenda que, embora sua história possa ter incluído o racismo, ele não foi, de forma alguma, sua única questão. Governos, indivíduos, equipes esportivas, cerimônias de premiação e todas as instituições culturais fizeram de tudo para demonstrar sua diversidade. Eles se esforçaram para aumentar tanto a matrícula quanto o recrutamento de pessoas não brancas. Eles tentaram garantir não apenas que os grupos minoritários fossem representados em todas as esferas da vida, mas também que fossem super-representados. Para que haja realmente mais visibilidade aos olhos do público do que no público como um todo. O objetivo tem por trás a presunção de que, se a representação exata ou a super-representação for alcançada, algo grande acontecerá. É certo que uma sociedade que permite aos mais talentosos ascender da maneira mais tranquila possível pode ser vantajosa. Porém, não há evidências de que uma sociedade prospere desenvolvendo as obsessões raciais e culturais que o Ocidente de hoje desenvolveu.

Embora possa haver setores que se beneficiem de se parecer com o público (o governo, a polícia e talvez o atendimento ao cliente estão entre os exemplos mais óbvios), o mesmo deve se aplicar a todas as esferas da vida? Um escritório de arquitetos deve ser o mais diversificado possível? Um corpo de bombeiros? Um conjunto musical? Ou um time de basquete? Alguma dessas áreas seria melhorada se a representação absolutamente precisa fosse de fato o objetivo? Se a super-representação não é um problema, há algum ponto em que ela se torna um? No final de tudo isso, enquanto o Ocidente se afunda nessa esclerose autoinfligida cada vez maior, ele vence a China? Será que ele ainda tem chance? Vale a pena jogar o jogo ao qual toda nossa cultura se dedicou?

Essas são as perguntas que pairam sobre tudo isso. Vislumbres ocasionais do preço a ser pago se a resposta for "não, mas continuem cutucando até fazer estrago". Não é teórico. Hoje, o Ocidente enfrenta desafios externos e ameaças internas. Porém, não existe ameaça maior do que aquela vinda de pessoas do Ocidente com a intenção de destruir o tecido de nossas sociedades, pedaço por pedaço. Atacando as populações majoritárias nesses países. Dizendo que nossas histórias são inteiramente repreensíveis e que não há nada de bom a ser dito sobre elas. Alegando que tudo em nosso passado, que nos trouxe a nosso presente, está irremediavelmente crivado de pecado e que, embora esses mesmos pecados tenham assolado todas as sociedades na história, o credor deveria bater em apenas uma porta. E o mais importante, essas pessoas fingem que uma civilização que deu mais ao mundo em conhecimento, compreensão e cultura do que qualquer outra na história, por algum motivo, não tem nada a ser dito a seu favor. O que alguém pode dizer ou fazer diante de um ódio tão míope e onipresente?

CONSIDERAÇÕES FINAIS

Temos, parece-me, apenas duas opções. São opções que permanecem as mesmas que sempre existiram. Uma é lutar e defender nossa própria história em linhas claras, mas excludentes. O crescimento da tensão para essa reação já começa a se tornar visível. Seria uma calibração brutal, mas lógica. Se as pessoas decidirem que têm desprezo por nossos ancestrais, então teremos desprezo pelos delas. Afinal, não há razão para que todos no Ocidente concordem em permanecer presos para sempre na posição de um masoquista sem uma palavra de segurança que faça isso parar. O mais provável é que um número crescente de pessoas venha a rejeitar todo esse jogo. Elas podem responder com a seguinte calibração: se você não respeita meu passado, por que eu deveria respeitar o seu? Se você não respeita minha cultura, por que eu deveria respeitar a sua? Se você não respeita meus antepassados, por que eu deveria respeitar os seus? E se você não gosta do que minha sociedade produziu, por que eu deveria concordar que você tenha um lugar nela? Esse caminho leva a uma quantidade terrível de dor. Também termina inevitavelmente em conflito, solucionável apenas pela força. É uma opção a ser fortemente evitada.

Infelizmente, há muitos indivíduos, de todas as cores e lados políticos, que parecem querer nos empurrar para essa situação. Kehinde Andrews, acadêmico britânico e atiçador de racismo, afirmou recentemente que todo o sistema no Ocidente precisa ser derrubado. O que ele quer dizer com isso? Em suas próprias palavras:

> (...) quero dizer simplesmente revolução. Não vou mentir. Este é um argumento revolucionário. Precisamos fazer algo diferente. Precisamos derrubar. Você não pode confiar apenas nessas instituições, porque elas, na verdade, são o problema. Você não pode separar o racismo do capitalismo, então precisamos fazer outra coisa. Não há outra solução, senão a revolução.[325]

Felizmente, também existem vozes mais sábias por aí. Como a do escritor norte-americano Thomas Chatterton Williams. Em seu recente livro de memórias, *Self-Portrait in Black and White*, Williams escreve:

> De uma forma ou de outra, teremos que descobrir como fazer nossas realidades multiétnicas funcionarem, e um dos grandes projetos intelectuais que enfrentaremos – nos Estados Unidos e no exterior – será desenvolver uma visão de nós mesmos suficientemente forte e flexível para reconhecer a importância persistente das identidades de grupo herdadas, e que ao mesmo tempo

atenue, em vez de reforçar, a extensão em que tais identidades são capazes de nos definir.[326]

Enquanto Kendi, Coates e outros, ao olhar para o mundo, parecem empenhados em garantir que nada nem ninguém receba o benefício da dúvida, Williams fica surpreso com essa "inflexibilidade e falta de generosidade".[327] E enquanto essas pessoas se apresentam como antirracistas, Williams reconhece o que muitos conseguem ver, mas poucos disseram:

> (...) o aspecto mais chocante do discurso antirracista *mainstream* de hoje é a extensão em que ele reflete as ideias de raça – especificamente o quanto a brancura é especial – apreciadas pelos pensadores da supremacia branca. O antirracismo *"woke"* parte da premissa de que a raça é *real* – se não biológica, então socialmente construída e, portanto, igualmente significativa, ou até mais –, colocando-a em sincronia com presunções tóxicas de supremacia branca que também gostariam de insistir na fundamentalidade da diferença racial. Trabalhando em direção a conclusões opostas, racistas e muitos antirracistas avidamente reduzem as pessoas a categorias de cores abstratas, ao passo que se alimentam uns dos outros e legitimam uns aos outros, ao mesmo tempo que qualquer um de nós que esteja procurando por áreas cinzentas e pontos comuns é devorado duas vezes.[328]

Hoje, pode parecer que há mais pessoas do lado de Kendi e DiAngelo do que de Williams. Porém, a história está do lado de Williams. E não apenas na afirmação presunçosa, muitas vezes ouvida, de que o futuro o confirmará, mas no sentido de que o passado recente e o distante já o fazem. Glenn Loury, Adrian Piper, Henry Louis Gates Jr. e muitos outros fizeram observações semelhantes, e, assim como um número crescente de outros nomes, Williams os coloca a seu lado. Pois todos entenderam que o melhor do conhecimento e da cultura humana deve ser transferível e compreensível através das linhas raciais e sociais. Caso contrário, decidimos que algumas coisas devem ser isoladas, oferecidas e apreciadas apenas por certos grupos raciais ou étnicos. Dessa forma, encontra-se uma repetição de todas as piores coisas do passado. Repetidas sob o disfarce da oposição a exatamente essa repetição.

Aqueles que crescem no Ocidente hoje permanecem entre os mais sortudos da história humana. Porém, a sorte não é algo totalmente abstrato, nem é uma loteria completa. As sociedades não são simplesmente afortunadas. Como disse

CONSIDERAÇÕES FINAIS

Branch Rickey, "a sorte é o resíduo do desígnio". Nós no Ocidente temos sorte porque homens e mulheres antes de nós trabalharam duro para tornar isso real e realizaram proezas extraordinárias e mundanas para que tivéssemos sorte. Uma sorte da qual grande parte do mundo ainda quer participar. Claro que existem divisões. Porém, como disse Henry Louis Gates Jr., a única maneira de transcender as divisões é forjar "uma cultura cívica que respeite tanto as diferenças quanto as semelhanças". E a única maneira de fazer isso "é por meio da educação que busca compreender a diversidade da cultura humana". E reconhecendo que "qualquer ser humano suficientemente curioso e motivado pode possuir plenamente outra cultura, não importa o quanto ela possa parecer 'estrangeira'".[329]

Grande parte do mundo pode ver isso. Aparentemente, muito poucas pessoas no Ocidente, hoje, podem. Porém, elas podem aprender a ver e ser encorajadas a ver. E ao mesmo tempo, encorajadas a perceber que a cultura, a história e as pessoas que foram ensinadas a desprezar e deplorar deram-lhes riquezas suficientes para uma vida inteira. As pessoas sempre questionaram o propósito das coisas. Elas fazem isso hoje tanto quanto sempre fizeram, se não mais. E hoje, quando as pessoas perguntam onde o significado pode ser encontrado, elas devem ser encorajadas a olhar para o que está a seu redor e logo abaixo de seus pés. Se olharem corretamente e com alguma humildade esquecida, poderão reconhecer que têm mais do que sorte. Isso é tudo de que irão precisar.

NOTAS

INTRODUÇÃO

1. Ibram X. Kendi, *How to Be an Antiracist* (Nova York: One World, 2019), p. 85.

2. Lyell Asher, "How Ed Schools Became a Menace to Higher Education", *Quillette*, 6 de março de 2019.

3. Ordem Executiva nº 13.985, "Advancing Racial Equity and Support for Underserved Communities through the Federal Government", Casa Branca, 20 de janeiro de 2021.

CAPÍTULO 1: RAÇA

4. Episódio 1.500 do *Tonight Show*, NBC, 12 de agosto de 2021.

5. Derrick Bell, *And We Are Not Saved: The Elusive Quest for Racial Justice* (Nova York: Basic Books, 1987), p. 159.

6. Richard Delgado e Jean Stefancic, *Critical Race Theory: An Introduction* (Nova York: New York University Press, 2001), pp. 2-3.

7. Ver Eduardo Bonilla-Silva, *Racism without Racists: Color-blind Racism and the Persistence of Racial Inequality in the United States* (Lanham, MD: Rowman & Littlefield, 2003).

8. Ver especialmente Michel Foucault, *Discipline and Punish: The Birth of the Prison* (Nova York: Pantheon, 1977).

NOTAS

9. Michael Moore, *Stupid White Men* (Nova York: ReganBooks, 2001), pp. 58-59.

10. Dr. Thomas Sowell, "Random Thoughts", *Creators*, 24 de julho de 2012, www.creators.com/read/thomas-sowell/07/12/random-thoughts-12-07-24.

11. Robin DiAngelo, *White Fragility: Why It's So Hard for White People to Talk about Racism* (Boston: Beacon Press, 2018), p. XI.

12. DiAngelo, p. IX.

13. DiAngelo, p. XII.

14. DiAngelo, p. XIII.

15. DiAngelo, p. 91.

16. DiAngelo, p. 11.

17. DiAngelo, pp.149-150.

18. Robin DiAngelo em *Amanpour & Company* em 2018. Retransmitida pela PBS em 13 de junho de 2020.

19. Sheryl Gay Stolberg e Marjorie Connelly, "Obama Is Nudging Views on Race, a Survey Finds", *The New York Times*, 27 de abril de 2009.

20. Associated Press, "Polls Show Sour Views of Race Relations in Trump's America", 16 de julho de 2019.

21. Ver, por exemplo, Sharon M. Chubbuck, "Whiteness Enacted, Whiteness Disrupted: The Complexity of Personal Congruence", *American Educational Research Journal* 41, nº 2 (verão de 2004): pp. 301-333.

22. Cristina Beltran, "To Understand Trump's Support, We Must Think in Terms of Multiracial Whiteness", *The Washington Post*, 15 de janeiro de 2021.

23. Ver Skeptic Research Center, "How Informed Are Americans about Race and Policing?", Research Report CUPES-007, 20 de fevereiro de 2021.

A GUERRA CONTRA O OCIDENTE

24. Ver a base de dados do *The Washington Post* de tiroteios fatais por policiais em serviço: www.washingtonpost.com/graphics/investigations/police-shootings-database/.

25. Carta de Susan Goldberg de junho de 2021 aos assinantes da *National Geographic*.

26. "Is the West Fundamentally Racist? With Kehinde Andrews e Jeremy Black", *Intelligence Squared*, 8 de abril de 2021, www.intelligencesquared.com/events/is-the-west-fundamentally-racist-with-kehinde-andrews-and-jeremy-black/.

27. Griffin Leeds, "Everyone Mistook a Priest for a KKK Member", *The Tab*, 5 de abril de 2016.

28. J. K. Trotter, "That KKK Robe Sighting at Oberlin Was Probably Just a Student Wearing a Blanket", *The Atlantic*, 5 de março de 2013.

29. "University of Missouri Students Report Threats; Police Quell KKK Rumors", *CNN*, 12 de novembro de 2015.

30. DBK Admin., "UMD Police Are Investigating Plastic Wrap Resembling Noose Found Near Campus", *Diamondback*, 27 de junho de 2017, https://dbknews.com/0999/12/31/arc-gcbl54bhjfcp3kmxqfyqjuwgsu/; ver também Malik (@mwalterrs), Twitter, 27 de junho de 2017.

31. "MSU Student Finds Noose Hanging outside Dorm Room", WLNS-TV (Michigan), 4 de outubro de 2017.

32. "Student Reports Being Accosted; Racial Slurs Used", Vincennes University, 26 de março de 2018, www.vinu.edu/en/web/externalrelations/b/studentreports-being-accostedracialslursused; "Alleged Hate Crime Now Being Called False Reporting", *Vincennes Sun-Commercial*, 29 de março de 2018.

33. Sarah Silverman (@SarahKSilverman), Twitter, 12 de fevereiro de 2017.

34. "A Former NFL Player Is Accused of Destroying His Business to Make It Look like a Hate Crime Burglary", CNN, 15 de setembro de 2019, www.cnn.com/2019/09/14/us/former-nfl-athlete-hate-crime-business-trnd/index.html.

NOTAS

35. "Kamala Harris: Violent Attack on Empire Star Is 'Attempted Modern Day Lynching'", *The Hill*, 29 de janeiro de 2019.

36. *The Late Show with Stephen Colbert*, 1º de fevereiro de 2019.

37. Adam Rutherford, "How to Argue with a Racist", The Voltaire Lecture, Humanists UK, 24 de maio de 2019, vídeo do YouTube, www.youtube.com/watch?v=cYf-xNsIb2I.

38. Ibram X. Kendi, *Antiracist Baby* (Nova York: Penguin, 2020).

39. Ver Christopher F. Rufo (@realchrisrufo) em https://mobile.twitter.com/realchrisrufo/status/1366820252252733446.

40. Kendi, *How to Be an Antiracist*, p. 44.

41. Kendi, p. 47.

42. Kendi, p. 19.

43. Kendi, pp. 142-143.

44. Martin Sekkat, *How to Be an Antiracist Family: 25 Inspiring Tales about Racism to Read Together with the Kids* (Martin Sekkat, 2020).

45. Otegha Uwagba, *Whites: On Race and Other Falsehoods* (Londres: 4th Estate, 2020), p. 37.

46. Uwagba, pp. 38-39.

47. Ver a declaração (postada por abigail_heringer) em www.instagram.com/p/CLLAuiwpzB_/?igshid=6yyor2fhsrcd.

48. "In an Emotional Finale, Bachelor Matt James Breaks up with the Winner over Racially Insensitive Social Media Posts", *The Washington Post*, 15 de março de 2021.

A GUERRA CONTRA O OCIDENTE

49. "Chris Harrison Exits 'Bachelor' Franchise; Rose Withers on 19-Year Run as Host after Racism Controversy", *Deadline*, 8 de junho de 2021.

50. "Anita Rani: My 'Brown Face' Could Have Stopped Me Reaching Strictly Come Dancing Final", *The Telegraph*, 27 de julho de 2021.

51. "I'll Take 'White Supremacist Hand Gestures' for $1,000", *The New York Times*, 16 de maio de 2021.

52. Christopher F. Rufo, "Failure Factory", *City Journal*, 23 de fevereiro de 2021.

53. Christopher F. Rufo, "Woke Elementary", *City Journal*, 13 de janeiro de 2021; Christopher F. Rufo, "Revenge of the Gods", *City Journal*, 10 de março de 2021.

54. Christopher F. Rufo, "Teaching Hate", *City Journal*, 18 de dezembro de 2020.

55. Selim Algar e Kate Sheehy, "NYC Public School Asks Parents to 'Reflect' on Their 'Whiteness'", *The New York Post*, 16 de fevereiro de 2021.

56. Susan Edelman, "Bronx Educator Claims She Was Fired after Sharing Holocaust Story, Refusing 'Wakanda' Salute", *The New York Post*, 20 de fevereiro de 2021.

57. Paul Rossi, "I Refuse to Stand by While My Students Are Indoctrinated", Bari Weiss Substack, 13 de abril de 2021, https://bariweiss.substack.com/p/irefuse-to-stand-by-while-my-students.

58. "'Woke' Principal of Elite NYC School Caught Ripping 'Demonizing' Curriculum", *The New York Post*, 20 de abril de 2021.

59. "Anti-Racism at Harvard-Westlake School", 24 de julho de 2020, https://www.hw.com/pdf/Anti-RacismatHarvard-Westlake.pdf.

60. Bari Weiss, "The Miseducation of America's Elites", *City Journal*, 9 de março de 2021.

61. Vernellia Randall, "The Whitest Law School Rankings", Race, Racism and the Law, 8 de março de 2021, https://racism.org/2021-law-school-rankings?showall=1.

NOTAS

62. Christopher F. Rufo, "Obscene Federal 'Diversity Training' Scam Prospers – Even under Trump", *The New York Post*, 16 de julho de 2020.

63. https://mobile.twitter.com/realchrisrufo/status/1299379197253541888?lang=en.

64. https://mobile.twitter.com/realchrisrufo/status/1290410612867047424?lang=en.

65. https://mobile.twitter.com/realchrisrufo/status/1293605747394150401.

66. Chrissy Clark, "Revealed: Whistleblower Docs Show 'Big 4' Firm's Massive 'Anti--Racist' Indoctrination", *The Daily Wire*, 4 de março de 2021.

67. Joseph Simonson, "Cigna's Critical Race Theory Training: Don't Say 'Brown Bag Lunch' and Be Mindful of 'Religious Privilege'", *Washington Examiner*, 19 de março de 2021.

68. Paul Bond, "After Coca-Cola Backlash, LinkedIn Removes Diversity Lesson Telling Employees to 'Be Less White'", *Newsweek*, 23 de fevereiro de 2021.

69. "Fury as KPMG Boss Becomes 'Latest Victim of Cancel Culture' after Being Forced to Quit over Video Telling Well-Paid 'Woke' Staff They Are 'Lucky' and Should Not 'Moan' during Pandemic", *Mail On-line*, 12 de fevereiro de 2021.

70. Christopher F. Rufo, "The Wokest Place on Earth", *City Journal*, 7 de maio de 2021.

71. https://nypost.com/2021/05/13/disney-scrubs-anti-racism-training-after--backlash-report/.

72. Afua Hirsch, "If Coronavirus Doesn't Discriminate, How Come Black People Are Bearing the Brunt?", *The Guardian*, 8 de abril de 2020; Ibram X. Kendi, "What the Racial Data Show", *The Atlantic*, 6 de abril de 2020.

73. O relatório do CDC que gerou a controvérsia está aqui: www.cdc.gov/vaccines/acip/meetings/downloads/slides-2020-11/COVID-04-Dooling.pdf.

74. Abby Goodnough e Jan Hoffman, "The Elderly vs. Essential Workers: Who Should Get the Coronavirus Vaccine First?", *The New York Times*, 6 de dezembro de 2020.

A GUERRA CONTRA O OCIDENTE

75. Ver Harald Schmidt, PhD, Lawrence O. Gostin, JD, Michelle A. Williams, ScD, "Is It Lawful and Ethical to Prioritize Racial Minorities for COVID-19 Vaccines?", *The Journal of the American Medical Association*, 14 de outubro de 2020.

76. Abby Goodnough e Jan Hoffman, "Frontline Workers and People over 74 Should Get Shots Next, C.D.C. Panel Says", *The New York Times*, 14 de janeiro de 2021, www.nytimes.com/2020/12/20/health/covid-vaccine-first-elderly-workers.html.

77. Natalie Colarossi, "Vermont Under Fire for Distributing COVID Vaccine Based on Race", *Newsweek*, 2 de abril de 2021.

78. Bram Wispelwey e Michelle Morse, "An Antiracist Agenda for Medicine", *Boston Review*, 17 de março de 2021.

79. American Medical Association, "Organizational Strategic Plan to Embed Racial Justice and Advance Health Equity, 2021–2023", www.ama-assn.org/about/leadership/ama-s-strategic-plan-embed-racial-justice-and-advance-health-equity.

80. Maria Godoy, "Is It Time for a Race Reckoning in Kidney Medicine?", NPR, 28 de dezembro de 2020.

81. Akinyemi Oni-Orisan, PharmD, PhD, Yusuph Mavura, MS, Yambazi Banda, PhD, Timothy A. Thornton, PhD e Ronnie Sebro, MD, PhD, "Embracing Genetic Diversity to Improve Black Health", *The New England Journal of Medicine*, 25 de março de 2021.

82. Jake Miller, "Anti-Racist Epidemiology", Harvard Medical School, 10 de fevereiro de 2021, https://hms.harvard.edu/news/anti-racist-epidemiology.

83. Roni Caryn Rabin, "Huge Racial Disparities Found in Deaths Linked to Pregnancy", *The New York Times*, 7 de maio de 2019.

84. Tina Hesman Saey, "DNA Databases Are Too White, so Genetics Doesn't Help Everyone. How Do We Fix That?", *Science News*, 4 de março de 2021.

85. Damon Young, "Whiteness Is a Pandemic", *The Root*, 17 de março de 2021.

NOTAS

86. "Editor of JAMA Leaves after Outcry over Colleague's Remarks", *The New York Times*, 2 de junho de 2021.

87. Ver Cheryl I. Harris, "Whiteness as Property", *Harvard Law Review* 106, nº 8, 10 de junho de 1993, https://harvardlawreview.org/1993/06/whiteness-asproperty/.

88. Uwagba, *Whites*, pp. 84-86.

89. Aruna Khilanani, MD, MA, "The Psychopathic Problem of the White Mind", uma palestra no Yale's Child Study Center, 6 de abril de 2021. Após algumas críticas, a palestra foi posteriormente retirada da plataforma de Yale, mas uma cópia da gravação ainda pode ser ouvida aqui: https://bariweiss.substack.com/p/the-psychopathic-problem-of-the-white.

90. Donald Moss, "On Having Whiteness", *Journal of the American Psychoanalytic Association*, 27 de maio de 2021.

INTERLÚDIO: CHINA

91. "Our Man in China", entrevista de Damon Albarn com Bryan Appleyard, *The Sunday Times*, 24 de agosto de 2008.

92. National Center for Health Statistics, "Provisional Drug Overdose Death Counts", Vital Statistics Rapid Release, atualizado em 15 de dezembro de 2021, https://www.cdc.gov/nchs/nvss/vsrr/drug-overdose-data.htm.

93. Ver Francis Pike, "Did Chinese Fentanyl Kill Michael K. Williams?", *The Spectator*, 8 de setembro de 2021.

94. Estatísticas de Direção do Comércio do FMI, *The Economist*: https://twitter.com/mcpli/status/1416739704804888584.

95. Stephen Rand, "Danny Alexander's Surprising Second Act – in Beijing", *The Article*, 1º de julho de 2020.

96. Clive Hamilton e Mareike Ohlberg, *Hidden Hand: Exposing How the Chinese Communist Party Is Reshaping the World* (Nova York: One World, 2020), p. 106.

A GUERRA CONTRA O OCIDENTE

97. Hamilton e Ohlberg, pp. 35-36.

98. Clarissa Tan, "Britain Has Many Problems – Racism Isn't One of Them", *The Spectator*, 15 de fevereiro de 2014.

99. Discurso da embaixadora Linda Thomas-Greenfield em Reunião Comemorativa da Assembleia Geral da ONU para o Dia Internacional para a Eliminação da Discriminação Racial, Nova York, 19 de março de 2021.

100. Observações da embaixadora Linda Thomas-Greenfield na 30ª Cúpula Anual da Rede de Ação Nacional, 14 de abril de 2021.

101. "China Urges Relevant Western Countries to Tackle Racial Discrimination", *XinhuaNet*, 13 de julho de 2021, http://www.xinhuanet.com/english/2021-07/13/c_1310059138.htm.

102. Ben Westcott e Steven Jiang, "Foreign Countries That 'Bully' China Will Meet a 'Great Wall of Steel', Says Xi during Communist Party Centenary", CNN, 1º de julho de 2021.

103. Dennis Sewell, "The Second Time as Farce: The Crimes of Communism, Retro-Bolshevism and the Centenary of the 1917 Russian Revolution", The New Culture Forum, junho de 2016.

104. "Nearly Two-Thirds of US Young Adults Unaware 6m Jews Killed in the Holocaust", *The Guardian*, 16 de setembro de 2020.

CAPÍTULO 2: HISTÓRIA

105. https://bariweiss.substack.com/p/the-psychopathic-problem-of-the-white.

106. Jennifer Chambers, "1619 Project Reframing History of Slavery Draws Crowd to Ann Arbor", *The Detroit News*, 28 de janeiro de 2020.

107. "The #1619 Project: A Conversation Nikole Hannah-Jones & Jake Silverstein from the NY Times Magazine", Chicago Public Schools, 8 de outubro de 2019, vídeo do YouTube, www.youtube.com/watch?v=Y8Y9qJUeSQ4&t=2540s.

NOTAS

108. Robby Soave, "Yes, the 1619 Project Actually Suggests That Year Was America's True Founding, and Nikole Hannah-Jones Admits It", *Reason*, 23 de setembro de 2020.

109. Jake Silverstein, "On Recent Criticism of the 1619 Project", *The New York Times*, 16 de outubro de 2020.

110. Ver Josh Blackman "Which Is It? 1619 or 1776?", *Reason*, 10 de outubro de 2020.

111. Matthew Desmond, "In Order to Understand the Brutality of American Capitalism, You Have to Start on the Plantation", *The New York Times*, 14 de agosto de 2019.

112. Caitlin Rosenthal, *Accounting for Slavery: Masters and Management* (Cambridge, MA: Harvard University Press, 2018), p. XII.

113. Ver também Phillip W. Magness, "The Case for Retracting Matthew Desmond's 1619 Project Essay", American Institute for Economic Research, 11 de fevereiro de 2020.

114. Nikole Hannah-Jones, "America Wasn't a Democracy until Black Americans Made It One", *The New York Times*, 14 de agosto de 2019.

115. "We Respond to the Historians Who Critiqued the 1619 Project", *The New York Times Magazine*, 20 de dezembro de 2019, www.nytimes.com/2019/12/20/magazine/we-respond-to-the-historians-who-critiqued-the-1619-project.html.

116. Tom Mackaman, "An Interview with Historian James Oakes on the New York Times' 1619 Project", *World Socialist Web Site*, 18 de novembro de 2019, www.wsws.org/en/articles/2019/11/18/oake-n18.html.

117. Nikole Hannah-Jones (@nhannahjones) Discussão com Wesley Yang (@wesyang), Twitter, 21-22 de novembro de 2019; Elliot Kaufman, "The '1619 Project' Gets Schooled", *The Wall Street Journal*, 16 de dezembro de 2019.

118. Adam Serwer, "The Fight over the 1619 Project Is Not about the Facts", *The Atlantic*, 23 de dezembro de 2019.

A GUERRA CONTRA O OCIDENTE

119. Charles Kesler, "Call Them the 1619 Riots", *The New York Post*, 19 de junho de 2020.

120. Nikole Hannah-Jones (@nhannahjones), Twitter, 20 de junho de 2020.

121. Eric Kaufmann, "The Great Awokening and the Second American Revolution", *Quillette*, 22 de junho de 2020.

122. Ja'Loni Owens, "Moving the Jefferson Statue Is Not Enough", *The Hofstra Chronicle*, 29 de junho de 2020.

123. Frantz Fanon, *The Wretched of the Earth*, tradução de Constance Farrington (Nova York: Grove, 1963), p. 7.

124. Fanon, pp. 11-12.

125. Fanon, pp. 14, 19.

126. Fanon, p. 27.

127. Fanon, p. 43.

128. Fanon, pp. 102-3.

129. Fanon, p. 163.

130. Fanon, pp. 195-196.

131. Fanon, p. 313.

132. Edward Said, *Orientalism* (Nova York: Vintage, 1979), p. 204.

133. Said, p. 6.

134. Jane Austen, *Mansfield Park* (Londres: Oxford World Classics, 1990), p. 155.

135. Edward Said, *Culture and Imperialism* (Nova York: Vintage, 1994), p. 112.

136. *Will and Codicils of the Rt. Hon. Cecil John Rhodes* (Oxford: Oxford University Press, 1929), p. 12.

137. Ver www.rhodeshouse.ox.ac.uk/about/the-mandela-rhodes-foundation/.

NOTAS

138. "Oxford University's Racist and Violent Attitudes Are Unacceptable: Qwabe", vídeo do YouTube, 11 de janeiro de 2016, https://www.youtube.com/watch?-v=hur EgLq1dsk.

139. "RMF to Protest at Oriel following Rhodes Statue Petition", *Cherwell*, 7 de novembro de 2015.

140. Paul Maylam, *The Cult of Rhodes: Remembering an Imperialist in Africa* (Joanesburgo: David Philip, 2005).

141. Felix Gross, *Rhodes of Africa* (Westport, CT: Praeger, 1957), Introdução, p. VI.

142. Olive Schreiner, *Trooper Peter Halket of Mashonaland* (Londres: T. Fisher Unwin, 1897), p. 37.

143. Gordon Le Sueur, *Cecil Rhodes: The Man and His Work* (Londres: John Murray, 1913), p. 159.

144. Sou especialmente grato a Madeline Briggs do *The Poor Print* por seu artigo "Misinformation in the Rhodes Campaign", 22 de janeiro de 2016.

145. O artigo ainda pode ser lido no site pessoal de Gilley, bem como *on-line* no site da National Association of Scholars.

146. Ver texto completo em https://theconversation.com/ethics-and-empire-an-open--letter-from-oxford-scholars-89333.

147. "Oxford University Accused of Backing Apologists of British Colonialism", *The Guardian*, 22 de dezembro de 2017.

148. Nigel Biggar, "Vile Abuse Is Now Tolerated in Our Universities", *The Times*, 10 de abril de 2018.

149. Citado por Nigel Biggar em "Don't Feel Guilty about Our Colonial History", *The Times*, 30 de novembro de 2017.

150. Michael Nazir-Ali, "The C of E Has Fallen for Anti-Christian Theories of Race", *The Spectator*, 1º de maio de 2021.

151. *Hansard*, 8 de julho de 1920.

152. "Oxford Student Doesn't Regret Making 'White Girl' Waitress Cry", *Metro*, 19 de maio de 2016.

153. Deneesha Pillay, "'UCT Protests Have Nothing to Do with #FeesMustFall', Says Student Attacked by Stick-Wielding Activist", *Times Live* (África do Sul), 22 de setembro de 2016.

154. Elizabeth Redden, "Students Burn Artwork, Vehicles in Escalation of U Cape Town Protests", *Inside Higher Ed*, 18 de fevereiro de 2016.

155. Kendi, *How to Be an Antiracist*, p. 39.

156. Kehinde Andrews, "The Racial Consequences of Mr. Churchill", Churchill College, University of Cambridge, disponível *on-line* em www.youtube.com/watch?v=wermPu-oG5w&t=2820s.

157. Ver *2018 Global Slavery Index* publicado pela Walk Free Foundation, www.globalslaveryindex.org/2018/findings/global-findings/.

158. Ver Michael Taylor, *The Interest: How the British Establishment Resisted the Abolition of Slavery* (Londres: Bodley Head, 2020), p. XVII.

159. "Essai sur les Moeurs", in Voltaire, *Œuvres complètes*, ed. Louis Moland, 52 vols. (Paris: Garnier, 1877-1885), cap. 197, pp. 177-78.

160. Ver Anthony Sullivan, *Britain's War Against the Slave Trade: The Operations of the Royal Navy's West Africa Squadron, 1807–1867* (Londres: Frontline Books, 2020).

161. Ver "Nelson Letter a Forgery", The Nelson Society: https://nelson-society.com/nelson-letter-a-forgery/.

162. Priyamvada Gopal (@PriyamvadaGopal), "I resist urges to kneecap white men every day", Twitter, 5 de fevereiro de 2019, https://twitter.com/priyamvadagopal/status/1093141557597880321.

163. Andrews, "The Racial Consequences of Mr. Churchill".

NOTAS

164. Andrew Roberts e Zewditu Gebreyohanes, "'The Racial Consequences of Mr. Churchill': A Review", Policy Exchange, 2021.

165. Ver Geoffrey Wheatcroft, *Churchill's Shadow: An Astonishing Life and a Dangerous Legacy* (Londres: Bodley Head, 2021). Veja também a resenha de Andrew Roberts, "Churchill as Villain – but Is This a Character Assassination Too Far?", *The Spectator*, 14 de agosto de 2021.

166. Najib Jutt (@NajibJutt) no Twitter: https://twitter.com/NajibJutt/status /1405583305039245315.

167. Ver Nabila Ramdani, "Voltaire Spread Darkness, Not Enlightenment. France Should Stop Worshipping Him", *Foreign Policy*, 31 de agosto de 2020.

168. Richard Toye, CNN, 10 de junho de 2020.

169. Ver Andrew Roberts, *Churchill: Walking with Destiny* (Londres: Allen Lane, 2018), pp. 785-789. Ver também Andrew Roberts e Zewditu Gebreyohanes, "'The Racial Consequences of Mr. Churchill': A Review", Policy Exchange, 2021.

170. https://nabbosa.medium.com/black-history-month-part-1-uk-history-f822f953591c.

171. https://eminetra.co.uk/historian-backs-canterbury-cathedral-for-keeping-statues--with-slavery-links/280997/.

172. https://order-order.com/2021/02/11/watch-khans-statue-advisor-yells-at-queen--and-threatens-to-punch-security/.

173. "Robert Milligan: Slave Trader Statue Removed from Outside London Museum", BBC, 9 de junho de 2020.

174. Reuters, "Cambridge College Removes Suspected Slave Plantation Bell from View", 8 de maio de 2019.

175. Gareth Harris, "Debate Flares as British Museum Moves Bust of Slave-Owning Founder Hans Sloane", *Art Newspaper*, 25 de agosto de 2020.

176. Ver Nigel Biggar, "Whites and Wrongs", *The Critic*, 18 de março de 2021.

INTERLÚDIO: REPARAÇÕES

177. www.un.org/WCAR/durban.pdf.

178. Mark Steyn, "The Slyer Virus: The West's Anti-Westernism", in *The Survival of Culture: Permanent Values in a Virtual Age*, ed. Hilton Kramer e Roger Kimball (Chicago: Ivan R. Dee, 2002), p. 123.

179. Tom O'Connor, "North Korea Calls U.S. Country of 'Extreme Racists' after George Floyd Protests", *Newsweek*, 4 de junho de 2020.

180. Ver Brian Reynolds Myers, *The Cleanest Race: How North Koreans See Themselves and Why It Matters* (Nova York: Melville House, 2010).

181. Ta-Nehisi Coates, "The Case for Reparations", *The Atlantic*, junho de 2014.

182. "Ta-Nehisi Coates Revisits the Case for Reparations", *The New Yorker*, 10 de junho de 2019.

183. "Remaking of the British State: For the Many, Not the Few", um relatório produzido em nome do Partido Trabalhista por Sean Patrick Griffin, 2021.

184. "Biden Backs Studying Reparations as Congress Considers Bill", AP News, 17 de fevereiro de 2021.

185. Christine Tamir, "The Growing Diversity of Black America", *Pew Research*, 25 de março de 2021.

186. Chaim D. Kaufmann e Robert A. Pape, "Explaining Costly International Moral Action: Britain's Sixty-Year Campaign against the Atlantic Slave Trade", *International Organization* 53, n°. 4 (outono de 1999): pp. 631-668.

187. Evento da ReNews, "Journalism and History: Is the Narrative Being Co-opted by an Ideological Agenda?", 8 de abril de 2021.

188. Jeff Flynn-Paul, "The Myth of the 'Stolen Country'", *The Spectator*, 26 de setembro de 2020.

NOTAS

189. June Sarpong, *The Power of Privilege: How White People Can Challenge Racism* (Nova York: Harper Collins, 2020), pp. 84-85.

190. Rachel Weiner, "Arlington Prosecutor Promises Data-Driven Reduction in Racial Disparities", *The Washington Post*, 24 de abril de 2021.

191. Evan Nicole Brown, "Will It Take a Clever Acronym to Stop Racially Motivated 911 Calls?", *The New York Times*, 24 de julho de 2020.

CAPÍTULO 3: RELIGIÃO

192. "US Commander in Afghanistan Investigates 'Burning' of Qur'ans at Base", *The Guardian*, 21 de fevereiro de 2012.

193. Matthew Rosenberg e Julian E. Barnes, "A Bible Burning, a Russian News Agency and a Story Too Good to Check Out", *The New York Times*, 12 de agosto de 2020.

194. John McWhorter, "The Virtue Signalers Won't Change the World", *The Atlantic*, 23 de dezembro de 2018, www.theatlantic.com/ideas/archive/2018/12/why-third-wave-anti-racism-dead-end/578764/.

195. Peter Martyr d'Anghera, *De Orbe Novo, the Eight Decades of Peter Martyr d'Anghera*, livro 2 (1516), tradução de Francis Augustus MacNutt (ed. 1912).

196. Michel de Montaigne, *The Complete Essays* (Nova York: Penguin, 2003), p. 231.

197. Montaigne, p. 236.

198. Jean-Jacques Rousseau, *A Discourse on Inequality* (Nova York: Penguin, 1984), p. 68.

199. Claude Lévi-Strauss, *Tristes Tropiques* (Londres: Hutchinson, 1961), p. 389.

200. Allan Hanson, "The Making of the Maori: Culture Invention and Its Logic", *American Anthropologist* 91, nº 4 (dezembro de 1989), pp. 890–902.

201. Roger Sandall, *The Culture Cult: Designer Tribalism and Other Essays* (Boulder, CO: Westview, 2001), pp. VII-IX.

202. Naomi Klein, *No Is Not Enough: Defeating the New Shock Politics* (Londres: Allen Lane, 2017), p. 266.

A GUERRA CONTRA O OCIDENTE

203. Klein, pp. 224-225.

204. Klein, pp. 225-226.

205. Craig Simpson, "Immanuel Kant's 'Racism' Will Be Taught Alongside His Philosophy after Demand from Students", *The Daily Telegraph*, 19 de dezembro de 2020.

206. Matthew A. Sears, "Aristotle, Father of Scientific Racism", *The Washington Post*, 6 de abril de 2018.

207. Eric Hobsbawm, "Barbarism: A User's Guide", *New Left Review* 206 (julho–agosto 1994), pp. 44-54.

208. Nabila Ramdani, "Voltaire Spread Darkness, Not Enlightenment. France Should Stop Worshipping Him", *Foreign Policy*, 31 de agosto de 2020.

209. Andrew Valls, "'A Lousy Empirical Scientist': Reconsidering Hume's Racism", in *Race and Racism in Modern Philosophy*, ed. Andrew Valls (Ithaca, NY: Cornell University Press, 2005), pp. 128-129. Ver também Kendi, *How to Be an Antiracist*, p. 249.

210. Jane O'Grady, "'Who Are You to Say That?': On Free Speech and Wokeness", *The Article*, 19 de julho de 2020.

211. "Edinburgh University Renames David Hume Tower over 'Racist' Views", *BBC News*, 13 de setembro de 2020.

212. Caitlin Hutchison, "David Hume: University of Edinburgh Launches Review of Buildings Linked to Slave Trade", *The Herald*, 16 de fevereiro de 2021.

213. Ver especialmente Georgios Varouxakis, "John Stuart Mill on Race", *Utilitas* 10 (1998): pp. 17-32. Ver também Georgios Varouxakis, "Empire, Race, Euro-centrism: John Stuart Mill and His Critics", in *Utilitarianism and Empire*, ed. Bart Schultz e Georgios Varouxakis (Lanham, MD: Lexington Books, 2005), pp. 137-153.

214. Ver, por exemplo, Brent E. Kinser, *The American Civil War in the Shaping of British Democracy* (Nova York: Routledge, 2011).

NOTAS

215. Ver especialmente Georgios Varouxakis, "'Negrophilist' Crusader: John Stuart Mill on the American Civil War and Reconstruction", *History of European Ideas* 39, n° 5 (2013): pp. 729-754.

216. John Stuart Mill, "Contest in America", in *The Collected Works of John Stuart Mill*, vol. 21, ed. John M. Robson (Toronto: University of Toronto Press, 1984), pp. 141-142.

217. "Is the West Fundamentally Racist?", www.youtube.com/watch?v=X-NOIY DjbUqo.

218. Kendi, *How to Be an Antiracist*, pp. 31-32.

219. Thomas Jefferson to Marquis de Chastellux, 7 de junho de 1785, https://founders. archives.gov/documents/Jefferson/01-08-02-0145.

220. Karl Marx para Friedrich Engels, 30 de julho de 1862, *Marx and Engels Collected Works*, vol. 41 (Londres: Lawrence & Wishart, 1984), p. 388.

221. Marx para Engels, 7 de agosto de 1866, *Marx and Engels Collected Works*, vol. 42, p. 303.

222. Marx para Engels, 10 de maio de 1861, *Marx and Engels Collected Works*, vol. 41, p. 285.

223. Karl Marx, "The Russian Menace to Europe", *New York Tribune*, 7 de abril de 1853.

224. Karl Marx, "The Russian Loan", *New York Tribune*, 4 de janeiro de 1856.

225. Karl Marx, "On the Jewish Question" (1843), in *Karl Marx: Selected Writings*, 2ª ed., ed. David McLellan (Oxford: Oxford University Press, 2000), pp. 66-69.

226. Karl Marx, "The Future Results of British Rule in India", *New York Daily Tribune*, 8 de agosto de 1853.

227. Karl Marx, *The Poverty of Philosophy* (1847) (Moscou: Progress Publishers, 1955), pp. 49-50.

A GUERRA CONTRA O OCIDENTE

228. James Miller, "Karl Marx: Prophet of the Present", *The New York Times*, 6 de agosto de 2019.

229. Matthew Campbell, "French Philosopher Michel Foucault 'Abused Boys in Tunisia'", *The Sunday Times*, 28 de março de 2021.

230. "Church of England Is 'Deeply Institutionally Racist' – Welby", BBC *News*, 12 de fevereiro de 2020.

231. Ver referências a documento vazado em Douglas Murray, "The New Religion of the Church of England", *The Spectator*, 20 de março de 2021.

232. Michael Nazir-Ali, "The C of E Has Fallen for Anti-Christian Theories of Race", *The Spectator*, 1º de maio de 2021.

233. www.episcopalnyreads1book.com/bishop-dietsche.

234. Ver www.episcopalchurch.org/wp-content/uploads/sites/2/2021/04/RR-Racial--Justice-Audit-Report_ENG.pdf.

235. Deirdre Fernandes, "MIT Catholic Chaplain Forced Out after Message on Floyd Killing and Protest", *The Boston Globe*, 16 de junho de 2020.

236. "Head of B.C. Civil Liberties Group Under Fire over 'Burn It All Down' Tweet", *Global News*, 5 de julho de 2021, https://globalnews.ca/video/8003774/head--of-b-c-civil-liberties-group-under-fire-over-burn-it-all-down-tweet.

237. Heidi Matthews (@Heidi_Matthews), Twitter, 3 de julho de 2021.

238. Gerald Butts (@gmbutts), Twitter, 6 de julho de 2021.

239. Mallory Simon, "Over 1,000 Health Professionals Sign a Letter Saying, Don't Shut down Protests Using Coronavirus Concerns as an Excuse", CNN, 5 de junho de 2020.

240. Kehinde Andrews, "Racism Is the Public Health Crisis", *The Lancet*, 10 de abril de 2021.

241. Ver www.thelancet.com/racial-equality.

NOTAS

242. "Tackling Systemic Racism Requires the System of Science to Change", *Nature*, 19 de maio de 2021.

243. "Dismantling Racism: A Workbook for Social Change Groups", Kenneth Jones e Tema Okun, ChangeWork, https://www.dismantlingracism.org/, 2001.

244. https://equitablemath.org/.

245. Ver Jason To (@Jason_To), Twitter, 9 de junho de 2021.

246. Mel LiFlora (@melliflora), Twitter, 1º de agosto de 2020.

247. Kareem Carr (@Kareem Carr), Twitter, 1º de agosto de 2020.

248. Ver James Lindsay, "2+2 Never Equals 5", *New Discourses*, 3 de agosto de 2020.

249. George Orwell, *1984* (Nova York: Houghton Mifflin Harcourt, 1983), p. 76.

250. Kareem Carr, Twitter, 5 de agosto de 2020.

251. Ver, por exemplo, o post de Sophie Bearman (@stbearman): https://twitter.com/stbearman/status/1356649178026233857?s=20.

252. Alison Collins (@AliMCollins), Twitter, 13 de outubro de 2020.

253. Ibram X. Kendi (@DrIbram), Twitter, 19 de setembro de 2019.

254. Randi Weingarten (@rweingarten), Twitter, 6 de julho de 2021.

255. Ver Asra Q. Nomani e Glenn Miller, "Rallying to Protect Admissions Standards at America's Best Public High School", *Quillette*, 23 de setembro de 2020.

INTERLÚDIO: GRATIDÃO

256. Fiódor Dostoiévski, *The Brothers Karamazov*, tradução de David McDuff (Nova York: Penguin, 2003), p. 769.

257. Dostoiévski, p. 797.

A GUERRA CONTRA O OCIDENTE

258. Dostoiévski, p. 820.

259. Friedrich Nietzsche, *On the Genealogy of Morality*, tradução de Carol Diethe (Nova York: Cambridge University Press, 2006), p. 48.

260. Nietzsche p. 91.

261. Nietzsche p. 93.

262. Nietzsche pp. 93-94.

263. Ver Max Scheler, *Ressentiment* (Nova York: Schocken, 1972), p. 68.

264. Helmut Schoeck, *Envy: A Theory of Social Behaviour* (Indianápolis: Liberty Fund, 1987), p. 282.

265. Ver Roger Kimball, *The Rape of the Masters: How Political Correctness Sabotages Art* (Nova York: Encounter, 2003).

266. Roger Scruton, "My 2019", *The Spectator*, 21 de dezembro de 2019.

CAPÍTULO 4: CULTURA

267. Ver Laurence Whistler, *Laughter and the Urn: The Life of Rex Whistler* (Londres: Weidenfeld & Nicholson, 1985), p. 113. Ver também Hugh Cecil e Mirabel Cecil, *In Search of Rex Whistler: His Life and His Work* (Londres: Frances Lincoln, 2012), pp. 40-51.

268. "Rex Whistler's Tate Britain Restaurant Mural Is 'Offensive', Ethics Committee Says, Threatening Closure", *Art Newspaper*, 7 de dezembro de 2020.

269. Marina O'Loughlin, "Restaurant: Rex Whistler Restaurant, London SW1", *The Guardian*, 21 de dezembro de 2013.

270. Kate Brown, "Tate Britain Has Responded to Backlash over a Mural of Enslaved Children at Its Restaurant with a Statement Acknowledging Its History", *Artnet News*, 4 de agosto de 2020.

271. Ver "Remove the Racist and Harmful 'Pursuit of Rare Meats' Mural at Tate Britain's Rex Whistler", Change.org, www.change.org/p/tate-britain-remove-the-racist-and-harmful-pursuit-of-rare-meats-mural-at-tate-britain-s-rex-whistler?redirect=false.

NOTAS

272. Brown, "Tate Britain Has Responded to Backlash over a Mural of Enslaved Children".

273. The White Pube, "Fuck the Police, Fuck the State, Fuck the Tate: Riots and Reform", 14 de junho de 2020, www.thewhitepube.co.uk/riots.

274. Diane Abbott (@HackneyAbbott), Twitter, 5 de agosto de 2020, https://twitter.com/HackneyAbbott/status/1290920584994594818.

275. Craig Simpson, "Chaucer Courses to Be Replaced by Modules on Race and Sexuality under University of Leicester Plans", *The Telegraph*, 20 de janeiro de 2021.

276. Craig Simpson, "Fair Is Foul for Shakespeare as His Texts Are Deemed 'Racially Problematic'", *The Telegraph*, 21 de maio de 2021.

277. Amanda MacGregor, "To Teach or Not to Teach? Is Shakespeare Still Relevant to Today's Students?", *School Library Journal*, 4 de janeiro de 2021.

278. Meghan Cox Gurdon, "Even Homer Gets Mobbed", *The Wall Street Journal*, 27 de dezembro de 2020.

279. Biblioteca Britânica, "Provenance Research for Books in the British Library", www.bl.uk/help/guide-to-provenance-research-with-printed-books#.

280. Craig Simpson, "Exclusive: British Library's Chief Librarian Claims 'Racism Is the Creation of White People'", *The Daily Telegraph*, 29 de agosto de 2020.

281. Jack Malvern e Lianne Kolirin, "British Library Sorry for Linking Poet Ted Hughes to Slave Trade", *The Times*, 25 de novembro de 2020.

282. Nazia Parveen, "Kew Gardens Director Hits Back at Claims It Is 'Growing Woke'", *The Guardian*, 18 de março de 2021.

283. James Wong, "Weeding Out Horticulture's Race Problem", *The Guardian*, 14 de junho de 2020.

284. James Wong, "Other Arts Are Political, Why Not Gardening?", *The Guardian*, 29 de novembro de 2020.

A GUERRA CONTRA O OCIDENTE

285. Ed Wall (@eddwall), Twitter, 12 de dezembro de 2020.

286. James Wong (@Botanygeek), Twitter, 12 de dezembro de 2020.

287. "The Guardian View on Botanical Gardens: Inextricably Linked to Empire", *The Guardian*, 2 de abril de 2021.

288. Sierra Bein, "Is It Time to Decolonize Your Lawn?", *The Globe and Mail*, 5 de setembro de 2020.

289. Cathy Benedict, Patrick Schmidt, Gary Spruce e Paul Woodford, eds., *The Oxford Handbook of Social Justice in Music Education* (Nova York: Oxford University Press, 2015), pp. 69, 70, 194, 199, 282, 305, 416.

290. "Weston Sprott Lays His Cards on the Table", *International Musician*, 6 de julho de 2016.

291. Anthony Tommasini, "To Make Orchestras More Diverse, End Blind Auditions", *The New York Times*, 16 de julho de 2020.

292. "Black Artists on How to Change Classical Music", *The New York Times*, 16 de julho de 2020.

293. Diretrizes recomendadas de audição e posse da NAAS, 15 de janeiro de 2021, https://static1.squarespace.com/static/602d7bac7cb8834f84ebcef0/t/60f1e593a-5d32b6e4ddb2409/1626465683788/NAAS+Recommended+Audition+and+Tenu-re+Guidelines+v.+01.15.21+%28Watermarked%29.pdf.

294. Michael Andor Brodeur, "That Sound You're Hearing Is Classical Music's Long Overdue Reckoning with Racism", *The Washington Post*, 16 de julho de 2020.

295. The Baltimore Symphony Orchestra, Regimento do Comitê DEI do Conselho de Administração, 26 de março de 2021.

296. Ver György Ligeti, prefácio para *African Polyphony and Polyrhythm: Musical Structure and Methodology*, por Simha Arom (Cambridge: Cambridge University Press, 1991).

NOTAS

297. "Musical Notation Branded Colonialist by Oxford Professor Hoping to 'Decolonise' the Curriculum", *The Telegraph*, 27 de março de 2021.

298. Jonathan Ames, "Royal Academy of Music Set to Decolonise Collection", *The Times*, 24 de maio de 2021.

299. Ijeoma Oluo, *So You Want to Talk about Race* (Nova York: Seal Press, 2018), pp. 139-140.

300. Oluo, p. 143.

301. Oluo, p. 144.

302. Oluo, p. 146.

303. Ver Oliver Soden, *Michael Tippett: The Biography* (Londres: Weidenfeld & Nicholson, 2019), p. 216.

304. Soden, p. 499.

305. Mark Swed, "Daring to Ask the Big Questions", *Los Angeles Times*, 24 de janeiro de 2000.

306. Ver, por exemplo, Neil Jackson, *Japan and the West: An Architectural Dialogue* (Londres: Lund Humphries, 2019).

307. Ver Henry-Louis de La Grange, *Gustav Mahler: A New Life Cut Short (1907–1911)* (Nova York: Oxford University Press, 2008), pp. 211, 700.

308. Benjamin Britten, *Letters from a Life: Selected Letters and Diaries of Benjamin Britten*, vol. 2, 1939-1945, ed. Donald Mitchell e Philip Reed (Berkeley: University of California Press, 1991), pp. 921-927.

309. Benjamin Britten, *Letters from a Life: The Selected Letters of Benjamin Britten*, vol. 4, 1952–1957, ed. Philip Reed, Mervyn Cooke e Donald Mitchell (Woodbridge: Boydell & Brewer, 2008), p. 385.

310. Britten, vol. 4, p. 388.

CONCLUSÃO

311. Alex Horton, "Top U.S. Military Leader: 'I Want to Understand White Rage. And I'm White'", The Washington Post, 23 de junho de 2021.

312. Olivia B. Waxman, "'Critical Race Theory Is Simply the Latest Bogeyman'. Inside the Fight Over What Kids Learn about America's History", Time, 24 de junho de 2021.

313. Isaac Kamola, "Where Does the Bizarre Hysteria about 'Critical Race Theory' Come From? Follow the Money!", Inside Higher Ed, 3 de junho de 2021.

314. Michelle Goldberg, "The Maddening Critical Race Theory Debate", The New York Times, 28 de junho de 2021.

315. Julia Carrie Wong, "From Viral Videos to Fox News: How Rightwing Media Fueled the Critical Race Theory Panic", The Guardian, 30 de junho de 2021.

316. The ReidOut, MSNBC, 21 de junho de 2021.

317. "Marc Lamont Hill Interviews Key Opponent of Critical Race Theory – BNC News", Bright News, 25 de maio de 2021, www.brightnews.com/marc-lamont-hill-interviews-key-opponent-of-critical-race-theory-bnc-news/.

318. Neli Esipova, Anita Pugliese e Julie Ray, "More Than 750 Million Worldwide Would Migrate If They Could", Gallup, 10 de dezembro de 2018.

319. *Ethnic Studies Model Curriculum, Chapter 5: Lesson Resources*, aprovado pelo Conselho Estadual de Educação em 18 de março de 2021, www.cde.ca.gov/ci/cr/cf/documents/apr2021esmcch5.docx.

320. Tara Bahrampour, "Census Data Shows Widening Diversity: Number of White People Falls for First Time", *The Washington Post*, 12 de agosto de 2021.

321. Joy Reid, *The ReidOut*, MSNBC, 20 de setembro de 2021.

322. Bari Weiss, "Whistleblower at Smith College Resigns Over Racism", Bari Weiss Substack, 19 de fevereiro de 2021, https://bariweiss.substack.com/p/whistle blower-at-smith-college-resigns.

323. Robin DiAngelo, *Nice Racism: How Progressive White People Perpetuate Racial Harm* (Boston: Beacon Press, 2021), p. 11.

324. Rosie Pentreath, "English Touring Opera Drops Half Its Orchestra in Controversial Move, Citing 'Increased Diversity'", *Classic FM*, 13 de setembro de 2021.

325. "Is the West Fundamentally Racist?", www.youtube.com/watch?v=X-NOIY DjbUqo.

326. Thomas Chatterton Williams, *Self-Portrait in Black and White: Family, Fatherhood, and Rethinking Race* (Nova York: W. W. Norton, 2020), p. 76.

327. Williams, pp. 122-1124.

328. Williams, pp. 128-129.

329. Williams, pp. 137-138.

ASSINE NOSSA NEWSLETTER E RECEBA INFORMAÇÕES DE TODOS OS LANÇAMENTOS

www.faroeditorial.com.br

CAMPANHA

Há um grande número de portadores do vírus HIV e de hepatite que não se trata. Gratuito e sigiloso, fazer o teste de HIV e hepatite é mais rápido do que ler um livro.

FAÇA O TESTE. NÃO FIQUE NA DÚVIDA!

ESTA OBRA FOI IMPRESSA EM SETEMBRO DE 2022